이제부터는
오를 곳만 오른다

일러두기

- 각 지역별 인구수와 세대수는 '행정안전부 주민등록 통계'를 바탕으로 했습니다(2020년 4월 기준).
- 각 지역별 및 동별 시세는 '부동산114'의 시세 자료를 바탕으로 했습니다(2020년 4월 기준).

이제부터는
오를 곳만 오른다

스마트튜브 부동산조사연구소 김학렬(빠숑) 지음

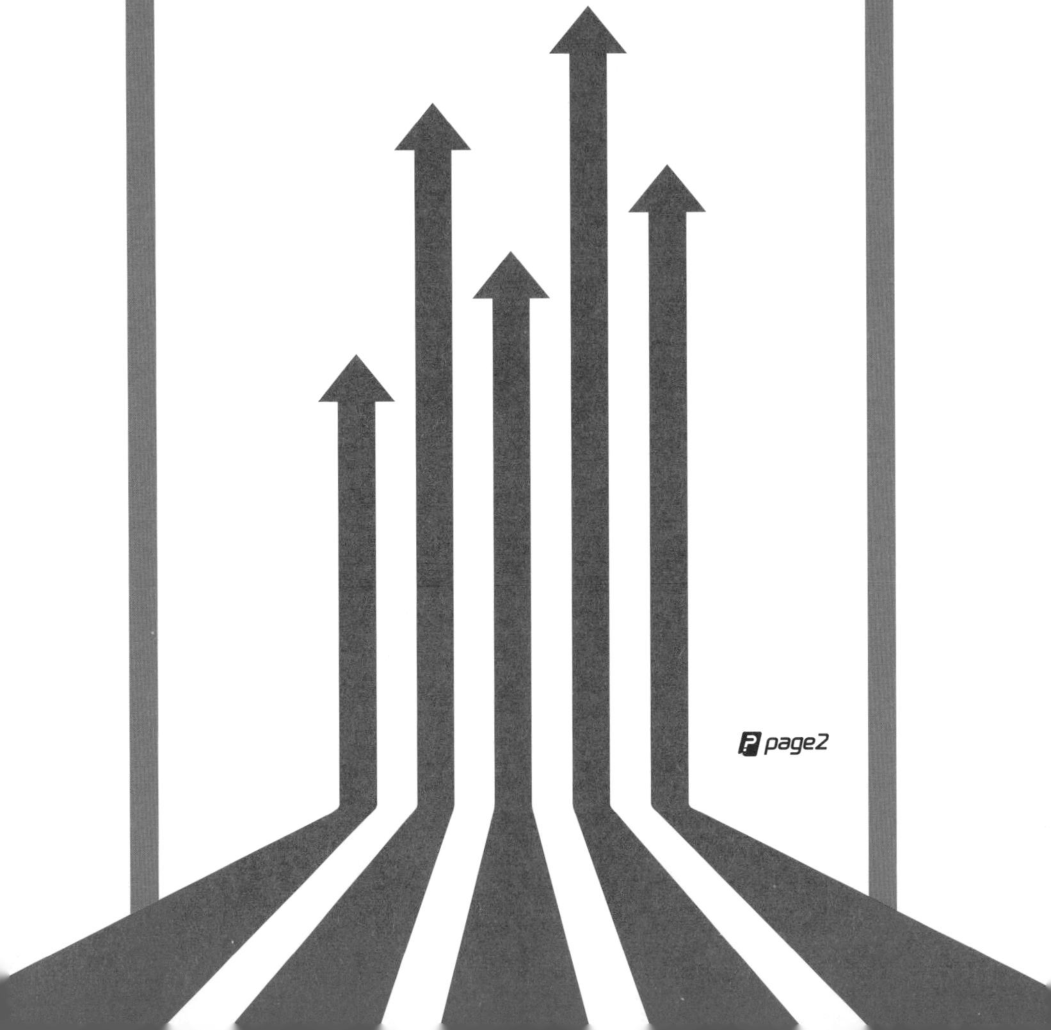

page2

추천사

첫째도, 둘째도, 셋째도 로케이션!

김동환 소장

대안금융경제연구소장, 〈경제의 신과 함께〉 진행자

오십 중반이 되는 동안 나는 한국에서 두 번(그것도 한 아파트 단지에서), 미국에서 한 번(미국에서 살 때 실거주 목적이었다) 집을 사봤다. 아직 집이 없는 많은 분들이 있지만, 부동산 불패의 나라에서 50년 이상을 산 사람이며 나름 재테크 전문가라고 거명되는 사람임에도 나는 부동산 투자와 사실 큰 인연이 없었다. 전공이 유가증권 투자이기에 큰돈이 묶이는 걸 원치도 않았을 뿐 아니라 타고난 게으른 성정 때문에 이곳저곳을 돌아보며 집을 고를 여유를 찾지 못했기 때문이기도 하다.

한국에서는 결혼 전 아내가 살고 싶어 하는 동네에 집을 마련할 거라는, 당시로는 무모했던 약속을 지키느라고 투자 가치 같은 건 염두에 두지도 못했고, 미국에서도 렌트해 살던 아파트에 괜찮은 매물이 나오기에 월세를 내느니 모기지를 내는 게 경제적인 듯하여 집을 샀을 뿐이다.

이렇게 부동산 투자에 소홀했던 내가 국내 최고의 부동산 전문가인 김학렬 소장의 책에 추천사를 쓰는 것이 조금 아이러니이긴 하다. 지금껏 많은 부동산 전문가들을 만나보고 인터뷰를 해보았지만, 대체로 부동산 시장의 방향성에 대한 담론이 논의의 주였다. 그러다 보니 오른다는 분은 예외 없이 오른다고 하고, 내린다는 분은 또 같은 이유로 내려야만 하는 이유를 반복했다.

그럴 때마다 마음속으로는 '만약 내가 20년 동안 살아온 지금의 집을 벗어나고 싶다면 어느 동네가 좋을지, 또 어느 지역이 유망한지' 솔직한 얘기를 묻고 싶었다. 20년 전 지금의 아파트를 구할 때 하나님이 내게 천사로 보내주신 학사 부동산 사장님 같은 분을 또다시 만날 수 있으리란 법이 없기에 이번만큼은 제대로 된 연구를 하고 집을 사보고 싶은 것이다.

부동산 문외한으로 살아온 내가 그나마 투자의 관점에서 100점은 아니더라도 80점은 맞았다고 자평하는 것은 한국에서나 미국에서나 그저 '첫째도, 둘째도, 셋째도 로케이션'이라는 집 고르기의 철칙을 염두에 두고 결정했기 때문이다. 바로 그 땅이 주는 효익과 그 위에 들어선 거주 공간으로서의 경제적 실질이 결국 가치의 전부라는 인식 정도는 했기에 지금도 어느 동네 어느 아파트에

산다는 말을 자신 있게 하고 다니는 것이리라.

결국 '입지'가 가장 중요하다는 것이다. 김학렬 소장은 자타가 공인하는 우리나라 최고의 입지 전문가다. 그가 국토교통부, LH공사, 한국감정원 등의 공공기관 들과 주거실태조사 등의 부동산 관련 프로젝트를 진행했고, 아파트는 물론 신도시, 택지개발, 산업단지, 골프장, 리조트, 대형 유통시설, 지식산업센터, 오피스텔 등 국내 대표적인 부동산 입지와 시설들의 개발 프로젝트에 참여했으며, 국내 최고 연구기관에서 오랜 기간 국내 유수의 건설사를 대상으로 1000여 건 이상의 입지 분석(수요조사. 적정 분양가 조사)을 했다는 것은 알려진 일이다. 말 그대로 대한민국 부동산 분야의 살아 있는 종합리서치센터 같은 존재다.

김학렬 소장을 강연회의 강사와 방송의 패널로 초대하면서 집값이 오를지 내릴지에 대한 의견을 요청한 적은 없다. 그저 오를 때 조금 더 오르고, 빠질 때 조금 덜 빠지는 안전하고 유망한 거주지에 대한 입지 조건을 주로 물었다. 그럴 때마다 그는 명쾌하고 자신 있는 의견을 제시해주었고, 내 기억이 맞다면 대체로 그의 분석은 맞았다. 이번 책 역시 김학렬 소장이 칼럼과 방송과 강연에서 늘 강조하던 서울을 비롯한 수도권의 주목해야 할 핵심 입지와 미래 가치에 대한 상세하고 친절한 종합 안내서다.

자산으로서의 부동산 가격은 늘 오르고 내린다. 지금까지는 오르는 기간이 내리는 기간에 비해서 월등히 길었기에, 그리고 오르는 입지가 내리는 입지보다 차별적으로 많았기에 우리는 어쩌면 부동산 불패의 신화를 믿게 되었을지도 모른다. 김학렬 소장은 이제 오를 곳만 오른다고 한다. 오를 자격을 갖춘 입지와 상품만 상승세를 유지하고 나머지는 탈락이라는 얘기다. 신화에서 벗어나 이제부터 실제를 봐야 한다.

집은 투자의 대상이며 삶의 근거지이자 나와 가족이 쓰는 역사의 현장이다. 김학렬 소장의 노력의 결실이 독자 여러분들의 안식처를 구하는 데 든든한 반려자가 될 것을 기대한다. 이 책이 충분히 그 역할을 해줄 것이다.

탈고의 수고를 해준 김학렬 소장에게 감사하며, 독자 여러분들도 깊이가 다른 부동산 콘텐츠, 김학렬 소장의 열 번째 책에 이목을 집중해보길 바란다.

2020년 성하

김동환

프롤로그

"이제부터는 진짜 오를 곳만 오를 것입니다!"

"규제 때문에 이제 가격이 하락하지 않을까요?"

"지금 아파트를 사도 되나요?"

놀랍게도 최근 가장 많은 받는 질문입니다. 아직도 어려워합니다. 집을 매수하는 것을 말이죠. 집을 사야 하는 이유에 대해서는 지난 20년간 수천 개의 칼럼(블로그 〈빠숑의 세상 답사기〉 참조)으로 이야기했으니 추가적인 이야기를 하지는 않겠습니다.

이렇게 다시 제안을 하고 싶습니다. 질문을 이렇게 바꾸는 것이 더 좋을 거 같다고요.

"지금은 어떤 아파트를 사야 하나요?"

그렇습니다. 언제 어디서든 사야 할 아파트는 있습니다. 다만,

아파트를 사는 목적에 따라서 어떤 아파트를 사야 하는가에 대한 답변은 수십 가지가 나올 수 있겠지요. 우선 실거주 목적인지, 투자 목적인지를 알아야 하고요. 그다음으로, 실거주 목적이라면 수익이 중요한 것인지, 거주 가치가 중요한 것인지를 생각해봐야죠. 그리고 투자 목적이라면 장기 투자 목적인지, 단기 투자 목적인지를 고려해봐야 하고요. 결국 질문이 정확해야 충실한 답변이 나온다는 것입니다.

두 번째로 많이 하는 질문은 이런 것들입니다.

"이제 집값은 빠지지 않나요? 정부에서 그렇게 규제를 하고 있는데요."

이에 대해선 제가 역으로 다시 이런 질문을 해보고 싶습니다. "정부 규제와 무관하게 가격이 오르지 않는 지역이나 아파트들에 대해서는 왜 관심이 없나요?" "정부 규제가 이렇게나 심한데도 시세가 오르는 아파트는 왜 그런 것인지 분석해보는 것이 더 필요하지 않을까요?"

그러나 이런 부분들에 대해서는 생각조차 해보지 않는 경우가 여전히 많습니다. 그저 시세가 상승하는 아파트를 바라만 보면서 세상이 불합리하고, 투기꾼들의 투기 행위 때문에 선의의 시민들이 피해를 본다고만 생각할 수도 있겠지요. 투기꾼들 때문에 아파트 가격이 오르고, 저와 같은 부동산시장 전문가는 투기를 조장하는 적폐라고 생각하는 거죠. 그래야 정책 실패에 대한 책임 회피를 할 수 있기에 그런 희생양이 한 명쯤은 필요하다고 생각하는 것인지도 모르겠습니다.

그러나 향후 부동산 규제가 아무리 강화된다 하더라도 오를 아파트는 오르고, 내릴 아파트는 내릴 것입니다. 결국 우리가 관심을 가져야 할 것은 어떤 아파트가 오르고 어떤 아파트가 내리는지 입니다.

제 개인적인 이야기를 해보고 싶습니다. 저는 리서치기관 연구원입니다. 한국갤럽조사연구소에서 17년 동안 근무했고, 현재 스마트튜브 부동산조사연구소에서도 3년째 같은 업무를 진행하고 있습니다. 제가 주로 담당하고 있는 프로젝트는 신규 아파트의 분양 타당성 조사였습니다. 여러분들이 알고 있을 만한 1군 브랜드의 대단지는 거의 대부분 수요 조사를 했습니다.

제가 진행하는 프로젝트의 내용을 말하자면, 일단 분양이 될지, 안 될지 분양 세대수 대비 분양 수요량을 도출합니다. 수도권 시장의 침체기였던 지난 2008년~2010년 동안 진행했던 수요 조사 프로젝트들 중 대부분의 단지들은 분양을 하면 안 되는 것으로 나왔습니다. 분양가가 중요한 게 아니라 분양 수요 자체가 크게 위축되어 있었습니다. 실수요도, 투자수요도 말이죠. 그래서 분양을 하면 안 된다고 분석한 보고서가 꽤 많았습니다. '분양하지 말라'

고 하는 리포트를 제출한 적이 오히려 더 많았다는 이야기입니다.

분양성이 어느 정도 있다고 판단한 단지의 경우는, 시장이 수용 가능한 분양가 범위를 제안합니다. 조합과 건설사 입장에서 사업성을 고려하여 분양이 가능한 최대 가능 가격대를 도출하는 것입니다. 수요 조사 분석에서의 핵심 노하우인 셈이죠. 이렇게 제안한 수요 조사 결과 보고서를 토대로 분양을 해서 안 된 경우는 단 한 건도 없었습니다. 그만큼 정확도가 매우 높습니다. 하지만 제안한 가격대보다 너무 높게 분양하면 어김없이 미분양이 발생했습니다. 지난 20년간 분양가 분석만큼은 단 한 번도 실패한 적이 없었습니다. 그만큼 분양 가능성 분석과 시장 수용 가능 가격대 도출에 있어서는 자신이 있었습니다.

그런데 2017년 5월 이후 서울 등 주요 인기 입지의 경우 분양 타당성 조사를 할 필요가 없게 되었습니다. 시장 내 수요량 대비 공급량은 여전히 부족했고, HUG에서 책정해주는 분양가는 늘 시장 가격 대비 턱없이 낮았기 때문입니다. 늘 로또 분양이었습니다.

다시 처음의 질문으로 돌아가봅시다. 지금 아파트를 사도 되냐고요? 규제 때문에 가격이 하락하지 않냐고요? 20년간 수요 예측이나 분양가 책정에서 단 한 건도 실패한 적이 없는 제가 말하지 않습니까? 수요 조사를, 분양가 조사를 할 필요도 없는 상황이라고요.

“도대체 언제쯤 사야 할까요?”

얼마 전 부산에서 부산의 부동산 시장 전망에 대한 특강을 했습니다. 10층에서 강의를 들었던 한 분이 특강 후에 퇴장하는 저를 1층 로비까지 따라와서 이런 질문을 했습니다.

“그동안 조정되길 기다렸던 삼익 비치타운이 아직 1년도 안 되었는데 무려 6억이 올랐습니다. 이제 더 오를 수 없다는 생각이 드는데, 도대체 언제쯤 조정이 될까요? 어느 정도가 적정 시세일까요?”

주식과 부동산의 가장 큰 차이점 중 하나는, 적정 가격이라는 것을 어떻게 볼 것인가 하는 것에 있습니다. 주식은 총 주식의 가격을 총매출, 영업이익, 순이익 등과 분석해서 적정 가격을 도출합니다. 예를 들어 수십 년째 한 번도 배당을 쉬지 않은 중견 기업의 영업이익이 1000억 원 정도 된다고 해보죠. 기업의 영업 활동이나 본질 가치는 훼손되지 않았는데, 코로나 사태로 인해 주식의 전체 가격이 1조 정도에서 3000억까지 내려왔다고 한다면, 누가 봐도 저평가되어 있기 때문에 매수 구간이라고 할 수 있을 것입니다. 그래서 올해 3월 폭락장에서 엄청난 주식 투자자들이 집중적으로 매수를 했던 것일 테지요.

그런데 부동산이라고 하는 것은 적정 가격의 매수 구간이라는 것이 없습니다. 왜냐하면 이 지역, 이 단지, 이 물건은 단 하나이기 때문입니다. 유사한 수준의 매물이 많이 쌓여 있지 않은 이상 그 물건을 소유하기 위해서는 남들보다 더 많이 지불을 해야 한다는 것입니다.

그래서 "이 아파트의 적정 가격은 얼마입니다"라고 자신 있게 이야기하는 사람이 있다면, 아마도 사기꾼이나 투기를 조장하거나 묻지 마 폭락을 주장하는 사람일 가능성이 매우 높습니다.

결국 그 시장에 있는 소비자가 최종 지불하는 가격이 시세가 됩니다. 만약 지난 1년 동안 6억 원이 올랐다면, 그 아파트의 수요층이 더 많이 증가를 한 것입니다. 몇 천 단위 상승이 아니라 억 단위 상승이라면, 단기 시세 차익을 목적으로 하는 투기꾼들이 올릴 수 있는 가격의 범위를 넘어간다는 겁니다. 장기 투자자 혹은 실수요층들이 주요 매수 대기층으로 들어온 것이라고 할 수 있습니다.

이후에 여러 가지 요인들, 즉 국내 경기, 코로나 사태, 강력한 경쟁 상품 등장 등등으로 시세가 약간의 조정이 될 수도 있겠지만, 1년 동안 6억 원이 오르기 이전의 가격으로 하락하는 일은 없을 것이라는 것이죠. 그러나 3000만 원 전후로 오른 아파트의 경우라면, 5000만 원이 더 빠질 수도 있습니다. 그건 시세를 올린 수요층이 완전히 다를 수 있기 때문입니다. 아마 대부분 단기 갭투자자들이 올린 경우일 겁니다. 갭투자가 가능한 저렴한 아파트 투자를 조심해야 하는 이유가 여기에 있죠.

만일 지금까지 이야기한 내용이 이해가 잘 되지 않는다면, 이 책을 두 번 이상 읽어보기 바라겠습니다. 세상은 노력이 없다면 내가 희망하는 대로 움직이지 않습니다. 내가 움직이거나 달라지지 않으면 세상도 달라지지 않습니다. 내가 바라는 것이 정치적 변화라면 투표라도 해야 하고, 내 희망이 남들이 선호하는 아파트라면 남들보다 돈을 더 많이 지불해야 합니다.

앞서 강의 후 질문을 했던 삼익 비치타운 같은 랜드마크 아파트는 이미 6년 전부터 부산 지역 관련 칼럼에서나 강의를 갈 때마다 추천했던 단지였습니다. 미래 가치가 분명한 단지들은 가격 하락을 기다리지 말고 일단 매수하고 장기 보유하라고 말이죠.

여전히 많은 분들이 아파트 가격이 더 올라갈 것인지 빠질 것인지만 궁금해 합니다. 하지만 전체를 아우르는 평균적인 전망은 전혀 중요하지 않습니다. 이런 이야기를 하면 어떤 분들은 또 적폐라고 하며 제게 욕을 할지 모르겠지만, 지금의 방향성으로 보면 선호하는 아파트를 매수할 수 있는 사람들은 점점 줄어들고 있습니다. 초과이익환수금으로 1억 원 이상 낼 수 없는 사람들은 이제 서울 요지의 재건축 대상 아파트를 가질 수 없게 되고 있습니다. 현재 정책이 그렇습니다.

그럼에도 불구하고 우리는 포기해서는 안 됩니다. 결국 중요한 것은 '그래서 내가 어떤 의사결정을 할 것인지'입니다. 이제 우리가 할 일은 정해졌습니다. 내가 할 수 있는 최선의 선택을 하기 바랍니다. 강남이 아니어도 됩니다. 서울이 아니어도 됩니다. 내가 마음 편히 거주할 수 있는 보금자리이기만 하면 됩니다. 적어도 그런 희망이라도 있어야 하지 않겠습니까? 세상이 여러분들을 혼란스럽게 해도 흔들리지 않았으면 합니다. 언제나 미래는 우리가 선택한 결과일 뿐이니까요.

세상에 공짜는 없습니다. 공부해야 합니다. 실천해야 합니다. 이 책이 그런 여러분들을 힘껏 응원하겠습니다!

스마트튜브 부동산조사연구소

김학렬 소장

차례

01

강남구

강남구

절대 꺼지지 않을 수요층을 가진, 압도적인 대한민국 1위 지역

빠숑의 POINT

대한민국 부동산이 결국 한 지역만 남는다면!

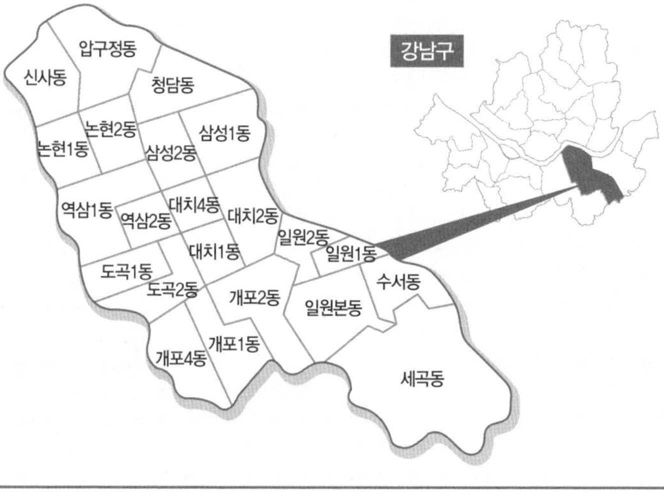

강남구는 누구도 부인할 수 없는 대한민국 시세 1위의 지역입니다. 대한민국 226개 시군구 중에서 우리가 가장 관심을 가져야 하는 입지가 바로 강남구라고 할 수 있습니다. 극단적으로 표현해서, 전국에 있는 모든 아파트들이 폭락을 해도 끝까지 살아남을 곳, 끝까지 수요층들이 남아 있을 지역을 꼽는다면 단연 강남구입니다.

그런데 한번 생각해보죠. 현재 강남구의 시세는 거품일까요, 정상가일까요? 사실 많은 사람들이 강남구의 시세가 조정되기를 기다리고 있습니다. 그런데 아이러니하게도 바로 그 이유 때문에 강남구의 시세는 조정될 수가 없습니다. 그래서 기다리면 안 됩니다. 늘 그렇죠.

사실, 강남구의 위상이 거품인지 아닌지 판단하는 것보다는 그 위상이 왜 이렇게 되었는지를 정확히 아는 것이 중요할 것 같습니다. 강남구의 아파트를 살 것인지에 대한 의사결정은 경제적 수준에 따라 다를 겁니다. 아마 대부분의 세대에서는, 90퍼센트 이상은 강남구에 접근할 수 없겠죠. 강남만이 정답은 아닙니다. 그래서 '어차피 살 수도 없는데 강남구에 대해 꼭 알 필요 있겠느냐'는 사람들도 있을 겁니다. 하지만 강남구에 대해 알면 다른 지역의 입지를 이해하는 시야와 안목도 커질 수 있습니다. 그런 관점에서 강남구를 한번 정리해보도록 하겠습니다.

압도적인 시세 1위의 위상

현재 강남구의 인구수는 54만 3200여 명, 세대수는 23만 3300세대 정도입니다. 굉장히 큰 인구 규모이죠. 서울에서 가장 인구수가 많은 구는 송파구(약 67만 3000명)이고, 그다음이 강남구, 노원구(약 53만 명)입니다.

강남구의 시세는 서울 25개의 구들 가운데 압도적으로 높습니다. 평균 시세가 평당 5644만 원입니다. 2위인 서초구와도 500만 원 이상 차이가 나고, 3등인 송파구와는 무려 1500만 원 가까이 차이가 납니다. 굉장히 격차가 많이 나는 셈이죠.

| 강남구의 인구수와 세대수 |

지역	인구수	세대수
서울시	9,726,787	4,361,645
강남구	**543,240**	**233,363**
신사동	17,143	7,406
논현1동	23,224	14,409
논현2동	21,598	11,436
압구정동	27,605	10,692
청담동	28,433	12,200
삼성1동	14,667	6,009
삼성2동	30,389	13,518
대치1동	25,231	7,402
대치2동	38,271	12,917
대치4동	20,406	10,155
역삼1동	35,946	23,713
역삼2동	37,235	15,659
도곡1동	22,481	8,631
도곡2동	34,351	11,825
개포1동	6,859	2,723
개포2동	22,441	8,057
개포4동	18,097	7,776
세곡동	44,822	17,918
일원본동	24,228	8,165
일원1동	16,158	7,527
일원2동	17,968	7,358
수서동	15,687	7,867

그럼 강남구에서도 어느 지역이 가장 비쌀까요? 현재 시세로는 개포동이 평당 7537만 원으로 제일 비쌉니다. 그다음이 압구정동,

| 서울 지역별 평균 시세 |

지역	평단가
강남구	**5,644**
서초구	5,122
송파구	4,057
용산구	3,813
성동구	3,194
마포구	3,171
강동구	3,124
광진구	3,055
양천구	3,015
서울특별시	**2,993**
영등포구	2,863
동작구	2,786
중구	2,783
종로구	2,749
서대문구	2,349
강서구	2,263
동대문구	2,203
성북구	2,125
관악구	1,947
구로구	1,899
은평구	1,896
노원구	1,895
강북구	1,672
금천구	1,661
중랑구	1,620
도봉구	1,548

대치동 순입니다.

여기서 하나 짚고 넘어가자면, 개포동의 시세가 가장 비싸다고 해서 '개포동이 제일 좋은 입지구나, 가장 인기가 있구나', 이렇게 생각하는 건 무리가 있습니다. 개포동과 압구정동은 다른 기준으로 볼 필요가 있으니까요.

개포동에 있는 아파트들은 거의 모든 단지가 재건축해서 입주를 했거나, 재건축을 앞두고 있거나, 재건축을 준비 중에 있습니다. 즉, 모든 개포동의 아파트들이 다 새 아파트가 됐거나 새 아파트가 될 것이기 때문에 그전보다 훨씬 더 입지가 좋아지는 상황이 진행되고 있다는 얘기죠.

개포동이 재건축을 시작하기 전까지는 압구정동이 가장 비싼 지역이었습니다. 태생부터 그랬습니다. 1976년도부터 첫 입주를 했는데, 그때부터 단 한 번도 일등을 뺏긴 적이 없는 곳이었죠. 그런데 개포동에서 재건축이 진행되고 입주를 하면서 거래도 활발해지다 보니 압구정동 시세를 역전하게 된 것입니다(같은 이유로 다음에 소개할 서초구 반포동도 압구정동 시세를 역전했죠).

| 동별 평균 시세 |

지역	평단가
개포동	7,537
압구정동	6,542
대치동	6,182
강남구	**5,644**
삼성동	5,327
청담동	5,291
역삼동	5,251
일원동	5,106
도곡동	4,662
수서동	4,586
논현동	3,841
자곡동	3,829
신사동	3,640
세곡동	3,373

압구정동의 아파트들은 10~15년 후에나 새 아파트로 재건축될 수 있기 때문에 현재는 말 그대로 구축이라고 봐야 합니다. 따라서 '신규 아파트 입주'와 '신규 아파트 분양'이라는 이슈가 있는 개포동과 이 두 가지 호재가 전혀 없는 압구정동의 직접 비교는 적합하지 않습니다. 개포동은 평당 가격 개념만이 아니라 지분 가격 개념도 반영된 것이기 때문에 압구정동의 평당 가격과 직접 비교하게 되면 오류가 생길 수 있죠. 어쨌거나 신규 아파트 이슈가 몰린 개포동과 향후 전 단지가 재건축 대상인 압구정동이 2020년 현재 강남구의 시세를 주도하고 있다고 볼 수 있습니다.

일반적으로 부동산은 일자리가 많은 곳의 주변 지역이 가장 비쌉니다. 일자리가 많은 지역은 대부분 업무시설과 상업시설이 주를 이루기 때문에 양질의 주거지가 집중된 곳은 아니죠.

강남구에서 일자리가 많은 곳은 어디일까요? 삼성동, 역삼동, 논현동 등 테헤란로 라인들에 있는 지역들입니다. 결국은 이 일자리들로 출퇴근하기에 좋은 곳들이 주거 지역으로서는 최적의 입지라고 할 수 있습니다. 그런 주거 지역으로 강남에서 가장 먼저 개발한 곳이 바로 압구정동입니다. 그다음으로 개발된 곳이 대치동, 역삼동, 개포동 등이 될 테고요.

압구정동은 아마 대한민국 최초로 아파트만으로 개발된 주거지일 겁니다. 신도심 중에서는 아파트만으로 개발된 곳들이 몇몇 있지만, 구도심 중에서 아파트만 있는 지역은 서울에서 압구정동이 유일하다고 할 수 있죠. 그리고 압구정동의 아파트들은 1970년대에 분양한 다른 지역의 아파트들과는 달리 현대라는 민간 건설사가 지은 브랜드 아파트이고, 35평형부터 있는 중대형 평형의 단지입니다. 사는 사람들의 수준이 다른 거죠.

압구정동의 현대아파트는 브랜드 프리미엄, 일자리 프리미엄, 한강 프리미엄 등을 가진 가장 비싼 아파트로 오랫동안 명성을 누려왔습니다. 물론, 앞서 언급했듯이 최근 들어 신축 아파트들이 들어오는 곳이 무섭게 시세가 오르면서 역전을 당하긴 했죠. 압구정동 현대아파트는 1976년에 입주를 했기 때문에 올해로 46년 차나 됩니다. 세월의 흐름에는 장사가 없으니 상품 가치가 낙후된 점을 부인할 수는 없죠. 하지만 이곳의 입지 조건이 나빠진 것은 전혀 아닙니다. 입지 가치만 놓고 본다면 압구정동을 역전할 단지가 없죠. 다만 최근에 상품 가치의 프리미엄이 많이 올라가다 보니 입지 가치만으로는 정상을 유지하기가 어렵게 된 것입니다.

앞서 얘기한 개포동은 입지 가치도 계속 좋아지고 있는 데다가 상품 가치가 월등한 신규 아파트들이 계속 생기고 있어서 위상이 많이 올랐습니다. 특히, 2019년 2월에 입주한 래미안 블레스티지나 8월에 입주한 디에이치 아너힐즈라는 새 아파트 효과가 상당했죠. 사실 과거 압구정동에서 개포동은 거들떠도 안 봤던 동네였는데, 결국은 새 아파트로 압구정동을 넘어선 셈입니다.

한편, 압구정동의 양쪽 옆에 있는 신사동과 청담동은 압구정동에 비해 아파트 수가 적습니다. 주거지도 있지만 그보다 상업시설이 더 많은 지역들이죠. 아무래도 상업시설이 많은 곳들은 주거지에 마이너스가 되는 경우가 많죠. 그래서 같은 한강 라인임에도 불구하고 신사동과 청담동이 압구정동보다 쌉니다.

그럼 신사동과 청담동 중에서는 어느 지역이 더 좋을까요? 둘 다 상업시설들이 많은 지역인데, 신사동보다는 청담동이 더 좋다고 평가를 합니다. 삼성동에 더 가깝기도 하거니와 상업시설의 성격이 좀 다릅니다. 신사동은 유흥 상권에 가깝고, 청담동은 명품 상권이거든요. 명품 상권이 도보권에 있는 것은 주거 지역에 플러스가 될 수 있죠. 그래서 신사동보다 청담동이 더 비싼 겁니다.

입지 가치를 높이는 일자리와 핵심 교통망의 요지

부동산은 사람이 거주하고 머무는 공간입니다. 사람이 많이 거주하고 모이려면 가장 중요한 것이 일자리이죠. 전국 시군구 단위 중에서 압도적으로 일자리가 많은 곳이 바로 강남구입니다. 강남구에만 대략 70만 개의 일자리가 있습니다. 더욱이 이 70만이라는 게 그냥 숫자를 채운 일자리가 아니라 대기업 본사와 전문직 등 많은 사람들이 선망하는 직장 및 직업군이 집중된 양질의 일자리라는 것이죠.

일자리가 많은 지역이라는 것은, 지역 내에서 먹고사는 문제를 비롯한 모든 생활이 다 해결된다는 것을 의미합니다. 그래서 입지를 분석할 때 가장 중요한 요소가 바로 일자리입니다. 그리고 일자리 다음으로 보는 것이 교통, 상권, 환경, 학군 등이고요. 강남구는 이 모든 것들을 거의 완벽하게 갖춘 요지입니다.

지도로 강남구를 보면, 강북과는 달리 도로 구분이 반듯한 직각으로 되어 있습니다. 도시 개발이 계획적으로 되었다는 것을 보여줍니다. 블록을 만들어놓은 다음에 하나하나 채워넣은 것이죠. 전철망도 블록마다 들어가 있고요.

서울 지하철은 총 9개 노선이 있는데, 강남구를 관통하는 노선은 2, 3, 7, 9호선입니다. 이들 4개 노선이 서울 지역의 입지를 분석할 때 굉장히 중요하죠. 강남구에서 2, 3, 7, 9호선이 지나는 역세권 입지들은 당연히 다 좋고요. 이 노선을 타고 이동할 수 있는 다른 지역들도 다 좋은 입지라고 볼 수 있습니다. 때문에 2, 3, 7, 9 노선이 있는 비강남권의 역세권 지역도 주목해봐야 하는 곳이죠. 특히, 3, 7, 9호선의 경우는 연장 이슈들이 있습니다. 어디로 연장이 되는지 알아두는 것도 좋습니다. 이에 대해서는 해당 지역들을 다룰 때 다시 언급하게 될 것이고요.

지하철 외에 광역 노선도 중요합니다. 광역 노선이란, 두 개 이

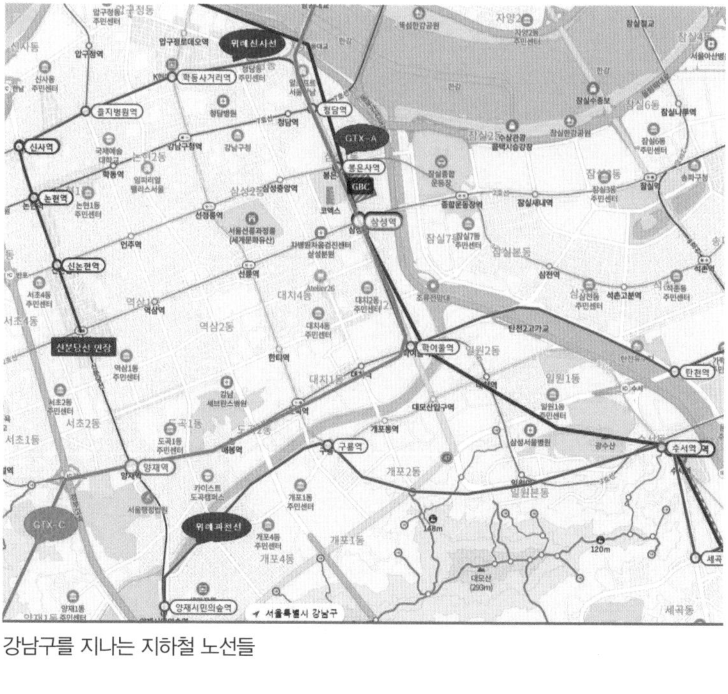

강남구를 지나는 지하철 노선들

상의 시도를 연결하는 교통망을 말하죠. 강남구를 지나는 광역 노선으로는 대표적인 것이 신분당선입니다. 강남역에서 신사역까지 공사 중이고요, 향후 용산역까지 확장된다고 하죠. 그리고 GTX A와 C노선도 강남구를 비중 있게 지나가게 됩니다. 위례신사선과 위례과천선도 강남구를 지나고요.

그리고 일자리 호재가 강남구에 추가적으로 더 있습니다. 현대자동차그룹 글로벌비즈니스센터(GBC)가 삼성동의 옛 한국전력 부지에 105층짜리 초고층 업무 빌딩으로 들어서게 됩니다. 올해 착공을 해서 2026년에 완공될 예정이죠. 이 부지가 얼마나 큰 규모냐면, 롯데월드타워보다 연면적이 3배가 큽니다. 롯데월드타워에서 1만 명이 근무를 하고 있으니 산술적으로 계산해보면 3만 명이 근무할 수 있는 일자리라는 것이죠.

이게 끝이 아닙니다. 봉은사역부터 삼성역까지 지하 영동대로를 파서 지하 6층 깊이의 영동대로 지하도시를 만들 계획입니다. 지하공간은 광역복합환승센터로 교통의 허브 역할을 하고, 지상공간은 강남 도심의 중앙광장으로 조성이 될 예정이죠. 지하 1~2층에 각종 공공 및 상업시설도 들어서게 되기 때문에 다양한 일자리도 들어오게 되겠죠. 그리고 강남구는 아니지만 잠실의 종합운동장 및 한강 탄천 일대에 스포츠, 문화, 여가가 어우러지는 복합 전시공간이 조성될 계획이고요.

이 모든 것들이 통합적으로 만들어지게 됩니다. 여기에 들어설 일자리가 5만에서 10만 정도는 될 거고요. 이것들이 완성되면, 이곳의 일자리로 출퇴근할 수 있는 지역들이 중요해질 수밖에 없겠죠. 강남구는 더 말할 것도 없고 잠실, 성동구, 용산구, 그리고 강동구나 남쪽의 성남시와 하남시에도 영향을 줄 수 있을 것입니다. 결국 일자리가 생기게 되면 해당 지역만이 아니라 주변 지역까지 호재를 볼 수 있다는 사실도 알아두면 좋을 것 같습니다.

이렇게 강남은 지금도 넘치도록 좋은데, 더 좋아지는 여러 조건들을 갖고 있습니다. 많은 사람들이 "그렇게 많이 올랐는데, 또 올

영동대로 지하도시 조감도

라가겠냐"라고 하는데요, 이렇게 말할 수 있을 것 같습니다. 보통 그렇게 많이 오른 곳이 또 그렇게 많이 올라갑니다. 지금까지 정말 안 오른 곳들이 앞으로도 정말 안 오르는 법이고요. 비싼 걸 알면서도 들어가는 지역이 강남구입니다. 이곳이 안 된다면, 이에 준하는 입지를 다른 지역에서 찾는 전략이 필요한 것입니다.

강남구의 시세를 이끄는 아파트들

강남구의 시세 상위권 단지를 살펴보겠습니다. 일단 다음의 리스트에는 등기가 아직 안 나온 아파트들의 경우는 반영이 안 되어 있습니다. 보통 아파트에 입주하고 6개월에서 1년이 지나야 등기가 나오죠. 거래는 되고 있지만 등기가 안 나와서 기록이 안 된 단지들은 이 리스트에 없다는 점을 염두에 두고 보면 좋을 것 같습니다.

가장 비싼 단지는 개포 주공 1단지입니다. 무려 평당 1억 5537만 원이나 됩니다. "평당 1억 넘는 아파트가 있다, 아니다" 혹은 "서초구 아크로리버파크도 1억이 넘는다, 아니다" 하는 말들을 하는데, 지금 거래되는 시세로 개포 주공 1단지는 평당 1억을 넘은 지 이미 오래됐습니다.

| 강남구의 시세 상위 아파트 |

순위	지역(동)	아파트명	세대수	평단가	입주년월
1	개포동	주공아파트 1단지	5,040	15,537	1982.06
2	대치동	래미안 대치 팰리스 1단지	1,278	8,909	2015.09
3	대치동	선경아파트 1,2차	1,034	8,292	1983.12
4	대치동	개포 우성아파트 2차	450	8,257	1984.12
5	대치동	개포 우성아파트 1차	690	8,145	1983.12
6	압구정동	미성아파트 1차	322	8,117	1982.11
7	압구정동	구현대아파트 4차	170	7,931	1977.05
8	압구정동	한양아파트 1차	936	7,725	1977.12
9	삼성동	홍실아파트	384	7,681	1981.11
10	개포동	래미안 블레스티지	1,957	7,674	2019.02
11	대치동	대치 아이파크	768	7,644	2007.07
12	청담동	청담 자이	708	7,611	2011.01
13	압구정동	구현대아파트 6차	728	7,427	1978.01
14	삼성동	삼성 아이파크	449	7,391	2004.05
15	역삼동	개나리 푸르지오	332	7,352	2006.08
16	압구정동	구현대아파트 5차	224	7,310	1977.12
17	청담동	삼익아파트	888	7,303	1980.05
18	압구정동	현대아파트 10차	143	7,290	1982.06
19	삼성동	삼성 힐스테이트 2단지	926	7,254	2008.12
20	삼성동	삼성 힐스테이트 1단지	1,144	7,242	2008.12
21	개포동	주공아파트 고층 5단지	940	7,241	1983.12
22	삼성동	삼성동 센트럴 IPARK	416	7,205	2018.03
23	역삼동	개나리 래미안	438	7,158	2006.08
24	개포동	우성아파트 6차	270	7,143	1987.11
25	개포동	주공아파트 고층 6단지	1,060	7,126	1983.01
26	압구정동	신현대아파트	1,924	7,089	1982.04
27	대치동	대치 SK뷰	239	7,083	2017.06
28	개포동	주공아파트 고층 7단지	900	6,978	1983.12
29	역삼동	역삼 e-편한세상	840	6,963	2005.12
30	압구정동	한양아파트 4차	286	6,958	1978.12
31	역삼동	개나리 SK뷰	240	6,951	2012.08
32	압구정동	미성아파트 2차	911	6,940	1987.12
33	압구정동	한양아파트 5차	343	6,821	1980.06
34	역삼동	역삼 e편한세상	840	6,818	2005.12
35	역삼동	역삼 푸르지오	738	6,765	2006.01

재건축 단지인 개포 주공아파트를 제외하고, 일반적인 평당 가격(지분 개념이 아닌 순수한 평당 가격)으로 가장 비싼 곳은 래미안 대치 팰리스 1단지입니다. 2015년 9월에 평당 3000만 원 후반대에 입주했는데, 현재 시세로 평당 8900만 원 정도 됩니다. 두 배 이상 올랐죠. 현재 강남구의 신규 아파트는 평당 8000만 원이 넘는다고 봐야 합니다.

이 외에도 대치동의 선경이라든지 압구정동의 미성이라든지, 이런 단지들이 재건축을 앞두고 있는 단지 중에서는 비싼 편이이고요. 신규 아파트는 아니지만 기존 아파트 중에서 청담 자이도 7600만 원 정도 시세를 형성하고 있습니다. 대치 아이파크도 입주한 지 10년이 훨씬 넘은 단지인데, 마찬가지로 7600만 원 정도 합니다.

아마 대다수가 다 알고 있는, 과거 제일 비싼 아파트로 손꼽혔던 삼성동 아이파크 있죠? 이 아파트 역시 여전히 7000만 원 이상 시세를 형성하고 있습니다. 그런데 재미있는 건, 강남구에서 가장 유명한 아파트로 불리던 곳, 강남 아파트의 상징이라고 여겨지는 아파트가 시세 순위에 없습니다. 어디인지 알겠나요? 은마아파트입니다.

현재 강남구는 은마아파트 말고도 더 잘나가는 아파트가 많다는 것입니다. 그러니 은마아파트만 볼 것이 아니라 다른 재건축 단지들 그리고 신규 아파트들의 시세를 꾸준히 봐야 합니다. 그래야 강남구의 위상을 정확히 볼 수 있으니까요.

수요는 많고, 공급은 늘 적은 지역

아파트의 시세는 수요와 공급에 따라 움직입니다. 그러니 향후 아파트 값이 어떻게 될지를 생각해보려면, 수요 대비 공급이 어떤지를 살펴봐야 합니다.

다음 페이지의 표를 한번 볼까요? 2010년 이후 서울 각 지역의 분양 물량을 정리해본 것입니다. 서울 전체로 보면, 해마다 차이가 있긴 하지만 대체적으로 3만 세대에서 4만 세대 사이로 매년 분양을 했습니다. 최근 2018년, 2019년은 어떤가요? 분양 물량이 2만 5000여 세대 정도로 줄었습니다.

중요한 것은 강남구의 공급량입니다. 2017년까지는 분양을 많이 했기 때문에 당시 분양한 단지들이 입주하는 2020년까지는 공급량에 큰 감소가 없겠지만, 2018년도 분양 단지들이 입주를 시작하는 2021년부터는 서울 및 강남구의 공급량이 큰 폭으로 줄어듭니다. 이런 점들을 시장 분위기를 파악하는 데 반영해서 봐야 하죠. 제가 볼 때는 2021년부터의 공급량, 입주 물량들이 걱정이 됩

| 2000년 이후 서울의 분양 물량 |

지역	2010년	2011년	2012년	2013년	2014년	2015년	2016년	2017년	2018년	2019년
서울특별시	29,209	35,726	21,668	39,098	29,969	44,179	38,864	44,075	25,146	27,637
동대문구	929	5,417		311	108	3,356	838	802	54	3,932
송파구	2,335	3,743	549	2,774	311	9,730	3,166	2,592	235	3,828
서대문구	135	195	88	4,300	325	3,402	2,860	2,470	1,226	3,502
서초구	1,516	3,855	2,835	6,725	3,106	2,186	1,795	1,428	2,345	2,962
성북구		430	440		2,654	2,865	3,991		1,711	2,494
강남구	2,107	3,734	4,223	5,332	2,187	842	4,127	2,296	2,095	2,139
노원구			283	234	504	783	48	1,659	1,162	1,370
중랑구		160		2,161	1,666	719		2,619	245	1,206
광진구	125			200	245	335	854			1,187
강동구	4,439		230	999	4,140	687	6,832	9,288	2,001	1,024
동작구	3,954	818			471	668	4,052		274	887
영등포구	284	78	1,021	1,003	3,388	384	740	4,767	2,873	799
강서구		3,491	298	6,730	603	3,039	224	499	298	636
은평구	4,954	4,521	350	1,248	610	2,889	1,991	5,708	1,982	622
용산구	687	692			356	68	677	1,250	341	439
종로구				167	1,919		195	61		239
강북구				71	615			1,063		203
구로구	1,463	2,506	978	1,589	189			2,625	3,705	98
도봉구		293					260		81	70
마포구	2,865	753	5,954	2,621	497	1,051	3,286	518	1,694	
중구		295	98	296	1,341		199	176	718	
성동구	497	3,761	2,167	1,974	688	9,344		280		
양천구	2,673	902	248		2,011	560	766	3,045	1,996	
금천구	246	82	1,764		2,035	1,236	432	919	110	
관악구			142	363		35	1,531			

| 2019년 강남구의 분양 물량 |

지역	단지명	분양년월	입주년월	세대수	방식
역삼동	시티프라디움 더강남	201901	202105	106	개발
일원동	디에이치 포레센트	201904	202101	184	재건축
삼성동	래미안 라클래시	201909	202109	679	재건축
역삼동	역삼 센트럴아이파크	201910	202204	499	재건축
대치동	르엘 대치	201911	202109	273	재건축
수서동	수서역세권 신혼희망타운 A3	201912	202301	398	개발
합계				2,139	

니다. 과연 공급이 수요를 충족할 수 있을 만큼 될까요?

좀 더 자세히 살펴보죠. 2019년에 강남구에서 분양한 곳은 6개 단지, 총 2139세대였습니다. 1월에 시티프라디움 더강남, 4월에 디에이치 포레센트가 분양을 했고요. 9월에는 굉장히 유명한 단지 중 하나죠, 래미안 라클래시가 분양을 했습니다. 10월에는 역삼 센트럴아이파크가, 11월에는 롯데의 고급 브랜드인 르엘 대치, 12월에는 수서역세권 희망타운 A3블럭이 분양을 했습니다.

이게 전부입니다. 이중 4개 단지는 재건축이고, 2개 단지는 개발사업을 한 것이죠. 다 합쳐서 총 세대수가 2139세대인데, 여기에서 일반 분양분은 고작 847세대밖에 안 됩니다.

강남구는 수요는 많은데 공급은 늘 적습니다. 이건 어떻게 할

| 2020년 강남구의 분양 물량 |

지역	단지명	분양년월	입주년월	세대수	방식	기타
개포동	개포 프레지던스 자이	202001	202302	3,375	재건축	-
대치동	대치 1지구	202010	-	489	재건축	대우건설
청담동	한양빌라 가로주택정비	202010	-	44	재개발	라온건설
합계				2,139		

도리가 없어요. 제 블로그에서 어떤 분도 "강남구에 분양을 많이 할 수 없기 때문에 어쩔 수 없는 거 아니냐"라고 했는데요, 맞습니다. 수요에 비해 공급은 한정되다 보니 가격이 비쌀 수밖에 없습니다.

2020년은 지난해보다 분양 물량이 많습니다만, 대부분의 물량이 1월에 분양한 개포 프레지던스 자이(개포 주공 4단지 재건축)입니다. 이게 3300세대가 좀 넘지만 그중 일반 세대분은 255세대에 불과합니다.

향후에 새 아파트가 될 재건축 단지들도 있지만, 시간이 걸리는 것들이기 때문에 시간을 두고 지켜봐야 하는 것들입니다. 어쨌든, 뒷 페이지에 현재 강남구의 주택건설사업(재건축, 민영주택, 리모델링 등) 추진 현황을 표로 정리했으니 한번 참고로 살펴보기 바라고요.

중요한 것은 올해 입주하는 단지들입니다. 논현동 아이파크가 올해 8월에 입주를 하는데, 100세대도 안 됩니다. 많이 입주를 하는 곳이 원래 개포 시영아파트였던 래미안 강남 포레스트입니다. 9월에 2296세대가 입주를 할 예정이죠. 이게 강남구 입주 물량의 전부라고 볼 수 있겠습니다.

그렇다면 강남구의 수요는 얼마나 될까요? 강남의 시세가 조정이 될 수 있을까요? 앞서 짚어본 대로, 현재 강남의 세대수는 23만 3000여 세대입니다. 올해 입주 물량이 2395세대이므로, 공급이 대략 1퍼센트 증가한다고 볼 수 있습니다. 만일 수요가 1퍼센트도 증가하지 않는다면 강남구의 시세는 조정될 수 있겠죠. 하지만 수요가 공급보다 훨씬 많다면 시세는 더 오를 가능성이 높을 것입니다.

사실 강남구는 굳이 따져볼 필요도 없이, 공급이 늘 부족한 상황입니다. 저는 강남의 대기수요층이 최소한 1000만 명은 넘을 것이라고 봅니다. 그럼 이렇게 말하는 분들도 있습니다. "수요는 평단가 5600만 원 이상으로 매수할 수 있는 사람들로 생각해야 하

| 2020년 강남구의 입주 물량 |

지역	단지명	분양년월	입주년월	세대수
논현동	논현 아이파크	201803	202008	99
개포동	래미안 강남 포레스트	201709	202009	2,296
합계				2,395

| 강남구의 주택건설사업 추진 현황 |

순위	지역(동)	단지 및 구역	추진 단계	세대수
압구정 아파트 지구				
1	압구정동	압구정 1구역	안전진단완료	1,232
2	압구정동	압구정 2구역	안전진단완료	1,924
3	압구정동	압구정 3구역	추진위원회	4,006
4	압구정동	압구정 4구역	추진위원회	1,341
5	압구정동	압구정 5구역	추진위원회	1,232
6	압구정동	압구정 6구역	안전진단완료	672
청담도곡 아파트 지구				
7	청담동	청담 삼익아파트	관리처분인가	888
8	삼성동	상아아파트2차	착공	478
9	역삼동	개나리아파트 4차	착공	264
10	역삼동	은하수아파트	조합설립인가	237
일반 지역 지구				
11	청담동	청담 건영아파트	조합설립인가	240
12	청담동	영동,한양 빌라	조합설립인가	27
13	청담동	청담 현대아파트 1차	안전진단완료	96
14	청담동	청담동 81일대	조합설립인가 준비중	20
15	청담동, 삼성동	청담 삼성 진흥아파트	안전진단완료	630
16	삼성동	홍실아파트	관리처분계획인가	385
17	삼성동	범화빌라	조합설립인가	18
18	삼성동	삼성동 98일대	조합설립인가	64
19	대치동	대치구마을 1지구	철거진행	425
20	대치동	대치구마을 2지구	착공	226
21	대치동	대치구마을 3지구	관리처분계획인가	240
22	대치동	대치 우성 1차	조합설립인가	476
23	대치동	대치 쌍용 1차	사업시행계획인가	630
24	대치동	대치 쌍용 2차	사업시행계획인가	364
25	대치동	대치 1차 현대	리모델링허가	120
26	대치동	은마아파트	정비계획 수립중	4,424
27	대치동	대치 선경 3차	조합설립인가	54
28	대치동	대치동 현대타운	사업시행계획인가	29
29	대치동	대치동 984-7 일대	조합설립인가 준비중	36
30	논현동	논현 청학아파트	조합설립인가	70
31	논현동	논현 동현아파트	정비계획 수립중	548
32	논현동	논현동 40	착공	-
33	논현동	논현동 246-24일대	조합설립인가 준비중	22
34	논현동	논현 세광연립	조합설립인가	30
35	논현동	논현 세일연립	조합설립인가 준비중	36
36	논현동	논현동 225-6	착공	-
37	논현동	대성 연립	조합설립인가	15
38	역삼동	역삼 목화연립	조합설립인가	24

39	역삼동	신성아트빌라	조합설립인가 준비중	27
40	역삼동	역삼동 654	착공	–
41	역삼동	역삼동 654-4일대	착공	–
42	도곡동	도곡 삼호아파트	조합설립인가	144
43	도곡동	도곡 삼익아파트	추진위원회	247
44	도곡동	도곡동 547-6일대	조합설립인가 준비중	54
45	도곡동	도곡동 902-75일대	조합설립인가 준비중	22
46	도곡동	도곡동 893-1일대	건축심의	–
47	도곡동	도곡 역삼 우성아파트	정비계획 수립중	390
48	신사동	신사동 601-1일대	조합설립인가 준비중	23
49	신사동	신사 세광연립	조합설립인가 준비중	25
개포 택지개발지구				
50	개포동	개포 시영아파트	착공	1,970
51	개포동	개포 시영중심상가	사업시행인가	–
52	개포동	개포 주공아파트 1단지	철거진행	5,040
53	개포동	개포 주공아파트 3단지	준공	1,160
54	개포동	개포 주공아파트 4단지	착공	2,840
55	개포동	개포 주공아파트 5단지	추진위원회	940
56	개포동	개포 주공아파트 6단지	추진위원회	1,060
57	개포동	개포 주공아파트 7단지	–	900
58	개포동	개포 우성아파트 6차	정비구역지정신청	270
59	개포동	개포 우성아파트 9차	착공	232
60	개포동	개포 현대아파트 1차	조합설립인가준비	416
61	개포동	개포 경남아파트	안전진단완료	675
62	개포동	개포 현대 200동	안전진단완료	72
63	개포동	개포 현대 2차	안전진단완료	557
64	개포동	개포 현대 3차	안전진단완료	198
65	개포동	개포 우성 3차	안전진단완료	405
66	개포동	개포 우성 6차	안전진단완료	270
67	개포동	개포 우성 8차	안전진단완료	261
68	개포동	대치아파트 2단지	조합설립인가	1,753
69	개포동	대청아파트	조합설립인가	822
70	일원동	공무원 8단지	착공	1,680
71	일원동	일원 대우아파트	착공	110
72	일원동	일원 개포 한신아파트	조합설립인가	364
73	일원동	일원 우성아파트 7차	정비계획수립중	802
74	대치동	대치 미도아파트	정비계획수립중	2,436
75	대치동	대치 선경아파트	안전진단완료	1,034
76	대치동	개포 우성 1,2차	안전진단완료	1,140
77	도곡동	개포 럭키아파트	추진위원회	128
78	도곡동	도곡 개포 한신아파트	조합설립인가	620
79	도곡동	도곡 우성아파트 4차	정비계획수립중	459
80	도곡동	도곡 우성아파트 5차	추진위원회	180

는 게 아니냐, 그런 사람들은 상위 10% 이내일 것이다. 일반적인 단순 희망자는 제외하는 게 맞을 것 같다"는 거죠.

그러나 평당 5600만 원 이상이라는 가격은 상위 10% 이내의 사람들이 경쟁한 결과가 아니라 강남구를 희망하는 사람들이 경쟁한 결과라고 봐야 합니다. 더 많은 돈(평당 5500만 원 이상)을 지불한 사람이 강남구를 택한 것이고, 그보다 적은 비용을 지불한 사람들은 강남을 선택하지 못한 거죠.

강남구의 현재 시세는 결국 수요 대비 공급의 결과입니다. 수요와 공급의 균형점이 평당 5600만 원(적게는 3000만 원대에서 많게는 1억 5000만 원대까지)이라는 얘기입니다. 그리고 이 가격으로 결정되기까지 경쟁을 한 사람들이 1000만 명은 될 거라는 거죠. 만일 1000만 명이 모두 5600만 원 이상을 지불할 수 있다면, 강남구의 시세는 평당 5600만 원이 아니라 10억이 넘을 겁니다. 이렇게 이해하면 강남구의 시세는 절대 가격으로는 비싸지만, 결국 비싼 비용을 지불할 수 있는 사람들이 선택한 결과인 셈입니다. 이런 상황에서 과연 강남구 시세는 거품일까요? 저는 팩트를 전달했습니다. 판단은 여러분들에게 맡기겠습니다.

향후 살고 싶은 단지 딱 1개만 꼽는다면!

▶ 압구정 신현대아파트

강남구의 핵심 호재

현대차 GBC

- 지하 7층, 지상 105층(569m) 규모의 국내 최고 높이 업무 빌딩과 호텔, 전시 컨벤션 시설, 공연장 건설.
- 2026년 완공 예정. 사업비 4조 4784억 원(민간).

▶ 현대차 GBC 조감도

잠실 MICE 스포츠단지

- 전시 · 컨벤션 시설, 3만 5000석 잠실야구장 강변 이전 신설, 스포츠컴플렉스 등 조성.
- 2025년 완공 예정. 사업비 2조 4000억 원(민간).

영동대로 지하복합개발

- 영동대로 삼성역 ~ 봉은사역 630m 지하 구간에 지하 7층, 연면적 22만㎡ 규모의 복합환승센터.
- 2023년 완공 예정. 사업비 1조 3067억 원(국비 4450억, 시비 1537억, 민자 1764억, 공공기여금 4429억, 교통개선대책분담금 887억).

친환경 보행 중심 보행 인프라 구축

- 탄천 삼성교~한강 합류부 일대 수변공원 조성, 국제교류복합지구를 공간적으로 통합하는 탄천 보행교 신설, 국제교류복합지구 및 주변 지역 일대 도로 개선 등.
- 2024년 완공 예정. 사업비 8427억 원(공공기여금).

02

서초구

서초구

이제 강남구보다 매력적인 중심지라 불러다오

빠숑의 POINT

강남구의 품위와 도심의 편리성을 모두 누리고 싶다면!

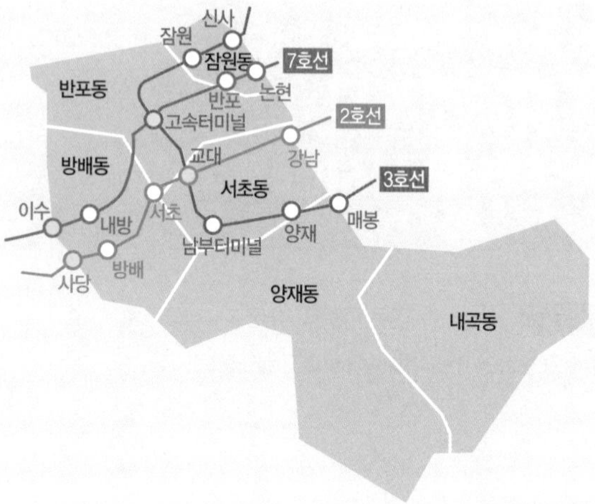

서초구는 강남구에 이은 시세 2위의 지역입니다. 강남구보다 좋다고 할 수는 없어도, 강남구만큼 좋은 입지라고 볼 수 있죠. 물론, 개별 동으로 비교를 하면 강남구보다 좋은 입지도 있습니다.

사실 강남구와 서초구는 같은 뿌리였습니다. 강남구의 왼쪽을 분리하면서 서초구가 된 거죠. 한강변이 있는 북쪽의 반포지구(반포동과 잠원동)에서 끝 지역인 내곡동까지 길게 뻗어 있는 지역이 서초구입니다. 위쪽에 있는 반포, 잠원, 서초, 방배 지역과 양재동 아래쪽에 있는 지역은 성격이 많이 다릅니다. 위와 같이 지하철 노선만 봐도 알 수 있죠. 특히, 내곡동은 그린벨트 지역이 많고 서초구에서 제일 개발이 덜 되어 있습니다. 보금자리 주택들도 조금 있고요.

대한민국 부동산을 20년간 분석해 온 연구원으로서 지켜보는 입장에서 보면, 서초구가 강남구보다 더 흥미롭기도 합니다. 강남구는 태생 이후로 '탑'이 아니었던 적이 없고 범접하기 어려운 느낌이 있는 반면에, 서초구는 변화도 많고 좀 더 접근하기 쉬운 측면이 있거든요. 주거 지역으로 인기도 높습니다. 한강 고수부지도 잘 되어 있고, 서리풀 공원도 있고, 자연 환경이 강남구보다 좋죠.

앞서 강남구를 알아야 다른 지역도 더 잘 알 수 있다고 했는데, 서초구도 마찬가지입니다. 아이디어를 얻기에 좋은 입지죠.

그럼, 입지적 위상은 2위지만 주목도는 1위 지역이라고도 할 수 있는 서초구에 대해 더 자세히 살펴보도록 하겠습니다.

| 서울 지역별 평균 시세 |

지역	평단가
강남구	5,644
서초구	**5,122**
송파구	4,057
용산구	3,813
성동구	3,194
마포구	3,171
강동구	3,124
광진구	3,055
양천구	3,015
서울특별시	**2,993**
영등포구	2,863
동작구	2,786
중구	2,783
종로구	2,749
서대문구	2,349
강서구	2,263
동대문구	2,203
성북구	2,125
관악구	1,947
구로구	1,899
은평구	1,896
노원구	1,895
강북구	1,672
금천구	1,661
중랑구	1,620
도봉구	1,548

강남구에 버금가는 '반포지구'

| 동별 평균 시세 |

지역	평단가
반포동	7,111
잠원동	6,168
서초구	**5,122**
서초동	4,106
신원동	3,954
양재동	3,684
방배동	3,641
내곡동	3,620
우면동	3,440

서초구의 평균 시세는 5122만 원입니다. 강남구보다는 평당 500만 원 정도가 싸지만 3위인 송파구보다는 무려 1000만 원 정도 더 시세가 높습니다. 큰 격차죠. 그래서 서초구는 강남구와 함께 1위 그룹으로 봅니다. 2위 그룹이라고 할 수 있는 송파구, 용산구와는 차별화된 지역이라고 할 수 있습니다.

서초구에서 현재 시세가 가장 높은 동은 반포동으로, 평당 7111만 원입니다. 강남구에서 가장 시세가 높은 개포동보다는 평당 400만 원 정도가 낮은데, 강남구 시세 2위인 압구정동보다는 600여 만 원이 높습니다. 앞서 얘기했듯이, 압구정동의 경우는 현재 재건축 이슈가 없는 반면, 반포동은 개포동의 경우처럼 재건축 후 입주를 하거나, 분양을 하거나, 분양을 할 예정인 단지들이 많기 때문에 신축 아파트에 대한 프리미엄이 포함돼 있다고 보면 됩니다(저는 압구정동이 재건축을 하게 되면 개포동이나 반포동보다 비싸질 것이라고 예상하고 있습니다).

서초구에서 2위 지역은 잠원동으로, 평당 6168만 원입니다. 그리고 3위가 서초동인데, 잠원동보다 2000만 원 정도 낮습니다. 결국 반포동과 잠원동이 서초구 전체 시세를 주도하고 있다고 보면 될 것 같습니다.

| 서초구의 인구수와 세대수 |

지역	인구수	세대수
서울시	9,726,787	4,361,645
서초구	**429,729**	**173,561**
서초1동	21,267	9,328
서초2동	18,718	8,538
서초3동	30,829	13,781
서초4동	31,715	11,018
잠원동	34,754	14,043
반포본동	12,035	4,126
반포1동	32,790	14,406
반포2동	16,198	5,116
반포3동	20,296	7,051
반포4동	19,614	7,315
방배본동	21,285	7,931
방배1동	17,600	7,705
방배2동	20,577	8,702
방배3동	21,991	8,385
방배4동	23,675	9,734
양재1동	45,229	18,253
양재2동	22,755	10,794
내곡동	18,401	7,335

잠원동은 반포동보다 시세가 1000만 원 정도 낮지만, 결국 둘 다 반포지구죠. 어느 곳이 새 아파트가 먼저 되느냐에 따라 시세가 달라지는 건데, 잠원동 중에서도 신반포 8차나 신반포 10차처럼 재건축을 앞두고 있는 단지들의 시세는 웬만한 반포동보다 높습니다. 그래서 반포동과 잠원동을 나누는 것은 의미가 없고요. 둘 다 같은 반포지구 내에서 서초구 및 서울의 시세를 이끌고 있다고 보는 게 맞을 것 같습니다.

서초구의 인구수는 총 43만여 명, 세대수는 17만 3000세대 정도 됩니다. 강남구보다 인구수로는 10만 명, 세대수로는 5만 세대 정도 적습니다. 이 점도 아마 서초구가 강남구보다 시세가 낮은 이유가 될 수 있겠죠.

하지만 저는 그것보다도 다른 점을 더 주목해서 보는데, 바로 출퇴근 인구입니다. 강남구로 출퇴근하는 인구는 대략 70만 명입니다. 강남구 인구인 54만여 명보다 훨씬 많은 사람들이 강남구로 출퇴근을 하고 있는 거죠. 서초구로 출퇴근하는 인구수도 44만 명 정도 됩니다. 마찬가지로, 서초구 인구수보다 더 많습니다. 결국 강남구든 서초구든 현재 거주하는 인구보다 이 지역으로 출퇴근하는 사람이 많기 때문에 시세가 높을 수밖에 없다고 분석해볼 수 있겠습니다.

서초구의 현재를 이끄는 아파트들

서초구에서 현재 시세 1위 아파트는 반포동에 있는 반포 주공 1단지입니다. 2021년부터 재건축 착공이 들어갈 텐데, 현재 시세가 평당 1억이 넘습니다. 지금 거래가 안 되고 있죠. 지금 팔 이유가 전혀 없으니까요. 아마 한동안 매물이 안 나올 것 같습니다.

신규로 입주한 아파트 중에서는 2016년도에 입주한 아크로리버파크 반포가 제일 유명하죠. 평균 시세가 평당 9138만 원 입니

| 서초구의 시세 상위 아파트 |

순위	지역(동)	아파트명	세대수	평단가	입주년월
1	반포동	주공아파트 1단지	3,590	10,468	1973.12
2	잠원동	신반포아파트 8차	864	9,813	1980.12
3	잠원동	신반포아파트 10차	876	9,784	1980.12
4	반포동	경남아파트	1,056	9,273	1978.01
5	반포동	신반포아파트(한신 23차)	200	9,214	1983.11
6	반포동	아크로리버파크	1,612	9,138	2016.08
7	반포동	반포 센트럴 푸르지오써밋	764	8,364	2018.09
8	잠원동	신반포아파트 16차	396	8,332	1983.06
9	잠원동	신반포아파트 11차	398	8,249	1981.01
10	반포동	래미안 퍼스티지	2,444	8,186	2009.07
11	잠원동	신반포 자이	607	8,070	2018.07
12	잠원동	아크로리버뷰	595	7,965	2018.06
13	잠원동	신반포아파트 2차	1,572	7,799	1978.06
14	반포동	반포 힐스테이트	397	7,635	2011.09
15	잠원동	신반포아파트 12차	324	7,464	1982.04
16	반포동	반포 자이	3,410	7,457	2008.12
17	잠원동	신반포아파트 9차	286	7,321	1980.12
18	반포동	반포 리체	1,119	7,316	2010.01
19	잠원동	신반포아파트 27차	156	7,260	1984.12
20	잠원동	신반포아파트 17차	216	7,253	1983.06

다. 1억이 넘는 세대도 많이 나왔었고요.

아크로리버파크 같은 경우는 반포동에서 흔치 않은 새 아파트이니 그러려니 하는데 입주한 지 12년 차인 2009년도에 입주했던 래미안 퍼스티지도 평균 시세가 평당 8186만 원입니다. 아크로리버파크보다도 오히려 래미안 퍼스티지 가격이 이 정도까지 올라올 수 있다는 게 놀랍죠. 물론 반포 자이도 마찬가지고요. 이런 점에서 보면, 새 아파트로서의 가치도 중요하지만 입지 가치가 정말 중요하다는 생각을 다시 한 번 해보게 됩니다.

올해 2020년 서초구의 입주 물량은 2500세대 정도 됩니다. 잠원동의 신반포 센트럴자이는 '로또 분양'의 대명사가 되었던 단지 중 하나죠. 왜냐하면 당시 주변 아파트 시세들이 평당 5000~6000만 원 하는데 이곳은 4300만 원에 분양을 했거든요. 당첨되면 최소한 3~6억 정도의 시세 차익을 낼 수 있다고 했던, 로또 분양의 신호탄이 된 단지입니다. 그 아파트가 드디어 입주를 지난 4월에 했습니다. 그 외에도 서초 센트럴아이파크, 래미안 리더스원도 올해 입주를 합니다.

래미안 리더스원 같은 경우는 제 지인이 예비 당첨자로 분양을 받았던 곳이기도 합니다. 분양가가 평당 4900만 원 정도 했으니까 절대가격으로 보면 많이 비싸죠. 계약금을 치르고 나면 그다음부

| 2020년 서초구의 입주 물량 |

지역	단지명	분양년월	입주년월	세대수
서초동	디아레나 서초	–	202002	111
서초동	서초 센트럴아이파크	201709	202008	318
잠원동	신반포 센트럴자이	201707	202004	757
서초동	래미안 리더스원	201811	202010	1,317
합계				2,503

터는 융통할 돈이 없어서 그 분은 당첨을 받아놓고 결국 아쉽게도 포기를 했습니다.

주목해볼 만한 서초구의 미래

강남구를 짚어보면서 2018년의 분양 물량이 그 이전보다 줄었기 때문에, 그 당시 분양 물량이 입주를 하게 되는 2021년 서울의 신규 입주 물량이 적다고 이야기를 했습니다. 그렇게 되면 분양하는 곳들은 당연히 분양이 잘될 수밖에 없죠. 그에 비례해서 신규 입주 아파트들이나 준신축 아파트들도 인기가 많을 것으로 예측해볼 수 있고요.

2019년 분양 물량은 더 줄었습니다. 서초구에서는 2962세대를 분양했습니다. 이 물량들이 2022년도에 입주를 할 텐데, 이 중에서 일반 분양분은 629세대입니다. 굉장히 적죠. 신규 아파트 수요는 높은데 그에 대한 대체재가 없기 때문에 가격 상승이 예상될 수밖에 없습니다.

서초구는 그래도 활발하게 정비사업이 진행되고 있습니다. 강남구는 은마아파트도 그렇고, 압구정동이 거의 정지 상태라서 신규 공급이 없지만, 서초구는 반포동, 잠원동, 방배동, 서초동 등 거

| 2019년 서초구의 분양 물량 |

지역	단지명	분양년월	입주년월	세대수	방식
방배동	방배 그랑자이	201905	202107	758	재건축
서초동	서초 그랑자이	201907	202106	1,446	재건축
반포동	반포 센트레빌	201908	202108	108	재건축
잠원동	르엘 신반포 센트럴	201911	202208	596	재건축
서초동	서초동 지에스타워	201912	202104	54	재건축
합계				2,962	개발

의 모든 지역에서 재건축을 진행하고 분양하고 있기 때문에 강남구보다는 사정이 낫다고 볼 수 있습니다. 다음 페이지의 서초구의 재건축 진행 물량들을 참고해보기 바랍니다.

서초구가 정비사업이 잘되고 있는 건 그만큼 다른 지자체보다 굉장히 적극적이기 때문이기도 합니다. 지역 입주민들의 참여도 적극적이고, 서초구청의 노력도 대단하고요. 서로 신뢰를 가지고 똘똘 뭉쳐서 정비사업들을 진행하고 있기 때문에 서초구가 강남구를 위협할 정도로 성장할 수 있지 않았나 하는 생각도 해봅니다.

요컨대, 서초구는 한동안 주목받을 수밖에 없는 지역이라고 말할 수 있겠습니다. 특히 올해 분양하는 물량 중 관심 있게 볼 단지가 어디냐면, 신반포 23차, 신반포 3차, 경남아파트, 반포 우정 에쉐르를 재건축하는 래미안 원베일리입니다. 세대수가 3000세대

| 서초구의 재건축 진행 단지 |

지역(동)	사업장명	사업단계	세대수	건립 예정 세대수	시공사
방배동	방배 삼호 12, 13동	기본계획수립	–	–	–
방배동	방배 15 정비사업 예정구역	기본계획수립	–	–	–
잠원동	신반포아파트 2차	추진위원회 승인	1,572	1,572	롯데건설
잠원동	신반포아파트 26차	추진위원회 승인	–	–	–
잠원동	신반포아파트 25차	추진위원회 승인	169	367	–
잠원동	신반포아파트 12차	추진위원회 승인	324	441	–
방배동	방배아파트 7	추진위원회 승인	–	–	–
방배동	방배 삼호(758-4번지)	추진위원회 승인	–	–	–
반포동	신반포 궁전아파트	추진위원회 승인	108	249	–
반포동	삼호가든 5차	추진위원회 승인	–	–	–
반포동	반포 경남아파트	추진위원회 승인	1,056	3,200	GS건설
잠원동	신반포아파트 4차	조합설립인가	–	–	–
잠원동	신반포아파트 7차	조합설립인가	320	–	대림산업
잠원동	신반포아파트 19차	조합설립인가	242	315	–
잠원동	신반포아파트 20차	조합설립인가	112	–	–
잠원동	신반포아파트 27차	조합설립인가	156	156	–
잠원동	신반포아파트 16차	조합설립인가	–	–	–
서초동	남양 연립	조합설립인가	–	–	–
서초동	서초 진흥아파트	조합설립인가	615	–	–
방배동	방배 삼호(725번지)	조합설립인가	–	–	–
방배동	신성빌라	조합설립인가	–	–	–
잠원동	신반포아파트 21차	사업시행인가	108	–	–
잠원동	신반포아파트 18차	사업시행인가	182	202	–
방배동	방배 삼익아파트	사업시행인가	–	–	–
방배동	서초 중앙하이츠 1구역	사업시행인가	–	–	–
방배동	서초 중앙하이츠 2구역	사업시행인가	–	–	–
방배동	반포 주공 1단지 (제3주구)	사업시행인가	–	2,117	–
잠원동	신반포아파트 22차	관리처분인가	–	–	–
잠원동	신반포아파트 4지구	관리처분인가	–	–	–
잠원동	신반포아파트 13차	관리처분인가	180	330	–
서초동	서초 신동아아파트	관리처분인가	997	1,356	대림산업
방배동	방배 14구역	관리처분인가	–	–	–
방배동	방배 5구역	관리처분인가	–	–	–
방배동	방배 6구역	관리처분인가	–	–	–
반포동	반포 주공아파트 1단지 (1,2,4 주구)	관리처분인가	3,590	5,335	현대건설
반포동	신반포아파트 15차	철거	180	–	삼성물산

래미안 원베일리 조감도

가까이 되는 대단지이기 때문에 이곳이 입주를 하게 되면 지금의 아크로리버파크를 뛰어넘는 랜드마크가 될 것입니다.

그리고 원베일리와 경쟁을 할 또 하나의 랜드마크가 될 곳이 바로, 반포 주공 1단지입니다. 여기는 1, 2, 3, 4주구로 나뉘는데 1·2·4주구가 같이 진행되고, 3주구는 따로 진행이 됩니다. 3주구는 얼마 전에 현대산업개발이 시공사 자격을 박탈당해서 다시 한 번 시공사를 선정할 예정이고, 1·2·4주구는 현대건설이 승인권을 따서 내년부터 착공할 예정이기 때문에 4년 정도 후에는 반포 주공 1단지도 실체를 볼 수 있지 않을까 기대를 해봅니다.

그리고 마지막으로, 서초구의 중요한 호재 3가지를 정리해보겠습니다. 우선, 서초구의 일자리가 더 늘어날 수 있는 호재로, MDM

그룹이 옛 정보사령부 부지에 개발하게 될 미래형 업무복합 단지가 있습니다. 이 부지는 서리풀공원으로 둘러싸여 있고, 지난해 4월 서리풀터널이 개통하면서 더욱 주목받게 되었죠. 강남 테헤란로와 연결성이 높아져서 강남권 업무 지역을 확장하는 기폭제가 될 수 있을 것으로 보입니다.

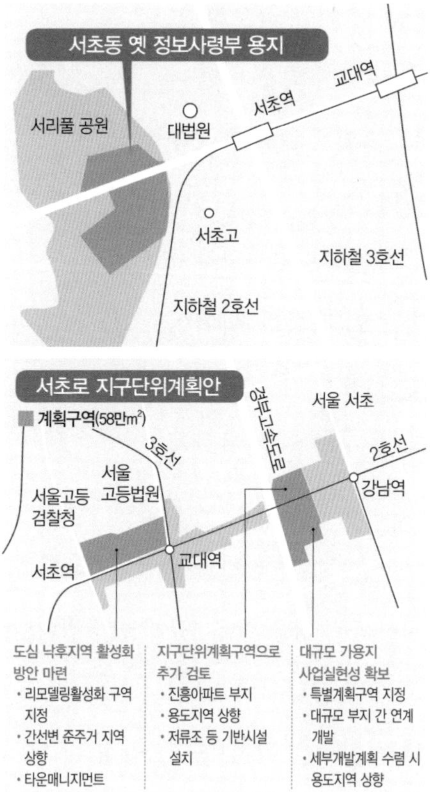

또한 서초구 서초대로 주변으로 대규모 개발 계획도 있습니다. 복잡한 소유 구조 문제로 오랫동안 개발이 지지부진했던 롯데칠성 및 코오롱 부지를 포함한 일대로, 구역별로 주변 여건에 맞춰 개발이 이뤄질 예정입니다. 특히, 강남역 왼쪽에 위치한 롯데칠성 및 코오롱 부지는 특별계획구역으로 지정돼 대규모 부지 간 연계 개발이 가능해질 전망입니다. 아마도 바로 옆에 있는 삼성타운보다 큰 규모의 업무 및 상업타운이 들어설 수 있지 않을까 싶습니다.

경부고속도로 진입구간 지하화 추진

마지막으로, 경부고속도로 지하화 사업이 있습니다. 지상에 노출된 교통망을 지하화시켜 교통 정체 및 주거환경의 불편을 해소하기 위한 사업이죠. 경부고속도로가 지하화 되면, 한남 IC에서 양재 IC까지 모든 차량이 지하화 주행을 할 수 있게 변경됩니다. 또한 지상으로는 녹지공원 조성 및 상업시설 개발도 진행할 예정이라고 합니다. 앞으로 추진되는 상황을 지켜보면서 점점 더 매력적인 지역으로 발전해가는 서초구를 기대해봐도 좋을 것 같습니다.

향후 살고 싶은 단지 딱 1개만 꼽는다면!
▶ **원베일리**

서초구의 핵심 호재

MDM 미래형 업무복합단지 개발

- 서초동 옛 정보사령부 부지에 대지면적 9만 1579㎡(축구장 13개 크기), 연면적 35만㎡(15층 이하 오피스타운) 규모의 업무복합단지.
- 오피스(IT, 바이오, 금융, 스타트업), R&D 문화 상업시설, 공원 등의 시설 도입할 계획.
- 2023년 완공 예정. 사업비 2조 3000억 원.

경부고속도로 지하화 사업

- 양재 IC에서 한남 IC까지 6.4km 구간.
- 2025년 완공 예정. 공사비 3조 3000억 원.

서초대로 일대 개발 계획

- 강남역에서 서초역까지의 서초대로 일대 58㎡ 규모의 개발 계획.
- 10여 년간 지지부진했던 롯데칠성 및 코오롱 부지 포함.

▶ 서초대로

03

송파구

송파구

강남과 동급이 된 잠실과 그 외 지역들

빠숑의 POINT

잠실만으로도 충분히 강남권!

| 송파구의 인구수와 세대수 |

지역	인구수	세대수
서울시	9,726,787	4,361,645
송파구	**672,862**	**279,460**
풍납1동	14,399	6,486
풍납2동	25,688	10,983
거여1동	13,049	5,523
거여2동	16,730	7,198
마천1동	20,305	9,020
마천2동	19,860	8,753
방이1동	16,346	6,299
방이2동	25,914	14,016
오륜동	18,819	5,970
오금동	40,810	15,956
송파1동	25,257	12,430
송파2동	20,651	7,486
석촌동	33,308	17,062
삼전동	31,899	16,283
가락본동	27,451	11,961
가락1동	27,962	9,894
가락2동	33,519	12,350
문정1동	21,044	8,535
문정2동	29,848	15,563
장지동	31,180	12,368
위례동	28,241	9,022
잠실본동	28,884	15,303
잠실2동	36,648	11,961
잠실3동	35,661	12,177
잠실4동	22,029	7,454
잠실6동	17,261	5,936
잠실7동	10,099	3,471

송파구는 서울 25개의 구 중에서 최대의 인구 규모를 자랑하는 지역입니다. 인구수가 무려 67만 명이 넘고, 세대수도 28만 세대에 육박합니다. 압도적으로 1등이죠. 이 정도의 인구라면 2개의 구로 분할도 가능한 수치입니다. 아마 분구를 하기 전까지는 송파구가 가장 인구 규모가 큰 지역으로 계속 가지 않을까 합니다.

그럼 송파구의 시세는 어느 정도 될까요? 현재 서울 25개의 구 중에서 시세 3위의 위상을 차지하고 있습니다. 평당 4057만 원입니다. 흔히 강남구와 서초구를 1군으로 보고, 송파구는 용산구와 함께 2군으로 보잖아요? 그런데 송파를 강남, 서초와 함께 묶어서 '강남 3구'라고도 많이 합니다. 이게 어떤 의미일까요? 원래는 강남이 아니지만, 강남과 동급이 되었다는 것이죠.

일단 송파구는 두 권역으로 나눠서 봐야 합니다. 강남권 역할을 하는 지역과 강남권의 보조 역할을 지역으로요. 그럼 강남권 역할을 하는 곳이 어디냐, 바로 잠실입니다. 그리고 잠실을 뺀 나머지 지역들은 강남권을 보조하는 역할을 하는 곳이라고 보면 됩니다.

송파구에서 동별로 보면, 가장 비싼 지역이 잠실동입니다. 평당 5281만 원이죠. 그리고 두 번째가 신천동인데, 여기는 같은 잠실지구이기 때문에 묶어서 잠실 권역이라고 보는 게 좋을 것 같습니다.

그리고 가락동부터 방이동, 장지동, 송파동, 문정동, 오금동, 풍납동, 삼전동, 거여동, 마천동까지를 잠실 권역이 아닌 그 외의 지역으로 나누어서 살펴보겠습니다.

| 서울 지역별 평균 시세 |

지역	평단가
강남구	5,644
서초구	5,122
송파구	**4,057**
용산구	3,813
성동구	3,194
마포구	3,171
강동구	3,124
광진구	3,055
양천구	3,015
서울특별시	**2,993**
영등포구	2,863
동작구	2,786
중구	2,783
종로구	2,749
서대문구	2,349
강서구	2,263
동대문구	2,203
성북구	2,125
관악구	1,947
구로구	1,899
은평구	1,896
노원구	1,895
강북구	1,672
금천구	1,661
중랑구	1,620
도봉구	1,548

'송파구 잠실'이 아닌 강남 옆 '잠실'

| 동별 평균 평당 시세 |

지역	평단가
잠실동	5,281
신천동	4,434
송파구	**4,057**
가락동	4,031
방이동	3,902
장지동	3,414
송파동	3,337
문정동	3,306
오금동	2,968
풍납동	2,722
삼전동	2,672
거여동	2,452
마천동	2,247

왜 잠실을 강남과 동급으로 볼까요? 잠실동 바로 건너편에는 바로 삼성동이 있습니다. 삼성동은 현재 대한민국에서 가장 일자리가 많고, 또 앞으로도 일자리가 더 많이 생길 지역이죠. 잠실은 바로 그 옆에 붙어 있는 배후 수요지입니다. 그래서 잠실동은 '송파구 잠실'이 아니라 그냥 '잠실'이라고 부릅니다.

잠실이 본격적으로 비상하기 시작한 것은 1989년부터입니다. 롯데월드가 들어서고, 롯데타운이 생기면서 잠실에 대한 주목도가 굉장히 높아졌죠.

사실 롯데타운이 생기기 전까지만 해도 잠실은 주공아파트뿐이었잖아요. 그 지역에 살고 있는 사람들이 아니면 갈 일이 없는 곳이었거든요. 그런데 롯데타운이 생김으로써 잠실역 권역이 발달하고, 외부에서 이쪽으로 놀러 오는 사람들도 많아지다 보니 자연스럽게 인지도와 선호도가 올라가게 됩니다. 덩달아 시세도 자연히 올라가게 되고, 재건축도 원활하게 되고요.

롯데월드타워

그리고 롯데월드타워 준공으로 잠실은 완전한 강남이 되었습니다. 이 롯데월드타워에서 근무하는 사람이 만 명에 달한다고 하네요. 하나의 빌딩 안에 그만큼의 일자리가 있다는 것이니 대단하죠.

변화를 거듭하며 상향평준화가 된 송파구

가락동은 몇 년 전까지만 해도 시세가 낮은 지역에 속했습니다. 이 지역의 시세가 올라간 이유는 하나입니다. 2018년에 입주를 한 송파 헬리오시티 때문이죠. 9510세대에 달하는 대단지여서 송파구를 뜨겁게 상승시킨 곳이었습니다.

그전까지는 송파구에서 리센츠, 엘스, 트리지움, 레이크팰리스, 파크리오가 대장 아파트들이었는데, 아 아파트들은 2007년도에서 2009년도에 입주를 했거든요. 11년~12년 된 아파트들이죠. 그러다 보니 신축의 메리트는 없어졌고, 입지 가치만 남은 상태라고 볼 수 있습니다.

가락동에 있는 헬리오시티 같은 경우는 입지 가치는 잠실보다 떨어질지 모르겠지만 상품 가치로는 송파구에서 대적할 상품이 없습니다. 아마 잠실 주공 5단지가 재건축해서 입주하기 전까지는 한동안 가장 큰 상품적인 메리트를 보여주지 않을까 싶습니다.

송파구에서 또한 흥미로운 지역은 문정동, 장지동, 거여동, 마천동 등 남쪽에 있는 곳들입니다. 이 지역들의 변화가 시작되었기 때문이죠. 송파구에서 가장 남쪽에 있는 거여, 마천지구는 가장 노후한 곳이었습니다. 강남 3구에는 뉴타운 지역이 없는데, 유일하게 있는 것이 바로 이곳, 거여·마천뉴타운이죠.

거여와 마천이 뉴타운으로 재개발되면서 입지가 좋아지고 있습니다. 여기는 잘될 수밖에 없어요. 왜냐하면 뒤로 배후 수요층이 있기 때문입니다. 그게 바로 위례신도시죠. 위례신도시는 송파구에 큰 영향을 준 신도시라고 할 수 있습니다. 문정동과 장지

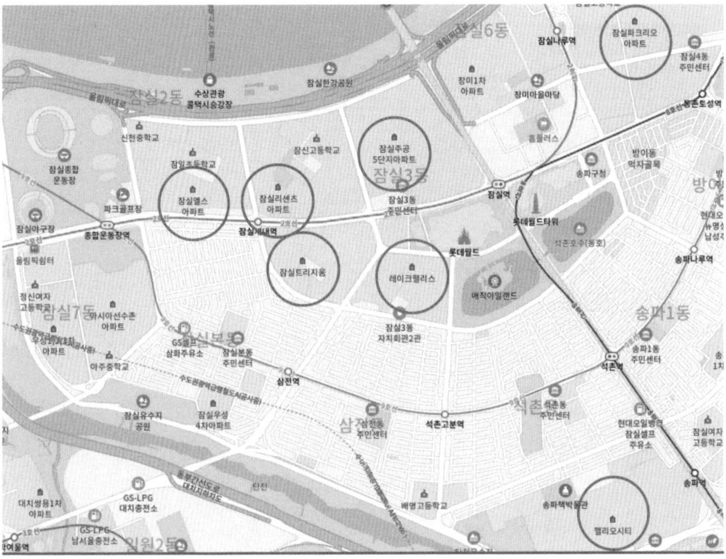

송파구의 주요 아파트 단지들

동도 그 영향을 많이 받았습니다. 업무타운이 생기고, 법원들도 많이 옮겨왔고요, 지식산업센터도 많아지고 일자리도 많아졌습니다.

이처럼 송파구에서 입지가 안 좋고 싼 지역이 변화를 하면서 송파구의 위상이 달라졌습니다. 과거 싼 지역이었던 곳이라는 이미지가 없어지고 전반적으로 상향평준화가 된 것이죠. 아마 거여와 마천지구가 개발되면 될수록 송파구의 위상은 더 올라갈 것이고, 그만큼 시세도 더 올라갈 것으로 보입니다.

그리고 송파구는 2018년에 지하철 9호선이 잠실종합운동장에

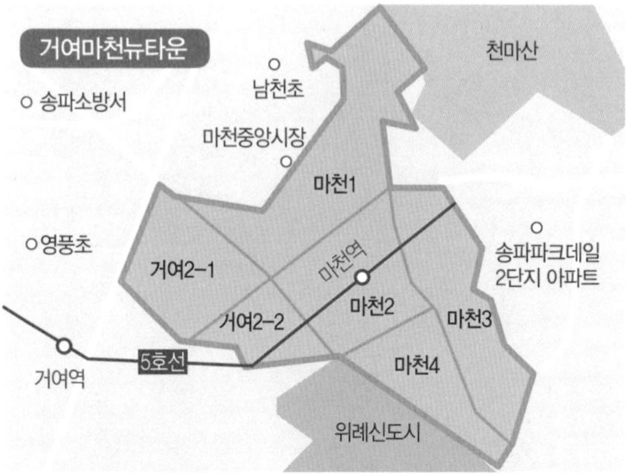
거여마천뉴타운
천마산
남천초
송파소방서
마천중앙시장
마천1
영풍초
송파파크데일
2단지 아파트
마천역
거여2-1
마천2
거여2-2
마천3
5호선
마천4
거여역
위례신도시

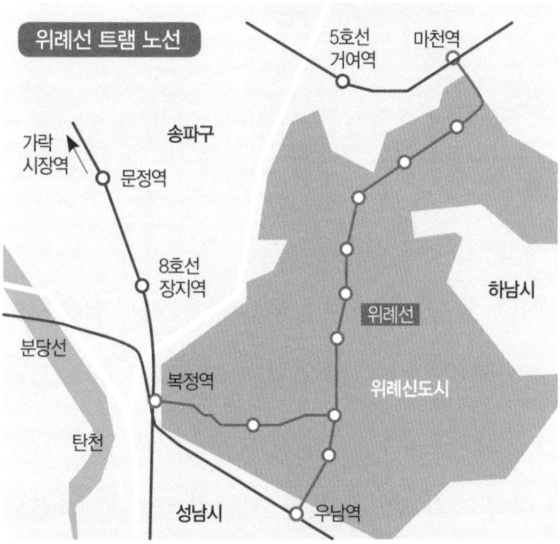
위례선 트램 노선
5호선
거여역
마천역
송파구
가락
시장역
문정역
8호선
장지역
하남시
위례선
분당선
복정역
위례신도시
탄천
성남시
우남역

위례신사선
한강
5호선
잠실종합운동장
학동사거리
청담
헬리오시티
가락시장
을지병원
봉은사
삼성
위례신도시
신사
학여울
동남권
유통단지
위례 신사선
8호선
7호선
9호선
2호선
3호선
신분당선
양재천
▲ 대모산
탄천
분당선

서 중앙보훈병원역까지 8개 역이 연장 개통되면서 교통망도 더 좋아졌습니다. 그리고 앞으로 주목되는 교통망 호재가 있죠. 위례신도시 주민들의 숙원 사업인 위례신사선과 위례 트램입니다. 위례신사선은 강남구 신사역에서 위례신도시역까지 연결하는 철도 노선이고요, 위례 트램은 5호선 마천역과 8호선 복정역·우남역(지선)을 Y자 모양으로 연결하는 철도 노선입니다. 이 두 노선이 완공되면 송파구 위례에서 강남까지의 접근성이 월등히 좋아질 테니 참고해보면 좋을 것 같습니다.

주목해야 할 아파트 단지들

현재 송파구에서 가장 비싼 아파트는 잠실에 있는 리센츠, 엘스입니다. 그리고 재건축 예정인 아파트들도 있습니다. 신천동에 있는 진주아파트와 잠실 주공 5단지 등도 시세가 높게 형성돼 있습니다. 그리고 앞서 언급했던 송파 헬리오시티가 무서운 속도로 상승해서 이제 평당 6200만 원에 육박합니다. 가락동에서는 유일하게 시세 상위 리스트에 올라 있죠. 그런데 이 단지가 2800만 원대에 분양을 했거든요. 당시에 분양가를 두고 '비싸다, 싸다' 논쟁이 많았는데, 이제 아무 의미가 없어졌죠. 이미 더블 스코어가

| 송파구의 시세 상위 아파트 |

순위	지역(동)	아파트명	세대수	평단가	입주년월
1	잠실동	잠실 리센츠	5,563	7,580	2008.07
2	신천동	진주아파트	1,507	6,340	1980.06
3	잠실동	잠실 엘스	5,678	6,279	2008.09
4	가락동	송파 헬리오시티	9,510	6,156	2018.12
5	잠실동	우성아파트 1,2,3차	1,842	5,914	1981.12
6	잠실동	아시아선수촌아파트	1,356	5,908	1986.05
7	신천동	미성아파트	1,230	5,834	1981.04
8	잠실동	잠실 트리지움	3,696	5,815	2007.08
9	잠실동	레이크팰리스	2,678	5,814	2006.12
10	잠실동	잠실 주공 5단지	3,930	5,764	1978.03
11	신천동	장미아파트 2차	1,302	5,723	1979.03
12	신천동	장미아파트 1차	2,100	5,650	1979.01
13	신천동	잠실 파크리오	6,864	5,564	2008.08
14	방이동	올림픽선수기자촌아파트	5,540	5,040	1989.01

넘었으니까요.

헬리오시티를 제외하고는 잠실동과 신천동에 있는 아파트들이 송파구의 시세를 주도하고 있다고 볼 수 있습니다. 주목해야 할 것은 향후 재건축이 될 아파트들이죠. 잠실 주공 5단지, 진주아파트, 미성아파트, 아시아선수촌 아파트, 우성 1·2·3차 아파트, 올림픽선수촌 아파트의 재건축은 주목해보시기 바랍니다. 여기에 투자해야 한다는 의미가 아니라 향후 송파와 잠실 권역의 시세 상한선을 만들어줄 지역이기 때문에 그렇습니다.

특히, 잠실 주공 5단지는 반드시 주목해야 할 중요한 단지입니다. 현재는 다소 저평가되어 있지만, 재건축을 하게 되면 가장 비싼 아파트가 될 테니까요. 그리고 송파구는 강남구나 서초구와는 달리 재개발이 있죠. 거여와 마천뉴타운도 눈여겨보면 좋을 것 같습니다.

송파구는 2019년 분양 물량도 강남 3구 중에서 가장 많았습니다. 3800여 세대가 분양을 했죠. 위례신도시의 리슈빌 퍼스트클래스가 분양을 했고요. 거여뉴타운의 송파 시그니처 롯데캐슬이 1945세대로, 굉장히 크게 분양을 했습니다. 그리고 호반써밋 송파 1차, 2차도 분양했습니다.

위례신도시가 있는 장지동과 거여·마천뉴타운에서는 분양이 한동안 있겠지만, 입주 물량은 송파 헬리오시티 이후로 많지 않습니다. 송파 헬리오시티의 가격이 많이 오른 이유 중 하나는 입주할 아파트가 없어서이기도 합니다. 신규 아파트의 공급이 계속 있었으면 가격 조정이 어느 정도 되었을 텐데, 없다 보니 가격 조

| 2019년 송파구의 분양 물량 |

지역	단지명	분양년월	입주년월	세대수	방식
장지동	송파 위례 리슈빌 퍼스트클래스	201904	202110	494	개발
거여동	송파 시그니처 롯데캐슬	201909	202201	1,945	재개발
거여동	호반써밋 송파 1차	201912	202202	689	개발
거여동	호반써밋 송파 2차	201912	202202	700	개발
합계				3,828	

| 2020년 송파구의 분양 물량 |

지역	단지명	분양년월	입주년월	세대수	기타
문정동	문정동 136 재건축 단지	2020	-	1,402	대림산업
장지동	위례신도시 A1-5	2020	-	1,297	SH공사
장지동	위례신도시 A1-12 공공분양	2020	-	394	SH공사
오금동	송파 오금 아남아파트 (리모델링)	2020	-	328	쌍용건설
합계				3,421	

| 2020년 송파구의 입주 물량 |

지역	단지명	분양년월	입주년월	세대수
거여동	e편한세상 송파 파크센트럴	201712	202006	1,199

정이 안 되었다고 볼 수 있을 것 같습니다. 올해는 거여동의 e편한세상 송파 파크센트럴 1개 단지만 입주합니다.

송파구는 재개발도 있고, 재건축도 다 있기 때문에 경제적 수준에 맞춰서 들어가면 좋을 것 같습니다. 다음 페이지의 재건축, 재개발 진행 현황을 참고하면 되고요.

재개발이 재건축보다는 쌉니다. 그런 점도 감안하면 좋을 것 같습니다. 재개발 중에서 마천뉴타운 단지들은 아직까지 초기 단계이기 때문에 시간이 많이 남아 있고요. 많은 시간이 남아 있는 것을 감안했을 때 시세가 상대적으로 쌀 수 있습니다. 지금 진행

| 송파구의 재건축, 재개발 진행 현황 |

지역(동)	사업장명	사업단계	세대수	건립예정 세대수	시공사
재건축 단지					
가락동	가락 미륭아파트	정비구역 지정	-	-	-
잠실동	잠실 우성아파트	추진위원회 승인	1,842	2,716	-
오금동	가락 상아아파트 1차	추진위원회 승인	226	-	-
오금동	오금동 143번지 일대	추진위원회 승인	-	-	-
송파동	송파 한양아파트 2차	추진위원회 승인	744	-	-
송파동	송파동 100번지 일대	추진위원회 승인	-	-	-
방이동	한양아파트 3차	추진위원회 승인	-	-	-
가락동	가락 극동아파트	추진위원회 승인	555	555	-
잠실동	잠실 우성아파트 4차	조합설립인가	555	896	-
잠실동	잠실 주공아파트 5단지	조합설립인가	3,930	5,950	삼성물산, 현대산업개발, GS건설
신천동	장미 1, 2, 3차	조합설립인가	1,648	3,913	-
송파동	가락 삼익맨숀	조합설립인가	-	-	-
문정동	가락 1차 현대아파트	조합설립인가	514	756	-
가락동	가락 프라자아파트	조합설립인가	-	-	-
가락동	삼환 가락아파트	조합설립인가	648	1,082	-
신천동	잠실 진주아파트	관리처분인가	1,507	2,670	삼성물산, 현대산업개발
신천동	잠실 미성, 크로바아파트	관리처분인가	1,350	1,910	롯데건설
문정동	문정동 136번지 일대	관리처분인가	-	-	-
재개발 구역					
마천동	마천 1구역	추진위원회 승인	-	2,685	-
마천동	마천 3구역	추진위원회 승인	-	2,367	-
마천동	마천 4구역	조합설립인가	-	1,135	-

되는 것들 중에는 마천 1구역, 3구역, 4구역이 있는데요. 큰 단지들이에요. 4구역은 1000세대가 넘고, 1구역과 3구역은 2000세대, 2500세대가 넘습니다.

이렇게 주요 아파트 리스트는 다 살펴봤습니다. 요컨대, 송파구는 규모 면에서 크기 때문에 수요는 서울 25개의 구 중에서 가장 많다고 할 수 있고, 초기 재건축과 초기 재개발 물건들이 있기 때문에 강남 3구에서는 유일하게 대량 공급이 가능한 입지라고 말씀드리고 싶습니다. 신규 아파트를 희망하는 사람들도 관심 지역에 넣고 살펴봐도 좋을 것 같습니다. 송파구는 이제 강남 3구로 완연히 들어왔기 때문에 절대 수요, 대기 수요가 있다고 생각하고 접근해도 무방할 것입니다.

향후 살고 싶은 단지 딱 1개만 꼽는다면!

▶ 잠실 주공 5단지

송파구의 핵심 호재

위례신사선

- 서울 송파구 위례신도시와 삼성역, 강남구 신사동을 잇는 14.8km 구간의 경전철. 정거장 11곳, 차량기지 1곳 건설.
- 2026년 완공 예정. 사업비 1조 4847억 원.

위례선 트램

- 5호선 마천역과 8호선 복정역·우남역을 Y자 모양으로 잇는 철도노선, 총 5.4km 구간에 정거장 12곳, 차량기지 1곳 건설.
- 2021년 착공 예정. 사업비 1800억 원 추산.

▶ 위례 트램 상상도

04

용산구

용산구

사람이 자발적으로 몰리게 될 서울의 중심

빠숑의 POINT

200년 만에 실현되는 압도적인 미래 가치!

용산구의 지도. 한가운데 미군 부대가 크게 자리하고 있다.

용산구는 서울의 한가운데에 위치한, 말 그대로 서울의 중심지인 곳입니다. 면적 대비 한강변을 가장 넓게 접하고 있는 지역이죠.

그런데 아직 용산구의 가치는 다 드러나지 않았다고 볼 수 있습니다. 왜일까요? 서울의 다른 구들과는 달리, 용산구는 아직까지 우리가 제대로 활용해본 적이 없기 때문입니다. 조선시대 때부터 용산의 메인은 계속 외국인들이 써왔거든요. 최근까지도 미군 부대가 사용해왔고요. 위의 지도를 보면, 한가운데 가장 크게 보이는 녹지 부분이 바로 미군 부대 부지입니다.

그런데 이제 미군 부대가 평택으로 이전을 거의 다 하고 있습니다. 군사보호지역이기 때문에 그동안은 개발 행위 자체를 할 수 없는 곳이었는데, 이제는 다양한 개발이 진행될 것이라는 얘기입니다. 다크호스와도 같은 곳이죠.

이 지역의 잠재가치가 앞으로 얼마나 발현될지 아무도 모릅니다. 그렇기 때문에 용산구는 미군 이전이 다 완료되고 개발이 다 진행되는 향후에 어떻게 활용이 될 것인가에 포커싱을 하는 것이 좋습니다.

| 용산구의 인구수와 세대수 |

지역	인구수	세대수
서울시	9,726,787	4,361,645
용산구	**229,369**	**111,037**
후암동	17,831	8,557
용산2가동	10,311	5,420
남영동	7,770	5,474
청파동	19,881	10,939
원효로1동	16,071	7,902
원효로2동	14,365	5,999
효창동	10,270	4,311
용문동	12,404	5,416
한강로동	18,243	9,909
이촌1동	28,539	10,331
이촌2동	8,814	3,841
이태원1동	6,849	3,776
이태원2동	9,254	4,910
한남동	21,120	11,281
서빙고동	13,348	5,291
보광동	14,299	7,680

현재보다 미래가 더 기대되는 곳

용산구의 인구는 많지 않습니다. 용산에서 가장 큰 면적에 미군 부대가 있기도 하고, 또 상업이나 업무 지역이 많은 곳이기

| 서울 지역별 평균 시세 |

지역	평단가
강남구	5,644
서초구	5,122
송파구	4,057
용산구	**3,813**
성동구	3,194
마포구	3,171
강동구	3,124
광진구	3,055
양천구	3,015
서울특별시	**2,993**
영등포구	2,863
동작구	2,786
중구	2,783
종로구	2,749
서대문구	2,349
강서구	2,263
동대문구	2,203
성북구	2,125
관악구	1,947
구로구	1,899
은평구	1,896
노원구	1,895
강북구	1,672
금천구	1,661
중랑구	1,620
도봉구	1,548

때문이죠. 보통 상업 및 업무 지역이 많은 곳에는 주거 인구가 적습니다. 현재 용산의 주거 인구는 23만 명이 조금 못 됩니다. 다른 구에 비하면 굉장히 적은 편이라고 할 수 있죠. 세대수도 11만 세대 정도 됩니다.

하지만 용산구 인구는 앞으로 계속 증가할 것이라고 봅니다. 지금까지는 주거로 쓰지 않던 부지들이 주거 지역으로 변화될 수 있기 때문입니다. 세대수도 1만 세대 이상은 더 많아지지 않을까 예측해봅니다.

현재 용산구의 시세는 '강남 3구' 바로 다음입니다. 그런데 강남 3구 같은 경우는 입지적으로 많은 변화와 발전이 있었지만, 용산구는 거의 변화가 없었거든요. 그럼에도 시세가 강남구 바로 다음인 2위를 하던 때도 있었습니다. 동부이촌동이 인기가 워낙 많았으니까요. 그런데 이제는 아파트들이 많이 낡았죠. 그래서 새 아파트가 들어오고 입지가 좋아지는 서초구나 송파구에 역전을 당해서 4위가 됐습니다.

하지만 나중에 한남동, 서빙고동, 동부이촌동에 다 새 아파트가 들어서게 되면 송파구보다 더 비싸질 가능성이 높습니다. 아직은 먼 미래이긴 하지만 입지가 그만큼 좋은 곳이죠. 물론 용산구가 아무리 좋아지더라도 강남구를 역전하기는 어려울 것입니다. 용산구는 교육 환경 측면에서 강남구를 따라갈 수가 없을 테니까요.

현재 용산구의 메인 지역은 어디일까요? 강남구의 경우 주거는 압구정동, 업무는 삼성동이 메인이라고 얘기하죠. 서초구 같은 경우는 주거든 업무든 반포동에 다 몰려 있고, 송파구는 잠실이 그렇고요. 그런데 용산구는 딱히 두드러진 곳이 없습니다. 물론 현재 주거를 많이 하고 있는 중심지는 동부이촌동(이촌1동, 이촌2동)이지만, 한남뉴타운이 다 입주하고 난 후에 주거의 중심이 어떻게 될지는 모르죠.

어쨌거나 동쪽 한남동부터 보광동, 서빙고동, 이촌동까지 이어지는 한강 라인은 모두 주거 지역으로 주목받을 수 있을 것이라고 봅니다. 향후 재건축, 재개발이 진행되면 굉장히 멋있는 스카이라인을 뽐내는 주거타운이 될 것이고요. 용산구를 주거 희망 지역으로 삼고 있는 사람들이라면 이쪽을 살펴봐도 좋을 것입니다.

본격적인 호재가 시작되다

용산구는 이제부터가 본격적인 호재의 시작입니다. 미군 부대가 완전히 이전되면 용산공원 개발부터 시작해서 동부이촌동 재건축, 한남뉴타운 등이 이어지면서 그야말로 '핫'한 지역이 되는 것입니다.

용산구의 가장 큰 주목 이슈를 꼽으라고 하면 단연 용산공원입니다. 서울 한가운데 위치한 남산과 한강을 잇는 한국의 대표 공원이 될 테니까요. 많은 해외 관광객들에게도 한국의 명품 포토존

용산공원 조감도

으로 활용될 것입니다. 신분당선과 동빙고역, 국립중앙박물관역이 개통되는 순간부터 많은 사람들이 자발적으로 이곳을 찾게 될 것이고요.

또한 유엔사 부지, 수송부 부지, 캠프킴 부지가 매도되고 새로운 업무시설이 개발되면 용산구는 일자리 지역으로서, 상업 지역으로서, 주거 지역으로서 계속 관심을 받을 수밖에 없습니다. 위치상 서울의 한가운데에 있기 때문에 지나가는 사람들이 많고, 따로 홍보를 하지 않더라도 자연스럽게 많이 노출이 될 겁니다.

또한 용산구에는 동부이촌동 상권, 한남동 상권, 이태원 상권, 경리단길 상권, 해방촌 상권 등등 지금도 좋은 상업 지역들이 많은데, 이곳들 모두 지금 수준보다 더 고급화되고 있습니다. 상권이 고급화된다는 건 주거 지역에도 플러스 알파 효과가 있다는 얘기입니다.

이렇게 한쪽은 공원으로 개발되고 있고, 한쪽은 상가 고급화와 함께 주거타운이 들어오고 있고, 또 그동안 개발이 안 되던 곳들도 정비사업이 진행되고 있습니다. 후암동, 남영동 쪽은 서울역세권 개발 지역이고, 한강로동은 용산역세권 개발 지역이고요. 청파동, 효창동도 재건축 재개발들이 차근차근 진행되고 있습니다. 용산 전자랜드가 있는 원효로도 지금 형태가 슬럼화되어 있기 때문에 손을 대지 않을까 싶습니다.

그래서 지금 어떤 동도 호재가 없는 데가 없습니다. 이렇게 거의 모든 동이 다 호재가 있는 지역은 용산구밖에 없다고 볼 수 있죠. 어떠한 크기로, 얼마나 개발될지는 모르지만 최소한 지금보다 몇 백배, 몇 천배는 좋아질 일만 남은 지역이 바로 용산입니다.

주요 아파트들과 주목해야 할 포인트

용산구에서 현재 시세가 가장 높은 동은 신동아아파트가 랜드마크인 서빙고동이고, 그다음이 이촌동입니다. 그리고 최근에 신계동 쪽의 아파트들이 많이 떴습니다. 특히 용산 e편한세상이 굉장히 많이 올랐습니다. 그리고 파크타워와 시티파크가 있는 용산동5가의 시세도 높은 편입니다.

용산구에서 현재 가장 비싼 아파트는 재건축을 앞두고 있는 한강맨션입니다. 동부이촌동에서 가장 오래된 아파트죠. 이어서 래미안 첼리투스, 서빙고동의 신동아아파트, 이촌동의 대우아파트, 왕궁아파트 등의 순입니다. 모두 평당 5000만 원이 넘는 단지들이죠.

용산구는 지금 새 아파트가 간절한 상황입니다. 지난해인 2019년에 용산구에서 분양한 물량은 총 439세대에 불과했습니다. 효창 파크뷰 데시앙은 평균 경쟁률이 186대 1이나 됐죠.

| 동별 평균 시세 |

지역	평단가
서빙고동	4,524
이촌동	4,298
신계동	4,178
용산동5가	4,175
보광동	4,040
한남동	3,964
용산구	**3,813**
한강로2가	3,669
한강로3가	3,608
원효로4가	3,335
원효로1가	3,308
용문동	3,047
효창동	3,006
산천동	2,930
도원동	2,914
한강로1가	2,861
문배동	2,859
이태원동	2,754
후암동	2,722
신창동	2,673
용산동2가	2,629
청암동	2,390

2020년 올해 분양 물량도 많지 않습니다. 이촌 현대아파트 리모델링 한 단지밖에 예정된 게 없습니다.

| 용산구의 시세 상위 아파트 |

순위	지역(동)	아파트명	세대수	평단가	입주년월
1	이촌동	한강맨션	660	7,565	1970.12
2	이촌동	래미안 이촌 첼리투스	460	6,200	2015.08
3	서빙고동	신동아아파트	1,326	5,503	1984.06
4	이촌동	대우아파트	834	5,226	2000.03
5	이촌동	왕궁아파트	250	5,135	1975.04
6	신계동	용산 e편한세상	867	5,057	2011.02
7	용산동5가	용산 파크타워	888	5,027	2008.01
8	이촌동	한가람 건영 2차	2,036	4,940	1998.09
9	이촌동	한강 자이	656	4,863	2003.04
10	이촌동	삼익아파트	252	4,773	1979.11
11	원효로4가	산호아파트	554	4,734	1977.04
12	이촌동	강촌아파트	1,001	4,700	1997.12
13	이촌동	이촌 코오롱(A단지)	787	4,503	1999.11
14	한강로3가	용산 시티파크 1단지	421	4,501	2007.08
15	신계동	용산 e편한세상	867	4,451	2011.02
16	이촌동	현대아파트	653	4,389	1975.01
17	효창동	효창파크 KCC스위첸	199	4,333	2018.09
18	원효로1가	더프라임아파트	559	4,262	2013.11
19	한남동	한남 힐스테이트	283	4,230	2003.09
20	효창동	효창 파크푸르지오	307	4,185	2010.08
21	한강로2가	래미안 용산 더센트럴	195	4,183	2017.05
22	이촌동	삼성 리버스위트	244	4,164	2002.04
23	한강로3가	용산 시티파크 2단지	208	4,162	2007.08
24	한강로2가	센트레빌 아스테리움 용산	128	4,162	2012.08
25	한남동	한남 리첸시아	371	4,001	2004.04
26	효창동	용산 롯데캐슬 센터포레	478	3,953	2019.04
27	이촌동	북한강아파트	340	3,945	1997.08

그리고 올해 입주 물량으로도 한 단지가 있습니다. 용산 센트럴 파크 헤링턴스퀘어가 8월에 입주할 예정입니다. 여러 가지 사건이 많았던 구역이었는데 완성되어가는 모습을 보니 감회가 새롭기도

| 2019년 용산구의 분양 물량 |

지역	아파트명	분양년월	입주년월	세대수	방식
원효로1가	시온캐슬 용산	201906	202104	55	개발
효창동	효창 파크뷰 데시앙	201911	202203	384	재개발
합계				439	

| 2020년 용산구의 분양 물량 |

지역	단지명	분양년월	입주년월	세대수	기타
이촌동	이촌 현대아파트 (리모델링)	2020	–	750	포스코

| 2020년 용산구의 입주 물량 |

지역	단지명	분양년월	입주년월	세대수
한강로3가	용산 센트럴파크 헤링턴스퀘어	201707	202008	1,140

합니다. 여기는 한동안 용산구의 관심 단지가 될 듯합니다. 거의 유일한 대단지 새 아파트니까요.

향후 새 아파트가 되는 것들을 중점적으로 봐야 합니다. 재개발로는 한남뉴타운 지역이 있고요, 현재 현대건설이 시공사로 선정된 3구역이 가장 빨리 진행되고 있습니다. 그리고 재건축 단지들도 관심 있게 볼 대상입니다. 특히 앞서 언급한 이촌동의 한강맨션을 비롯한 삼익아파트, 왕궁아파트, 그리고 서빙고동의 신동아

| 용산구의 재건축, 재개발 진행 현황 |

지역(동)	사업장명	사업단계	세대수	건립예정 세대수	시공사
재개발 구역					
청파동	청파 제1구역	추진위원회 승인	-	-	-
효창동	효창 제6구역	조합설립인가	-	-	-
보광동	한남 2구역	조합설립인가	-	1,926	-
보광동	한남 4구역	조합설립인가	-	1,965	-
동빙고동	한남 5구역	조합설립인가	-	2,359	-
한남동	한남 3구역	사업시행인가	-	5,757	현대건설
재건축 단지					
후암동	후암동 제1구역	추진위원회 승인	-	-	-
이태원동	청화아파트	추진위원회 승인	578	-	-
이촌동	중산아파트	추진위원회 승인	228	-	-
이촌동	이촌동 제1구역	추진위원회 승인	-	-	-
서빙고동	신동아아파트	조합설립인가	1,326	-	-
한강로3가	한양철우아파트	조합설립인가	60	-	-
이촌동	한강삼익아파트	조합설립인가	252	331	대림산업
이촌동	한강맨션	조합설립인가	660	1,450	-
이촌동	왕궁아파트	조합설립인가	250	250	삼성물산
원효로4가	산호아파트	조합설립인가	554	619	-

아파트가 메인이라고 볼 수 있겠습니다. 용산구의 재개발, 재건축 진행 현황은 위의 표를 참고해보기 바랍니다.

정리하면, 용산구는 현재도 물론 위상이 큰 지역이지만, 미래 가치가 더욱 기대되는 곳입니다. 과연 앞으로 얼마만큼의 가치를 보여줄지 끝이 안 보이는 곳이죠. 서울역부터 용산역까지는 특별 업무 지역으로 고층 오피스들이 들어설 예정입니다. 중앙에는 대한민국 최고의 국립공원이 들어서게 될 것이고요. 이태원과 후암동, 청파동 등은 인기 상업 지역으로 정비될 것이고, 한남동에서

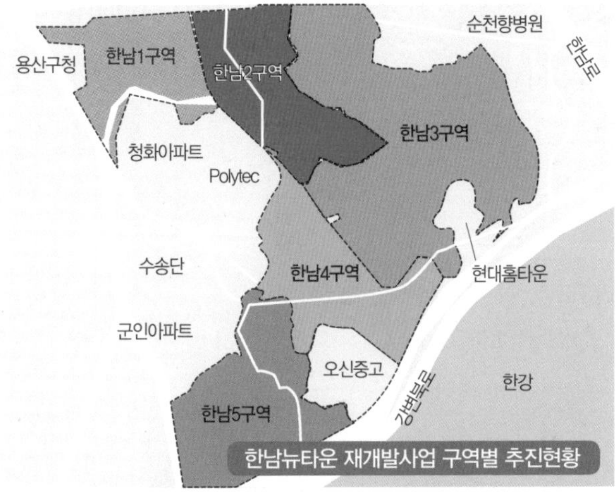
순천향병원
한남로
용산구청
한남1구역
한남2구역
한남3구역
청화아파트
Polytec
수송단
한남4구역
현대홈타운
군인아파트
오신중고
강변북로
한강
한남5구역
한남뉴타운 재개발사업 구역별 추진현황

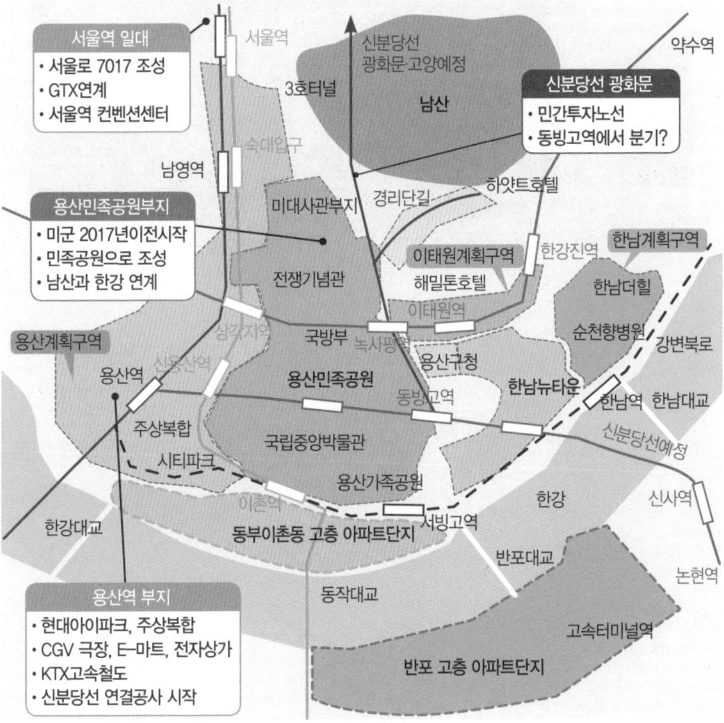
서울역 일대
• 서울로 7017 조성
• GTX연계
• 서울역 컨벤션센터
서울역
신분당선
광화문·고양예정
약수역
3호터널
남산
신분당선 광화문
• 민간투자노선
• 동빙고역에서 분기?
숙대입구
남영역
경리단길
하얏트호텔
용산민족공원부지
• 미군 2017년이전시작
• 민족공원으로 조성
• 남산과 한강 연계
미대사관부지
이태원계획구역
한강진역
한남계획구역
전쟁기념관
해밀톤호텔
한남더힐
이태원역
순천향병원
용산계획구역
삼각지역
국방부
녹사평역
강변북로
용산역
신용산역
용산구청
용산민족공원
한남뉴타운
동빙고역
한남역
한남대교
주상복합
국립중앙박물관
신분당선예정
시티파크
용산가족공원
한강
신사역
이촌역
서빙고역
한강대교
동부이촌동 고층 아파트단지
반포대교
논현역
동작대교
용산역 부지
• 현대아이파크, 주상복합
• CGV 극장, E-마트, 전자상가
• KTX고속철도
• 신분당선 연결공사 시작
고속터미널역
반포 고층 아파트단지

서빙고동과 이촌동을 잇는 한강변 라인은 명품 주거단지로 업그레이드가 될 것입니다.

향후 살고 싶은 단지 딱 1개만 꼽는다면!

▶ 서빙고 신동아아파트

용산구의 핵심 호재

용산 지구단위계획

- 서울역부터 한강로를 따라 용산역과 한강대교 북단에 이르는 349만㎡(약 100만 평) 부지 개발 계획.
- 특히, 용산역 주변으로 래미안 용산 더 센트럴, 푸르지오써밋 등 주상복합 아파트가 들어서고 있고, 특별 업무 지역으로서 아모레퍼시픽 신사옥을 비롯한 초고층 오피스들이 계속해서 들어설 예정.

한남뉴타운 재개발

- 2구역부터 3구역, 4구역, 5구역(1구역은 정비구역 해제됨)까지 1만 2000여 세대의 규모로 개발되는 뉴타운 사업.
- 배산임수 지형에 한강 조망까지 갖춰서 뉴타운 중 최고의 입지를 갖고 있다고 평가되는 지역. 큰 잠재력을 갖췄음에도 복잡한 이해관계로 그동안 사업 속도가 지진부진했으나 3구역을 필두로 본 궤도에 진입. 사업이 완료되면 강남권과 맞먹는 신흥 부촌이 될 것으로 전망.

용산공원

- 용산 미군기지를 중심으로 303만㎡ 구역에 조성되는 최초의 국가공원. 1단계(17~19년), 2단계(20~23년), 3단계(24~27년)에 걸쳐 추진.
- 2단계로 공원 내 녹지와 수공간 복원 등 본격 조성이 이뤄지고, 3단계 공사로 남산과 공원, 한강을 잇는 녹지축 완성 예정.
- 약 15만 그루의 나무 식재 효과, 연간 약 61만 명이 숨 쉬는 공기 생산 효과, 연 6톤 미세먼지 흡수 효과 발생할 것으로 기대.

▶ 용산공원 조성 예상도

05

성동구

성동구

최고의 자연환경을 품고, 선호지역으로 탈바꿈하다

빠숑의 POINT

서울숲이 이끄는 준 강남권으로 점핑!

성동구는 강남구의 바로 반대편에 있는 곳입니다. 한강이 굽이쳐 흐르는 가운데 툭 튀어나와 있는 곳이 압구정동이고, 그 맞은편에 쏙 들어간 지역이 성동구입니다. 왼쪽부터 옥수동, 금호동, 성수동 이렇게 구성되어 있고요.

최근 3~4년 동안 서울에서 가장 뜬 지역을 꼽으라고 한다면, 바로 성동구와 이 다음에 이야기할 마포구라고 할 수 있습니다. '마용성(마포구, 용산구, 성동구)'이라는 말도 몇 년 사이 등장했죠. 한가운데 용산이 있고, 그 왼쪽과 오른쪽으로 마포구와 성동구가 있는데, 최근에는 이 두 곳이 용산구를 역전할 수 있을 만큼의 위상으로 부각을 받기도 했습니다. 용산에는 신규 아파트가 거의 안 들어왔고, 또 지금까지는 호재가 없었던 반면에 마포구와 성동구에는 신규 아파트들이 들어서고 여러 개발 호재들이 계속 반영됐기 때문입니다.

부동산에서 제일 중요한 포인트는 앞서도 얘기했듯이 일자리이죠. 그런데 일자리 중심지에 주거지가 없다면, 일자리까지 출퇴근할 수 있는 주변의 배후 수요지까지 호재 지역으로 봐야 합니다. 앞서 잠실이 뜬 이유도 그런 측면이 있다고 이야기했죠. 성동구도 마찬가지입니다. 일자리 증가 지역은 아니지만 일자리와 연결되는 교통이 좋은 지역, 그리고 무엇보다 새 아파트들이 들어서고 주변이 잘 정리가 돼서 살기 좋은 베드타운으로 변모한 지역입니다. 업무시설적인 측면에서 보는 지역이 아니라 명품 주거지들을 하나씩 하나씩 추가하면서 위상이 많이 올라간 지역이라고 보면 좋을 것 같습니다.

성동구의 위상, 그리고 주요 지역들

성동구의 인구는 대략 30만 명 정도 되고요, 세대수는 13만 5500 세대 정도입니다. 보통 정도 되는 규모이고, 옥수동에서 사는 사람들이 제일 많습니다.

성동구의 아파트 시세 순위는 현재 5위입니다. 강남구, 서초구, 송파구, 용산구, 그다음이 성동구이죠. 마포구와는 서로 엎치락뒤치락 하고 있기 때문에 거의 같은 위상이라고 보면 될 것 같습니다.

서울시 평균 이상의 지역들을 보면, '강남구, 서초구, 송파구, 용

| 성동구의 인구수와 세대수 |

지역	인구수	세대수
서울시	9,726,787	4,361,645
성동구	**298,249**	**135,563**
왕십리2동	17,326	7,608
왕십리도선동	27,239	11,821
마장동	23,204	10,885
사근동	11,758	7,538
행당1동	14,988	6,853
행당2동	24,407	9,460
응봉동	15,966	6,158
금호1가동	15,791	6,634
금호2.3가동	23,759	10,335
금호4가동	14,906	6,441
옥수동	26,885	11,033
성수1가1동	16,706	7,570
성수1가2동	13,950	6,654
성수2가1동	16,995	8,497
성수2가3동	11,313	5,712
송정동	10,953	5,547
용답동	12,103	6,817

| 서울 지역별 평균 시세 |

지역	평단가
강남구	5,644
서초구	5,122
송파구	4,057
용산구	3,813
성동구	**3,194**
마포구	3,171
강동구	3,124
광진구	3,055
양천구	3,015
서울특별시	**2,993**
영등포구	2,863
동작구	2,786
중구	2,783
종로구	2,749
서대문구	2,349
강서구	2,263
동대문구	2,203
성북구	2,125
관악구	1,947
구로구	1,899
은평구	1,896
노원구	1,895
강북구	1,672
금천구	1,661
중랑구	1,620
도봉구	1,548

산구'까지 한 블럭이 있고, '성동구, 마포구, 강동구, 광진구, 양천구'로 한 블럭이 있죠. 강남구, 서초구, 송파구, 용산구까지는 아마 그 순위를 유지할 것 같은데요, 최근 신규 아파트 입주가 많은 성동구, 마포구, 그리고 강동구는 계속 순위가 바뀔 수도 있지 않을까 싶습니다. 향후의 시세는 어느 곳의 신규 아파트들이 시세를 리드하느냐에 따라 그 위상이 달라질 수도 있을 것입니다.

성동구 내에서 현재 가장 비싼 지역은 성수동입니다. 그다음이 신규 아파트 입주가 많았던 금호동과 옥수동이고요. 그리고 왕십리뉴타운이 있는 상왕십리와 하왕십리까지가 성동구를 리드하는 시세 상위 지역이라고 볼 수 있습니다.

성동구에서는 성수동, 금호동, 옥수동, 왕십리동을 관심 있게 보면 좋을 것 같습니다. 물론 행당, 응봉, 마장, 용답 등의 동들도 있는데, 여기는 구축들이 많고 신규 아파트 입주가 많지 않기 때문에 조금은 한 단계 아래로 봐도 무방할 것 같습니다.

| 동별 평균 시세 |

지역	평단가
성수동1가	4,007
금호동2가	3,876
옥수동	3,631
금호동4가	3,453
상왕십리동	3,371
성동구	**3,194**
성수동2가	3,157
하왕십리동	3,141
행당동	2,994
금호동1가	2,990
금호동3가	2,873
응봉동	2,676
마장동	2,427
도선동	2,019
홍익동	1,989
송정동	1,897
용답동	1,476

살고 싶은 명품 주거지로 부상하다

주거지로서 성동구에서 가장 먼저 부각됐던 곳은 옥수동입니다. 특히, 성수동에 있는 주거타운이 개발되기 전까지는 옥수동이 제일 인기가 많았죠. 한남동 바로 옆에 있는 곳이기도 하고, 무엇보다 옥수동에서 동호대교를 건너면 바로 압구정동이 있죠. 그래서 옥수동의 별명이 '뒷구정동'이었습니다. '압구정동 시댁에서 아들 집을 분가시켜주려고 선택하는 곳이 가까이 있는 옥수동이다'라는 이야기도 많이 했죠.

어쨌든, 옥수동에는 그동안 새 아파트들이 많이 공급이 되었고, 그래서 주거지로 주목을 받았습니다. 옥수동 뒤로 재개발이 된 금호타운이 또 배후 수요지가 되기도 했고요. 그리고 계속 강남의 수요를 받으면서 명품 주거지가 되었습니다. 서울에서 가장 좋은 노선 중 하나인 3호선과 연결된 곳이어서 정비지역으로서도 굉장히 좋은 평가를 받고 있습니다.

왕십리뉴타운도 성동구에서 주목할 만한 곳입니다. 대한민국 뉴타운 중에서 가장 크고, 가장 시세가 많이 오른 뉴타운 중 하나가 바로 왕십리뉴타운입니다. 시범 뉴타운 3곳이 있죠. 도심의 기존 낙후 지역을 정비한 길음뉴타운, 거의 신도시라고 할 수 있는 것이 은평뉴타운, 그리고 도심 내 중심 상업 지역을 재개발한 것이 왕십리뉴타운입니다. 분양 당시는 분위기가 안 좋아서 미분양이 나기도 했고, 길음뉴타운보다 시세가 떨어졌던 때도 있었습니다. 기본적으로 왕십리뉴타운은 중심지에 있기 때문에 땅값이 길음뉴타운보다 비싼 곳이거든요. 제가 그때 '이 시세는 말이 안 된다'고 했었는데, 결국 제 말대로 시세가 뛰었습니다.

성동구에서 가장 주목해야 하는 곳은 단연 성수동입니다. 최근에서야 많이 뜬 지역이죠. 중랑천과 청계천이 만나는 수공간을 끼고 있고, 서울숲이라는 녹지공간까지 품고 있어서 풍수적으로 굉장히 좋은 입지입니다. 그런데 왜 그전에는 주목을 못 받았나면, 준공업 지역이었기 때문이죠. 철공소나 공장들이 많아서 좋은 주거지로 평가받기는 좀 어려웠거든요.

그런데 한강변을 중심으로 좋은 주거시설들이 계속 들어오다

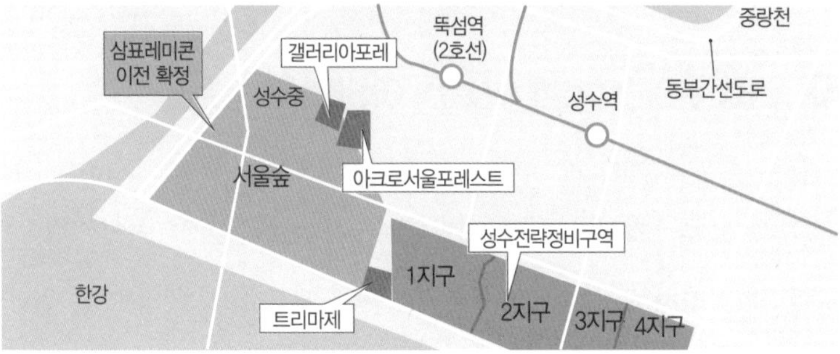

보니 그 위상이 많이 올라갔습니다. 특히 서울숲이 개발되면서 그 주변에 신규로 들어선 아파트들이 주목을 많이 받았습니다. 신규 아파트들뿐만이 아니라 기존 아파트들까지도 시세가 많이 올라서 성동구의 시세를 주도하는 아파트들이 되었습니다.

그리고 앞으로도 이 지역은 계속 관심을 받을 수밖에 없는 호재들이 있죠. 서울숲에 있던 삼표래미콘 공장도 이전이 확정됐고, 성수전략정비구역도 1지구에서 4지구까지 개발 사업이 진행 중에 있습니다. 이중에서 1지구는 서울숲과 가장 인접해 있고, 바로 옆에 성동구에서 현재 가장 비싼 아파트인 트리마제가 있어서 시너지를 낼 수 있을 것으로 예상됩니다. 4지구는 한강 조망 세대 비율이 가장 높고, 영동대교를 이용한 강남 접근성도 좋은 위치입니다. 그리고 일반 분양 비율이 가장 높은 지구입니다.

성동구의 시세를 이끄는 아파트들

현재 성동구에서 가장 시세가 높은 아파트는 앞서 이야기한 성수동의 트리마제입니다. 이미 성수동의 랜드마크가 되었죠. 원래 성동구의 랜드마크는 갤러리아포레였고, 시세도 그곳이 가장 비쌌습니다. 그런데 갤러리아포레의 경우, 처음부터 굉장히 비싸게 분양한 고급 아파트입니다. 관리비도 많이 비싸서 일반인들이 살기에는 조금 어려운 단지로 수요층 자체가 적고요. 그래서 시세 상승에도 다소 한계가 있을 수밖에 없는 곳입니다.

시세 상승적인 측면에서 볼 때 트리마제만큼 압도적인 곳이 없

성수동 트리마제 조감도

습니다. 평당 3000만 원 전후로 분양을 했는데, 이미 두 배가 넘었죠. 준공되기까지 우려도 많았고, 미분양도 많았는데 결국 성수동에서 가장 비싼 아파트가 되었습니다. 트리마제가 뜨니까 주변도 같이 올라가게 되었고요.

트리마제는 서울숲 바로 옆으로 한강변에 위치하고 있습니다. 삼성동 중앙로 대로에 있는 건물에서 강북 쪽을 향한 도로를 보면 트리마제가 보입니다. 그 위엄이 어마어마하죠. 그래서 강남 사람들이 보기에도 부러워하는 단지가 트리마제이기도 합니다. 그런 점들이 고스란히 프리미엄으로 반영돼서 지금의 시세가 된 것이고요.

트리마제 다음으로 비싼 아파트가 강변 동양아파트입니다. 트

| 성동구의 시세 상위 아파트 |

순위	지역(동)	아파트명	세대수	평단가	입주년월
1	성수동1가	트리마제	688	7,805	2017.05
2	성수동1가	강변 동양아파트	142	6,075	2001.02
3	성수동1가	동아아파트	390	5,937	1983.08
4	성수동1가	장미아파트	173	5,533	1982.04
5	성수동2가	서울숲 힐스테이트	445	5,228	2009.06
6	성수동1가	갤러리아포레	230	5,188	2011.07
7	성수동2가	청구 강변 1차	246	5,181	1993.11
8	성수동2가	한신 한강아파트	202	5,109	1999.04
9	금호동4가	서울숲 푸르지오 2차	707	5,070	2012.08
10	옥수동	래미안 옥수 리버젠	1,821	4,994	2012.12
11	행당동	서울숲 리버뷰 자이	1,034	4,939	2018.06
12	성수동2가	강변 임광아파트	141	4,785	2000.08
13	금호동4가	힐스테이트 서울숲리버	606	4,720	2018.02
14	하왕십리동	왕십리 센트라스(1,2차)	2,529	4,638	2016.11
15	성수동2가	청구 강변 3차	47	4,615	1994.08
16	금호동2가	신금호 파크자이	1,156	4,600	2016.04
17	금호동1가	e편한세상 금호 파크힐스	1,330	4,564	2018.02
18	성수동2가	강변 현대아파트	123	4,416	1993.09
19	금호동4가	서울숲 푸르지오	888	4,411	2007.07
20	성수동2가	금호타운 1차(강변)	108	4,400	1994.02
21	성수동1가	강변 건영아파트	580	4,214	2002.02

리마제 바로 옆에 있는 단지이죠. 2001년에 입주했는데, 초기에는 인기 있던 곳은 아니었습니다. 그때는 서울숲도 없었고, 주변도 깔끔한 주거지는 아니었거든요. 준공업 지역이어서 공장들이 많고, 이 아파트만 달랑 한 채 있었습니다. 그런데 트리마제와 성수동 개발 호재를 고스란히 안고 시세가 엄청 올랐습니다. 평당 6000만 원이 넘을 정도면 정말 대단하죠.

그다음으로 동아아파트, 장미아파트 등 재건축 예정 단지들 그리고 서울숲 힐스테이트 등이 성수동의 시세를 주도하는 아파트입니다. 금호동에서는 서울숲 푸르지오 2차가 제일 비싼 아파트고요, 옥수동에서는 래미안 옥수 리버젠이 대장 역할을 하고 있습니다. 메인 지역은 아니지만 행당동에 있는 서울숲 리버뷰 자이라는 단지도 굉장히 비쌉니다. 왕십리뉴타운에서는 센트라스가 안정적인 시세 상승을 보여주고 있고요.

어쨌든, 지금 성동구에서는 인기 있는 신규 아파트들이 많습니다. 대부분 분양가가 4~5억 원이었는데, 지금은 15억이 다 넘었습니다. 성동구의 신규 아파트 시세 상승분을 보면 강남구에 있는 구축 아파트 시세와 비슷하죠. 함께 비교해봐도 재미있을 것 같습니다.

향후 2년은 분양도, 입주도 없다

지금까지 신규 아파트들이 성동구의 시세를 이끌어왔다고 이야기를 했는데요, 이 신규 아파트들은 모두 2017년 이전에 분양했던 단지들입니다. 2018년 이후부터 올해 2020년까지 성동구에서의 분양 물량은 전무합니다. 입주 물량도 없습니다. 2019년에도 없었고, 올해 2020년에도 없습니다. 2021년 1월 아크로 서울 포레스트라는 단지가 갤러리아포레 바로 옆에 입주할 예정이긴 하지만, 280세대밖에 안 되는 초고급 아파트이기 때문에 큰 의미가 없다고 봐야 할 것 같고요.

결국 향후 2년 동안 성동구에서는 신규 아파트 분양 물량과 입주 물량이 없습니다. 이 점이 성동구의 분양 시장에 어떤 영향을 줄 것인지가 앞으로 관심 있게 봐야 점이 아닐까 합니다. 결국 기존 아파트들 중에서 가장 신축이라고 할 수 있는 아파트들이 시세를 한동안 이끌고 갈 것으로 예상됩니다. 성동구에 이주하려고 하는 수요층들을 받아줄 것이고요.

또한 신규 아파트가 필요한 시기가 또 오기 때문에 향후 몇 년 후 공급될 신규 물량들에 대한 관심이 높아질 수밖에 없을 것입니다. 재건축, 재개발 모두 관심을 갖고 주목해볼 필요가 있습니다.

재개발 중에서는 제일 유명한 곳이 앞서 이야기했던 성수전략정비구역 1, 2, 3, 4지구입니다. 성수전략정비구역이 왜 부각을 받을 수밖에 없냐면, 현재 강남이든 강북이든 한강변에 접한 아파트 중에서 50층 이상이 가능한 단지가 없거든요. 유일하게 동부이촌동에 있는 첼리투스만 50층 이상이고, 나머지는 하나도 없습니다. 그런데 성수전략정비구역은 2009년 오세훈 전 시장의 '한강 르네상스' 사업의 일환으로 지정받았기 때문에 2014년에 일반주거 지역의 최고 높이를 35층으로 제한하는 규정이 마련되기 전에 정비계획안이 고시된 구역입니다. 그런데 서울시에서 50층 이상은 안 된다고 반려를 해서 협의 중에 있는 것으로 알고 있습니다. 어떻게 결론이 날지는 모르겠지만, 50층 이상으로 개발된다면 굉장히 멋진 단지가 나오지 않을까 합니다. 앞으로 어떻게 조율될지 주목해봐야 될 것 같습니다.

금호동과 행당동에도 재개발 구역들이 남아 있습니다. 아직 시간이 많이 남긴 했지만 앞으로 관심 있게 보면 좋을 것 같습니다.

| 성동구의 재건축, 재개발 진행 현황 |

지역(동)	사업장명	사업단계	세대수	건립예정 세대수	시공사
		재개발 구역			
성수동2가	성수전략정비구역 3지구	조합설립인가	–	1,852	–
성수동2가	성수전략정비구역 2지구	조합설립인가	–	1,907	–
성수동2가	성수전략정비구역 4지구	조합설립인가	–	1,579	–
성수동1가	성수전략정비구역 1지구	조합설립인가	–	2,909	–
금호동2가	금호 16구역	사업시행인가	–	595	현대건설
행당동	행당 7구역	관리처분인가	–	946	–
용답동	용답동 주택재개발	관리처분인가	–	1,251	GS건설
금호동4가	금호 제14-1구역	관리처분인가	–	108	제이앤이건설
		재건축 단지			
성수동1가	성수 1구역	추진위원회 승인	–	–	–
성수동1가	경동연립	추진위원회 승인	–	–	–
응봉동	응봉1구역	조합설립인가	–	–	–
옥수동	한남 하이츠	조합설립인가	535	839	–
성수동1가	장미아파트	조합설립인가	155	292	–

그리고 많지는 않지만 재건축 단지들도 관심 리스트에 추가할 만합니다. 그중에서 제일 빠른 것이 성수동에 있는 장미아파트와 옥수동의 한남 하이츠인데, 최근에 한남 하이츠 같은 경우 현대건설과 GS건설이 시공권을 따기 위해 경쟁을 하고 있죠. 둘 다 엄청난 특화 설계를 제안했기 때문에 어떤 시공사가 맡든 강변북로 쪽에 붙은 단지 중에서는 제일 멋있는 단지가 나올 것으로 기대가 되는 아파트입니다.

정리해보겠습니다. 성동구는 제일 비싼 성수동조차도 준공업 지역으로 혐오시설이 많았던 지역이었습니다. 대부분 공구 상가, 공장 이런 것들이 있었죠. 지금도 일부 남아 있긴 하지만, 많이 정리가 되면서 선호하는 주거 지역으로 탈바꿈했습니다. 특히 서울숲이 성동구의 위상을 훌쩍 올려줬죠. 중랑천과 한강이 만나는 입지에 서울숲까지 있기 때문에 자연환경으로는 서울에서 거의 최고의 입지 중의 하나가 성동구라고 평가할 수 있겠습니다.

성동구는 혐오시설들을 제거하고 선호 지역을 만들어낸 성공적인 개발 지역이라는 점에서 다른 공공기관이나 지자체에서도 벤치마킹을 할 만한 굉장히 좋은 사례라고 생각합니다. 우리 삶의 목적은 부동산으로 돈을 벌어서 부자가 되는 게 아니라 행복이기 때문에 행복한 주거 환경, 행복한 주변 환경을 만드는 것이 무엇보다 중요하지 않을까 싶습니다.

향후 살고 싶은 단지 딱 1개만 꼽는다면!

▶ **성수전략정비구역 1지구**

성동구의 핵심 호재

성수전략정비구역

- 성수 1지구에서 4지구까지 총 8247세대 규모의 재개발 구역.
- 일반 분양분은 1지구 903세대, 2지구 520세대, 3지구 530세대, 4지구 490세대 예정.
- 뛰어난 입지와 사업성, 환금성까지 갖추고 있어 미래 가치가 높은 유망 투자지역으로 주목.

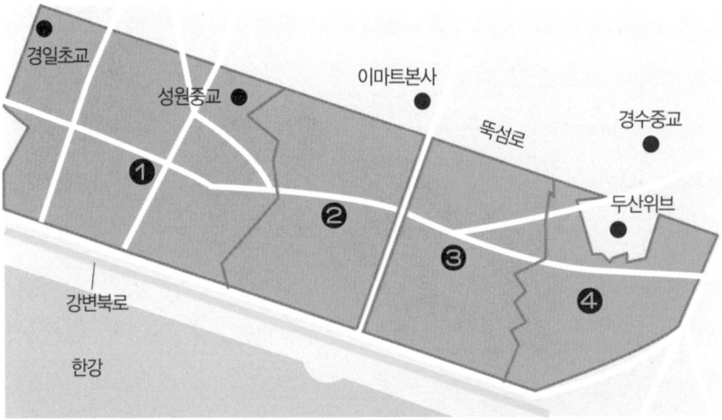

▶ 성수전략정비구역 조감도

06

마포구

마포구

3040의 최고 인기 주거지로 비상하다

빠숑의 POINT

핵심 일자리 Top 3 중 2곳인 종로구와 여의도의 접근성이 주는 매력!

| 마포구의 인구수와 세대수 |

지역	인구수	세대수
서울시	9,726,787	4,361,645
마포구	**374,426**	**176,385**
아현동	24,767	10,190
공덕동	39,615	19,119
도화동	22,200	9,583
용강동	21,871	9,189
대흥동	13,737	8,017
염리동	12,273	5,657
신수동	23,327	10,189
서강동	25,049	11,634
서교동	24,080	14,186
합정동	18,603	9,645
망원제1동	21,272	10,616
망원제2동	19,152	8,445
연남동	15,743	8,699
성산제1동	19,733	9,439
성산제2동	41,053	18,983
상암	31,951	12,794

마포구는 서울 25개구 중에서 가장 한강에 길게 접하고 있는 지역입니다. 서쪽 끝 상암동에서 동쪽 끝 도화동까지가 한강에 접해 있죠. 인구는 37만 4000여 명, 세대수는 17만 6000여 세대 정도로 중상위권의 규모를 가진 곳입니다. 현재 시세로는 서울 25개구 중에서 6위입니다. 앞서 얘기했듯이, 성동구와는 거의 유사한 시세를 보이고 있습니다.

마포구는 매년 그 위상이 계속 상승해왔습니다. 특히 강동구, 양천구, 광진구 등 기존의 상위 지역을 순차적으로 역전하며 6위까지 비상했죠. 아무것도 없는 지역에서 현재 위상으로 올라서기까지 정말 많은 드라마틱한 변화들을 보여주었습니다.

특히, 상암동은 과거에 쓰레기매립장이 있던 곳이죠. 지금은 공원이 아주 넓게 조성이 되었고요. 수도권의 쓰레기매립장은 인천 서구로 갔습니다. 그래서 인천 서구는 마이너스 프리미엄이 붙기도 했는데, 상암은 그 이상으로 플러스 프리미엄이 생겼습니다.

그리고 단순히 쓰레기매립장이라는 혐오시설이 없어진 것만이 아니라 디지털미디어시티라고 하는 명품 미디어그룹들이 거의 들어왔습니다. 지금도 들어오고 있고요.

그러다 보니 상암동 같은 경우는 일자리, 주거시설, 공원, 쇼핑시설, 기타 등등 거의 모든 호재가 다 몰린, 마포구에서 가장 잘나가던 곳이기도 했습니다. 물론 최근에는 주거 지역으로서는 관심이 떨어진 면은 있습니다. 월드컵파크 아파트 타운이 있는데, 과거엔 인기가 많았지만 이제 10여 년 이상 되다 보니 그렇습니다. 최근에는 재건축 재개발이 있는 동쪽으로 관심이 많이 옮겨왔죠. 공덕동, 아현동, 염리동, 대흥동, 용강동 이런 지역들이 주거지로 한창 뜨고 있습니다. 그리고 주거 외 지역으로는 서교동을 시작으로 상권이 계속 확장돼왔고요.

| 서울 지역별 평균 시세 |

지역	평단가
강남구	5,644
서초구	5,122
송파구	4,057
용산구	3,813
성동구	3,194
마포구	**3,171**
강동구	3,124
광진구	3,055
양천구	3,015
서울특별시	**2,993**
영등포구	2,863
동작구	2,786
중구	2,783
종로구	2,749
서대문구	2,349
강서구	2,263
동대문구	2,203
성북구	2,125
관악구	1,947
구로구	1,899
은평구	1,896
노원구	1,895
강북구	1,672
금천구	1,661
중랑구	1,620
도봉구	1,548

이렇게 마포구에는 일자리와 주거 신도시의 기초를 닦았던 상암동이 있고, 놀라운 상권의 확장이라는 면모를 보여줬던 서교동과 연남동 등이 있고, 그다음에 뉴타운 및 재개발 사업이 진행돼 온 공덕동, 아현동, 염리동, 대흥동 등이 있습니다. 마포구만 꾸준히 봐도 서울 부동산의 드라마틱한 변화들을 파악할 수 있습니다. 부동산의 가치가 이렇게 급상승할 수도 있다는 것을 보여준 대표적인 지역이 마포구이기도 합니다.

마포구의 경쟁력과 발전 가능성

앞서 얘기했듯이 한강을 접한 면적이 매우 길어서 한강 접근성이 좋다는 점은 마포구의 큰 경쟁력 중 하나입니다. 그런데 아직까지는 그 장점을 최대로 활용을 잘 못했습니다. 대부분의 사람들은 여의도 쪽 고수부지를 많이 갔죠. 마포구 쪽으로는 한강 고수부지가 거의 발전하지 않았습니다. 난지한강공원을 개발하기 전까지는 고수부지 자체가 거의 없었어요. 최근에서야 조금씩 생겨나고 있는데, 마포구의 향후 발전가능성 중 하나는 바로 이런 고수부지를 개발하는 것들에 있을 것 같습니다.

또 주목할 만한 것 중 하나가 당인리발전소입니다. 아무래도 이 근처로는 고압 전류가 흐른다고 여겨서 기피하는 측면이 있었죠. 그런데 이제 이 화력발전소가 없어지고 문화창작발전소로 리모델링하는 사업이 추진되고 있습니다. 새로운 공원도 생길 거고요. 그러면 놀기 좋은 고수부지로 활용될 수 있지 않을까 합니다. 그렇게 되면 이 주변의 입지 프리미엄도 더 올라갈 수 있는 여지가 크다고 볼 수 있겠죠. 결국 지금까지는 이용을 잘 못했던 한강의 장점을 잘 활용한다면, 환경의 쾌적성 면에서 마포구의 프리미엄은 여전히 남아 있습니다.

마포구는 상권 측면에서 봐도 많이 발전한 지역입니다. 처음에는 서교초등학교와 홍익대학교 사이에서 골목상권으로 시작했던 것들이 점점 커져서 연남동까지 확장되고, 합정역까지 내려오고, 망원동까지 퍼지고, 상수동까지 갔죠. 그런데 당인리발전소가 없어지고 나면 여기까지도 상권이 확장되지 않을까 그런 기대도 할 만합니다.

사실 마포구 상권은 주거시설에는 그렇게 플러스가 되는 상권은 아니었습니다. 보통 밤 9시가 넘으면 영업이 끝나는 상권을 주거시설에 플러스가 되는 고급 상권으로 봅니다. 그런데 여기는 대부분 다 9시가 넘어서 본격화되는 상권이잖아요. 공덕이나 마포 상권도 그렇고, 특히 클럽들이 많은 홍대가 그렇죠. 그런데 마포구에는 이런 상권 지역만이 아니라 주거 지역도 강화되어왔다는

마포 래미안 푸르지오 단지

점에서 의미가 있습니다. 아현뉴타운의 개발이 무엇보다 주효했습니다.

마포구는 재건축, 재개발이 중요합니다. 원래 구도심이었잖아요. 일제강점기 때부터 이미 서울이었거든요. 오래되었기 때문에 환경이 많이 취약했습니다. 그런데 초반에는 개발이 힘들었어요. 아현뉴타운의 대표 단지인 마포 래미안 푸르지오도 처음에는 미분양이 많았습니다. 그 이유 중 하나가 굴다리 밑이라는 안 좋은 이미지 때문이었죠. 접대부가 나오는 술집도 주변에 많았고요. 그런데 재개발을 하면서 다 없어졌습니다. 결국 혐오 지역에서 선호 지역으로 바뀌면서 프리미엄이 올라가고, 새 아파트가 들어와서 프리미엄이 올라가고, 그렇게 더블 프리미엄으로 시세가 많이 올랐습니다.

공덕동 주변으로도 원래 상업시설이 많았는데, 아현뉴타운을 개발하고 새 아파트들이 입주하면서 주거 지역으로 탈바꿈하기 시작했습니다. 아현뉴타운으로 인해 주거 지역으로서 마포구의 매력도가 증가된 셈이죠. 또한 워낙에 많은 아파트 입주가 이뤄지면서 교육 환경도 좋아졌습니다. 대흥역 주변으로 학원가가 형성이 됐죠. 목동, 강남, 중계동에 있는 브랜드 학원들이 여기도 하나씩 다 들어와 있습니다.

결국 마포구는 과거 혐오시설, 상권시설 위주의 지역에서 주거 지역으로 터닝을 하고 있다는 점에서 앞으로의 발전 가능성도 더 지켜볼 만할 것입니다.

마포구를 이해하는 또 하나의 중요한 키

마포구의 중심은 어디일까요? 지도로 보면, 중간 입지는 합정입니다. 그런데 사람들은 합정이 가운데에 있다고 생각하는 게 아니라 끝 쪽에 있다고 생각하는 경향이 있습니다. 어떤 사람들은 상암 DMC쪽은 은평구라고 알고 있기도 해요. 사실 많이들 헷갈려 합니다. 남가좌동, 북가좌동은 서대문구이고요, 수색동은 은평구입니다. 마포구가 아니라요.

아무튼 보통 마포구의 중심이 어디라고 생각하느냐면, 공덕이라고 생각합니다. 그런데 공덕동은 사실 동쪽 끝에 있죠. 결국 합정과 공덕 사이가 마포구의 중심이 되지 않을까 합니다. 아현뉴타운의 존재가 중요한 이유는 바로 그 중심에 있기 때문이기도 합니다.

마포구의 중심이 왜 좋으냐면, 마포구 자체에도 일자리가 많은데 대한민국 업무의 중심지인 강남, 종로, 중구, 여의도 중에서 강남을 제외하고는 모든 곳에 출퇴근하기 정말 좋은 입지라는 것입니다. 특히 공덕역 같은 경우는, 지하철 노선이 4개가 겹치는 쿼트러플 역세권입니다. 5호선, 6호선, 경의중앙선, 공항철도가 지나가는, 그야말로 교통의 중심지죠. 아현뉴타운이 뜰 수밖에 없었던 이유입니다.

결국 이 뉴타운이 정돈되면서 종로, 중구, 여의도로 출퇴근하는 인구들도 많이 자리를 잡았다고 볼 수 있습니다. 이제 마포구는 지금 한창 일을 하고 있는 3040세대들이 가장 선호하는 인기 입지로 부상했죠.

그런데 여기서 한 가지 짚어봐야 할 점은 있습니다. 마포구는 많은 사람들이 지나가는 교통의 중심지이지 애초에 명품 주거지로 시작한 곳은 아닙니다. 아현뉴타운에 있는 아파트들이 많이 올랐는데, 대표적인 게 마포 래미안 푸르지오고요. 그런데 이 아파트도 20평대나 30평대까지는 굉장히 인기가 많은데, 40평대 이상은 상대적으로 인기가 많지 않습니다.

그러니까 마포구는 대형 주거시설 수요가 많은 입지는 아니라는 것이죠. 이를테면, 강남권 같은 경우는 소형보다 대형이 더 인기가 좋습니다. 조합들이 다 대형을 갖고 가거든요. 그런데 마포구는 입지가 아무리 좋아졌어도 조합들이 대부분 30평대, 20평대를 갖고 갑니다.

이게 어떤 의미일까요? 이 지역은 기본적으로 잠시 머물러 가는 곳이라는 이미지가 강한 것입니다. 죽을 때까지 평생 살고 싶은 입지와는 조금 다를 수 있다는 거죠. 젊을 때, 일할 때 선호하는 입지와 은퇴하고 나서 살고 싶은 입지는 같을 수도 있고 다를 수도 있습니다. 그게 같다면 아마 강남처럼 비쌀 거고요. 다르다고 하면, 상승은 하겠지만 좀 지켜볼 필요가 있습니다. 상승한다면 그럴 만한 이슈가 있을 것이고, 그 이슈가 제거되고 난 후에는 상승폭이 둔화될 수 있을 테니까요.

이것이 바로 마포구를 이해하는 또 하나의 중요한 키라고 볼 수 있습니다. 투자를 한다면 유의해서 봐야 하는 점이죠. 그런 점에서 볼 때 마포구는 부동산 공부를 하기에 굉장히 중요한 지역이기도 합니다.

마포구의 시세를 이끄는 지역과 아파트들

| 동별 평균 시세 |

지역	평단가
용강동	4,470
아현동	4,252
상수동	3,648
염리동	3,645
현석동	3,642
공덕동	3,521
대흥동	3,416
신공덕동	3,275
합정동	3,237
마포구	**3,171**
성산동	3,133
하중동	3,127
신수동	3,093
창전동	2,914
신정동	2,874
도화동	2,799
상암동	2,776
연남동	2,734
서교동	2,659
노고산동	2,468
마포동	2,341
중동	2,116
망원동	1,973

마포구에서 현재 가장 시세가 높은 지역은 여의도에서 가장 가까운 한강변 지역인 용강동입니다. 평당 4470만 원 정도 됩니다. 2위 지역은 아현동인데, 여기는 대한민국 사람들 대부분이 알고 있을 정도로 유명한 마포 래미안 푸르지오가 있습니다.

그리고 용강동, 아현동에 이어서 상수동, 염리동, 현석동이 이후 순위를 잇고 있는데, 이 지역들의 공통점은 모두 새 아파트가 많이 입주한 곳들이라는 것이죠.

개별 아파트로 보게 되면, 용강동의 e편한세상 마포 리버파크라는 단지가 제일 비쌉니다. 평당 5680만 원 정도까지 갔고요. 두 번째로 비싼 단지는 마포 래미안 푸르지오입니다. 가장 거래가 많이 되는 아파트로, 아현뉴타운을 주도하

| 마포구의 시세 상위 아파트 |

순위	지역(동)	아파트명	세대수	평단가	입주년월
1	용강동	e편한세상 마포 리버파크	547	5,683	2015.01
2	아현동	마포 래미안 푸르지오	3,885	5,361	2014.09
3	현석동	래미안 웰스트림	773	5,060	2016.02
4	염리동	마포 자이 3차	927	4,900	2018.09
5	공덕동	공덕 더샵	124	4,832	2018.01
6	용강동	래미안 마포 리버웰	563	4,748	2014.07
7	신공덕동	브라운스톤 공덕	290	4,582	2008.11
8	공덕동	래미안 공덕 5차	794	4,565	2011.02
9	상수동	래미안 밤섬 리베뉴I	429	4,489	2014.01
10	염리동	마포 자이	534	4,375	2003.12
11	아현동	공덕 자이	1,164	4,348	2015.04
12	신공덕동	신공덕 IPARK	195	4,343	2013.03
13	공덕동	래미안 공덕 3차	616	4,251	2004.08
14	아현동	마포 아현 IPARK	497	4,205	2017.02
15	대흥동	마포 자이 2차	558	4,186	2014.03
16	용강동	삼성 래미안	430	4,180	2003.03
17	공덕동	래미안 공덕 2차	882	4,169	2002.06
18	공덕동	공덕 파크자이 (마포로1구역55지구)	288	4,122	2015.09
19	상수동	래미안 밤섬 리베뉴II	530	4,072	2014.01
20	신공덕동	래미안 1차	1,210	4,056	2000.06
21	성산동	성산 시영아파트	3,710	4,042	1986.06
22	신공덕동	래미안 3차	366	3,994	2002.05
23	합정동	마포 한강 2차 푸르지오	198	3,929	2016.08

는 대장 단지이죠. 3885세대나 되는 대단지이기 때문에 거의 4개 단지를 합친 정도입니다. 이 단지의 움직임이 아현동뿐 아니라 마포구 전체의 시세를 좌지우지했다고 볼 수 있죠.

세 번째로 비싼 아파트는 래미안 웰스트림이라는 단지입니다.

래미안 웰스트림 조감도

바로 한강에 붙어 있는 아파트예요. e편한세상 마포 리버파크와 래미안 웰스트림은 한강 뷰 프리미엄이 있는 곳이라고 할 수 있습니다.

요컨대, 마포구를 주도해온 곳은 원래 공덕동이었는데, 지금은 아현뉴타운이라든지 염리 재개발 구역들이 활성화되면서 그쪽으로 위상이 넘어갔다고 볼 수 있습니다. 또 하나는 한강변에 있는 용강동 같은 지역들의 새 아파트들이 마포구를 주도하고 있다고 보면 될 것 같습니다.

사실 저도 2000년도 초반에 공덕 래미안 3차에 분양을 넣었다가 떨어진 기억이 있습니다. 그때 분양가가 평당 780만 원에서 850만 원 정도였습니다. 그 당시에는 싸다는 생각이 안 들었는데,

지금 공덕 래미안 3차가 평당 4000만 원에 육박합니다. 분양가와 비교하면 어마어마하게 올랐죠.

그리고 시세 상위 아파트 리스트를 보면, 재건축할 아파트가 거의 없습니다. 제일 오래된 곳이 86년도에 입주한 성산 시영아파트입니다. 3700세대가 넘는 대단지죠. 지금 재건축할 준비를 하고 있는데, 이 아파트가 재건축을 하게 되면 향후 상암 DMC의 수요를 받을 수 있기 때문에 관심을 가져봐도 좋을 것 같습니다.

주목해야 할 물량과 주요 포인트

마포구에는 2019년 분양 물량이 한 단지도 없었습니다. 2010년도 이후로 분양을 많이 했고, 그렇게 입주한 신규 아파트들이 마포구의 시세를 많이 올려줬는데, 지금은 다음 분양들을 준비하는 시기라고 볼 수 있을 것 같습니다.

이미 재건축, 재개발할 것들도 많이 해서 큰 물량은 아현 2구역 정도 빼고는 거의 없습니다. 지금까지는 신규 아파트들이 많이 주도를 해왔는데, 이제 그 아파트들이 무르익고 기반시설이 좋아져서 앞으로 또 시장이 바뀔 수도 있죠. 2020년 이후 신규 공급 물량이 줄어드는 점이 마포구에 어떤 영향을 줄지 지켜보는 것도 향후

| 2020년 마포구의 입주 물량 |

지역	단지명	분양년월	입주년월	세대수
대흥동	신촌 그랑자이	201611	202002	1,248
공덕동	공덕 SK리더스뷰	201708	202008	472
합계				1,720

시장을 분석하는 데 중요하다고 볼 수 있겠습니다.

어쨌든, 2019년 이전까지는 분양을 많이 했기 때문에 올해 입주 세대수는 1720세대 정도 됩니다. 2021년에도 1680세대 정도 입주를 할 예정이고, 2022년에는 입주 물량이 없습니다. 말했듯이, 2019년도 분양 물량이 없기 때문에 그렇습니다.

2020년 1720세대가 입주하는 단지는 두 곳입니다. 첫 번째 단지가 2월에 입주를 한 신촌 그랑자이입니다. 여기가 1248세대입니다. 이미 호가나 실거래가 기준 모두 마포 래미안 푸르지오를 역전했습니다. 그도 그럴 수밖에 없는 게 마포 래미안 푸르지오는 2014년도에 입주한 아파트이기 때문에 6년이나 차이가 납니다. 상품 가치로 볼 때 신촌 그랑자이가 앞설 수밖에 없죠.

그리고 2021년에는 신촌 그랑자이와 마포 래미안 푸르지오 사이에 마포 프레스티지자이도 입주를 하게 됩니다. 세 아파트가 거의 일직선으로 위치하는 것이라서 거의 하나의 타운을 형성할 수 있게 되죠. 그때는 아마 이 세 아파트가 삼각연대를 구축해서 시세를 주도하지 않을까 싶습니다.

그리고 올해 두 번째로 입주하는 아파트가 그 유명한 공덕 SK 리더스뷰입니다. 쿼트러플 역세권인 공덕역이 도보권에 있고요. 세대수는 크지 않은 472세대의 단지입니다. 그런데 이 공덕 SK리더스뷰가 왜 유명하냐면, 기억하는 분도 있을 겁니다. 지난해 초에 계약취소분이 한 세대가 나와서 재청약을 받았는데 여기에 몇 명이 신청을 했냐면, 무려 4만 6931명이었습니다. 경쟁률이 4만 6931대 1이었던 거죠. 바로 그 공덕 SK리더스뷰가 드디어 입주를 합니다.

그리고 또 마포구에서 주목할 만한 물량은, 이제 몇 개 남지 않은 재개발과 재건축들입니다. 아까 말씀드린 대로, 마지막 아현뉴타운으로 아현 2구역이 남았습니다. 이건 재개발이 아니라 재건축인데, 큰 차이는 없고요. 시간이 걸리긴 하겠지만 굉장히 좋은 단지 중의 하나가 될 것입니다. 입주하게 되면 제일 비싸지지 않을까 예측을 해봅니다. 재개발도 몇 개의 사업장이 남아 있습니다. 대부분 소규모인데 공덕 6구역, 마포로 1구역 제10지구, 염리 5구역입니다.

마포구는 지난 15년간 뉴타운 재개발 등으로 인해 큰 변화를 이끌어냈습니다. 중위권이었던 지역이 상위권 지역으로 위상 자체

| 마포구의 재건축, 재개발 진행 현황 |

지역(동)	사업장명	사업단계	세대수	건립 예정 세대수	시공사
재건축 단지					
신수동	신수 2구역	추진위원회 승인	–	1,015	–
공덕동	공덕 1구역	관리처분인가	1,101	1,121	GS건설, 현대건설
아현동	아현 2구역 (아이파크 SK뷰)	착공	–	1,419	현대건설
재개발 구역					
염리동	염리 5구역	추진위원회 승인	–	–	–
도화동	마포로 1구역 제10지구	추진위원회 승인	–	–	–
공덕동	공덕 6구역	추진위원회 승인	–	173	–

가 업그레이드 되었으니까요. 그리고 이제 개발의 지역에서 완숙의 지역으로 변모하고 있습니다. 이제는 개발하는 지역보다는 입주해서 생활하는 단지들이 많아졌습니다.

향후 마포구의 관전 포인트는 여기에 있을 것 같습니다. 결국 신규 아파트 공급이 과거만큼 활발하지는 않을 텐데 과연 이 입지 가치가 얼마나 지속적으로 유지될 것인가의 관점이죠. 입지적인 측면에서 분석해보면, 마포구는 여의도, 종로, 중구와 붙어 있습니다. 대한민국을 대표하는 오피스 지역으로 출퇴근하기 굉장히 좋은 입지라는 점을 다시 강조해보고 싶고요. 또 난개발과 혐오시설들 때문에 선호도가 낮은 지역이었지만, 이제는 주거지로서의 입지와 선호도가 매우 좋아졌습니다.

또한 앞으로 기대하고 지켜볼 만한 몇 가지 호재들도 있습니다. 우선, DMC역과 수색역 일대를 서북권 광역의 중심지로 개발하는 수색역세권 개발 사업으로 일자리 및 중심 상업 수요가 창출될 수 있을 것으로 보입니다. DMC역 구역이 우선적으로 개발될 것이고, 여기에 롯데몰도 들어올 예정이라고 합니다.

그리고 교통망 호재로, 지난 2010년 착공에 들어갔던 월드컵대교가 올해 8월에 드디어 개통이 될 예정입니다. 성산대교와 가양대교 사이에 들어서는, 마포구 상암동과 영등포구 양평동을 잇는 다리죠. 이게 개통이 되면 성산대교의 교통 체증이 다소 해소될 수 있을 것입니다.

또한 서부선 경전철 이슈도 있습니다. 서부선은 은평구 새절역

과 관악구의 서울대입구역을 경전철로 연결하는 사업으로, 마포구의 신촌역과 광흥창역을 지납니다. 서남부 지역의 교통을 개선하고, 여의도 업무 지구를 지나가는 매우 중요한 교통망이 될 노선이죠. 이 외에 마포 유수지 복합문화타운 개발, 당인리 문화창작발전소로의 리모델링, 성산유수지 복개 및 공원화 계획 등도 있습니다. 모두 다 마포구의 환경을 한 단계 업그레이드시켜줄 것으로 기대를 해봅니다.

향후 살고 싶은 단지 딱 1개만 꼽는다면!
▶ 래미안 웰스트림

마포구의 핵심 호재

수세역세권 개발 사업

- 경의선 수색역과 공항철 DMC역 일대 약 32만㎡ 규모의 역세권 개발로 업무 공간, 문화관광시설, 상업시설 조성 예정.
- 1단계 DMC역 복합개발 2022년 착공 예정. 2단계 2025년 착공 예정.

월드컵대교 개통

- 성산대교와 가양대교 사이에 들어서는, 마포구 상암동과 영등포구 양평동을 잇는 다리(2010년 착공). 2020년 8월 개통 예정.

서부선 경전철

- 6호선 새절역에서 2호선 서울대입구역까지 연결하는 사업.
- 총 16.15km 구간. 2028년 개통 목표.

마포 유수지 복합문화타운

- 마포동 36-1 일대 마포 유수지 지상에 약 1900석 규모의 복합문화공연 시설을 조성하는 개발 사업.
- 한강 둔치와 가깝고 5호선 마포역도 가까워 접근성이 좋은 입지. 홍대와 신촌 등 인디문화의 중심지와도 연계성이 높음.

당인리 문화창작발전소

- 당인리 화력발전소(부지 면적 총 4만 5135㎡)를 문화창작발전소로 리모델링 하는 사업.

07

강동구

강동구

동쪽 끝 지역에서 강남 4구로 등극하다

빠숑의 POINT

둔촌 주공 재건축 하나로 이미 강남권 입성!

강동구는 말 그대로 강의 동쪽에 있는 구입니다. 송파구와 하남시 사이에 위치해 있죠. 서쪽 끝으로 암사동과 천호동이 있고, 동쪽 끝으로 강일동이 있습니다.

강동구를 강남구, 서초구, 송파구와 묶어서 '강남 4구'라고도 말합니다. 바로 옆에 있는 송파구와 강동구는 유사한 면이 있죠. 하지만 송파구는 그래도 서울의 중심지에 가깝다는 느낌이 있는데, 강동구는 서울의 동쪽 끝이라는 이미지가 더 강했습니다. 그래서 한동안 송파구보다는 한 단계 아래에 있는 지역으로 평가를 받아왔던 것이 사실입니다.

그런데 최근에 새 아파트들이 입주를 하면서, 그리고 둔촌 주공이라고 하는 대한민국 최대 단지의 상품이 재건축을 앞두게 되면서 강동구의 위상도 꽤 많이 올랐습니다.

정부가 지난해 12월 16일에 집값 상승 선도 지역을 지정해 발표했는데, 그 순서를 보면 강남, 서초, 송파, 그 바로 다음이 강동입니다. 시세 순위로 네 번째는 강동구가 아니라 용산이거든요. 그런데 강동구가 네 번째로 나온 것을 보면 '강남 4구'로 묶인다는 것을 공인받은 것 같기도 합니다. 그리고 실제로 강동구는 집값 상승 선도 지역으로서의 역할을 하고 있다고 볼 수 있을 것 같습니다. 어떤 점에서 그런지 한번 짚어보도록 하겠습니다.

강동구의 위상과 주요 지역들

강동구의 인구수는 45만 5000여 명, 세대수는 19만 1000세대 정도 됩니다. 일반적인 서울 평균보다는 좀 많은 편이죠. 보통 40만 명, 15만 세대 이상이면 평균이 넘는 것으로 보는데, 강남 4구는 기본적으로 평균보다 인구도 많고 세대수도 많습니다. 그만큼 수요가 많다는 거죠. 강동구의 수요는 점점 증가해왔고, 앞으로도 더 증가할 가능성이 높다고 봅니다.

| 강동구의 인구수와 세대수 |

지역	인구수	세대수
서울시	9,726,787	4,361,645
강동구	**455,042**	**191,399**
강일동	31,797	11,233
상일동	30,627	10,693
명일1동	26,404	9,966
명일2동	17,441	5,967
고덕1동	26,464	8,936
고덕2동	21,092	8,088
암사1동	36,067	16,148
암사2동	15,518	6,340
암사3동	18,460	6,346
천호1동	27,853	12,813
천호2동	34,848	17,688
천호3동	26,839	13,668
성내1동	20,291	8,135
성내2동	24,367	12,675
성내3동	23,495	10,416
길동	45,896	20,896
둔촌1동	263	162
둔촌2동	27,320	11,229

아파트의 시세 순으로 보면 강동구는 서울 25개구 중에서 7위의 위상입니다. 강남, 서초, 송파, 용산, 성동, 마포 다음이 강동구입니다. 평당 3124만 원 정도이죠.

지역별로 살펴보면, 강동구 평균보다 시세가 높은 지역은 둔촌동, 고덕동, 명일동입니다. 둔촌동은 평당 4368만 원, 고덕동은 평

| 서울 지역별 평균 시세 |

지역	평단가
강남구	5,644
서초구	5,122
송파구	4,057
용산구	3,813
성동구	3,194
마포구	3,171
강동구	**3,124**
광진구	3,055
양천구	3,015
서울특별시	**2,993**
영등포구	2,863
동작구	2,786
중구	2,783
종로구	2,749
서대문구	2,349
강서구	2,263
동대문구	2,203
성북구	2,125
관악구	1,947
구로구	1,899
은평구	1,896
노원구	1,895
강북구	1,672
금천구	1,661
중랑구	1,620
도봉구	1,548

당 3846만 원, 명일동은 평당 3162만원 정도 하는 것으로 나타납니다. 평균보다 낮은 지역이 상일동, 암사동, 강일동, 천호동, 성내동, 길동입니다.

이중 천호동, 성내동, 길동은 시세가 2100만 원 정도로, 서울시 평균보다 많이 낮습니다. 이렇게 강동구는 시세가 낮은 지역부터 높은 지역까지 골고루 섞여 있습니다.

강동구에서 가장 핵심은 둔촌동입니다. 재건축을 앞둔 둔촌 주공아파트의 1만 2000세대가 과연 언제 어떻게 분양할 것인가가 키포인트라고 할 수 있습니다. 둔촌동 시세가 높은 것은 다 둔촌 주공아파트 때문이죠. 지금 1단지 같은 경우는 평당 1억 원이 넘는 시세를 형성할 정도니까요. 아마 실제 입주를 하게 되면 더 많이 올라갈 것입니다.

그리고 강동구에서 지난 3~4년 동안 가장 큰 이슈는 고덕동과 명일동과 상일동의 재건축이었습니다. 이곳들에 다 새 아파트들이 입주를 했죠. 대표적인 단지가 지난해 입주한 고덕 그라시움입니다. 신규 아파트들이 입주를 하면서 강동구의 평균 시세가 많이 올랐습니다. 그래서 중위권 정도에 있던 강동구가 중상위권으로 올라서게 됐고, 강남 4구의 위상으로까지 등극하게 되었습니다.

| 동별 평균 시세 |

지역	평단가
둔촌동	4,368
고덕동	3,846
명일동	3,162
강동구	**3,124**
상일동	2,983
암사동	2,627
강일동	2,328
천호동	2,186
성내동	2,138
길동	2,116

강동구의 이미지를 바꿔나갈 호재들

강동구에서 강남권에 가장 가까운 지역은 천호동입니다. 그런데 지금까지 천호동의 이미지가 좋지는 않았습니다. 밤 9시가 넘어서까지 영업을 하는 상가들이 워낙에 많았고, 이른바 '천호동 텍사스촌'이라고 불리는 사창가도 있었기 때문에 선호 지역은 아니었죠. 하지만 천호뉴타운 개발이 다 완료되고 주상복합 단지까지 들어서고 나면, 청량리가 그랬던 것처럼 천호동의 위상도 많이 올라갈 것으로 예상이 됩니다.

강동구에서 한강변에 가장 넓게 접해 있는 지역은 암사동입니다. 이곳도 개발을 하면 아마 굉장한 인기 주거지가 될 수 있을 텐데, 아쉽게도 선사시대 유적지가 있는 곳이라서 개발제한구역으로 묶여 있습니다. 이 암사동에 8호선 종점(암사역)이 있죠. 그리고 5호선 종점이 상일동(상일동역)에 있고, 9호선 종점도 둔촌동(중앙보훈병원역)에 있습니다.

그러다 보니 강동구는 종점, 끝 지역이라는 이미지가 강했습니다. 교통의 취약 지역이기도 했고요. 그런데 현재 별내선이라고 해서 8호선 연장선 공사를 북쪽으로 진행하고 있습니다. 암사에서 구리를 지나 다산신도시와 별내신도시까지 가는 노선입니다. 5호선 연장선도 개통을 앞두고 있죠. 1단계 구간인 미사강변신도시까지는 올해 6월 개통 예정이고, 2단계 구간인 하남시까지는 12월에 개통할 예정입니다. 또한 지하철 9호선도 중앙보훈병원역에서 연장해서 길동자연생태공원, 한영외고, 고덕역(5호선과 환승), 샘터공원역, 강일역까지 5개 정거장을 더 만드는 사업도 내년에 착공을 한다고 합니다. 결국 강동구는 이제 끝 지역이 아니라 구리, 남양주, 다산, 별내, 하남 등의 엄청난 배후 수요지를 갖춘 중심지로 본격적으로 들어서고 있다고 말할 수 있습니다.

5호선 굽은다리역에서 둔촌역까지 직선으로 연결하는 '5호선 직결화' 사업도 강동구의 큰 호재라고 할 수 있습니다. 5호선은 다른 노선들과는 다리 Y자로 강동역에서 상일동행과 마천행으로 분

기가 됩니다. 그러다 보니 상일동-마천 간 이동을 위해서는 강동역에서 환승을 해야만 했습니다. 이런 불편을 해소하기 위해 '둔촌역-길동역-굽은다리역'을 직선으로 연결하는 것이 직결화 사업입니다. 이렇게 되면, 상일동역에서 5호선을 타고(강동역에서 환승할 필요 없이) 8호선(천호역), 9호선(올림픽공원역)과 3호선(오금역)을 이용할 수 있게 되죠.

강동구에는 일자리도 증가할 것으로 보입니다. 고덕동의 가장 위쪽에 보면 큰 부지가 있는데, 재화용 처리시설이 있는 곳이죠. 이곳에 비즈밸리라고 하는 대규모 업무 빛 상업시설이 들어올 예정입니다. 여러 공공시설도 만들어지고, 대규모 업무타운이 생기게 되죠. 이케아와 롯데몰도 들어오기로 했다고 하고요.

일자리가 많아지는 것도 중요한데, 일자리로 출퇴근하는 교통망이 더 중요하다고 볼 수 있습니다. 이전에는 강동구에서 강남까지 가는 방법들이 애매했지만, 9호선이 연장되면 강남까지 한 번에 갈 수 있는 지역이 늘어나게 됩니다. 또 5호선 직결화로 강남 접근성은 더욱 좋아질 것이고요. 강남 접근성이 좋으면 좋을수록 강동구의 위상은 더 좋아지리라 봅니다. 송파구를 뛰어넘지는 못하겠지만, 송파구만큼이나 준강남으로서의 역할도 충실히 하게 될 것입니다.

시세를 주도하는 주요 아파트 단지들

강동구에서는 둔촌 주공 1단지, 2단지, 4단지 시세가 가장 높습니다. 그리고 2019년 9월과 2020년 3월에 입주한 고덕 그라시움과 고덕 아르테온이 있는데, 이 두 곳은 아직 등기가 나오지 않은 신규 아파트들이라서 다음의 시세 상위 리스트에는 빠져 있습니다.

이 아파트들을 제외하고 가장 비싼 단지는 2017년도에 입주한 고덕 래미안 힐스테이트입니다. 일명 '고래힐'이라고 하죠. 이 단지가 평당 4600만 원이 넘습니다. 미분양이 났던 단지였거든요. 고덕 그라시움과 고덕 아르테온을 분양할 때까지도 미분양 물량이 남아 있던 걸로 알고 있습니다. 평당 2000만 원 정도에 분양했는데, 지금 4600만 원이 넘었으니 2배가 넘게 오른 것이죠.

| 강동구의 시세 상위 아파트 |

순위	지역(동)	아파트명	세대수	평단가	입주년월
1	둔촌동	둔촌 주공 1단지	1,370	15,674	1980.01
2	둔촌동	둔촌 주공 2단지	900	8,356	1980.01
3	둔촌동	둔촌 주공 4단지	2,180	6,761	1980.12
4	둔촌동	둔촌 주공 3단지	1,480	5,776	1980.12
5	고덕동	고덕 래미안 힐스테이트	3,658	4,605	2017.01
6	명일동	삼익 그린아파트 2차	2,400	4,247	1983.09
7	상일동	고덕숲 아이파크	687	4,094	2017.11
8	고덕동	고덕 아이파크	1,142	4,080	2009.08
9	천호동	래미안 강동 팰리스	999	3,972	2017.07
10	둔촌동	둔촌 푸르지오	800	3,695	2010.03
11	암사동	롯데캐슬 퍼스트	3,226	3,631	2008.09
12	명일동	신동아아파트	570	3,418	1986.04
13	명일동	삼익 그린아파트 11차	152	3,376	1986.06
14	암사동	강동 현대 홈타운	568	3,322	2004.08
15	명일동	한양아파트	540	3,318	1986.07
16	명일동	우성아파트	572	3,249	1986.04
17	암사동	프라이어팰리스	1,622	3,237	2007.07
18	명일동	고덕 현대아파트	524	3,219	1985.11
19	암사동	광나루 삼성아파트	490	3,185	2001.03
20	둔촌동	현대아파트 1차	498	3,183	1984.11
21	명일동	삼익가든맨션	768	3,171	1984.01
22	암사동	선사 현대아파트	2,938	3,088	2000.06
23	명일동	고덕 주공 9단지	1,320	3,080	1985.12
24	강일동	강일 리버파크 3단지	987	2,958	2009.03
25	명일동	명일 삼환아파트	306	2,955	1992.06
26	길동	신동아아파트 2차	528	2,944	1983.06
27	길동	신동아아파트 1차	444	2,944	1983.06

고덕동에서는 고래힐이 그렇고, 2017년에 입주한 신규 아파트들이 각 지역에서 가장 비싼 아파트입니다. 상일동에서는 고덕숲 아이파크가, 천호동에서는 래미안 강동팰리스라고 하는 주상복합

둔촌 주공아파트 재건축 조감도

아파트가 가장 비쌉니다. 이것도 미분양이 살짝 났는데 결국 평당 4000만 원까지 올랐습니다. 둔촌 주공을 빼고 보면 둔촌동에서는 둔촌 푸르지오가, 암사동에서는 롯데캐슬 퍼스트가 비싼 아파트라고 할 수 있겠습니다.

강동구의 랜드마크는 어쨌거나 둔촌 주공아파트입니다. 재건축을 하고 나서도 변함없이 둔촌 주공일 거고요. 사실상 둔촌 주공은 강동구가 아니라 강남권에 있는 아파트와 같은 선상에서 봐도 무방할 것 같습니다. 둔촌 주공을 논외로 하면, 고덕동에 있는 단지들이 한동안 시세를 이끌고 갈 것이라고 보면 될 것 같습니다. 특히, 고덕 그라시움과 고덕 아르테온이 아마 강동구의 시세를 주도하지 않을까 합니다. 고덕 래미안 힐스테이트가 평당 4600만 원이니 그라시움과 아르테온은 평당 5000만 원이 무조건 넘는다고 보면 될 것 같습니다.

향후 주목해야 할 물량과 단지들

강동구의 분양 물량은 2016년도, 2017년도가 제일 많았습니다. 2016년도에 6800세대, 17년도에 9200세대 정도가 분양을 했습니다. 이 물량들이 2019년도부터 입주를 해서 지난해에만 입주 물량이 1만 1000세대가 넘었습니다.

과거 사례를 보면, 2007년도부터 2009년도 사이에 잠실 주공 1, 2, 3, 4단지와 잠실 시영아파트에서 2만 6000세대가 입주한 적이 있었습니다. 이렇게 대규모의 입주가 있으면 시세가 조정이 되죠. 그때는 금융 위기 때문에 상대적으로 조정 폭이 더 컸습니다. 그런데 지난해 강동구에서는 조정이 하나도 안 됐어요. 왜일까요? 결국 신규 아파트에 대한 수요가 신규 아파트 공급 물량보다 더 많다는 것입니다.

심지어는 전세 시세도 조정이 안 됐거든요. 매매 시세는 안 빠진다고 하더라도, 보통 전세 시세는 빠지기 마련인데 전세 시세도

| 2020년 강동구의 입주 물량 |

지역	아파트명	분양년월	입주년월	세대수
상일동	고덕 아르테온	201711	202002	4,066
강일동	강일2 행복주택	201904	202002	119
길동	e편한세상 강동 에코포레	201711	202004	366
강일동	고덕 강일 4단지(공공)	201909	202008	642
고덕동	고덕 세트럴푸르지오	201706	202009	656
성내동	힐데스하임 올림픽파크	201910	202012	89
합계				5,938

계속 올라가고 있습니다. 이건 현재 정책상 무조건 실거주를 하게 만들어놓았기 때문에 전세 물량이 부족해서 그렇습니다. 신규 아파트가 입주하는 지역들은 전세 물량이 많아서 전세가가 하락하는 게 보통인데 실거주 입주를 많이 하다 보니 전세 물량이 예상했던 것보다 적었던 거죠. 그래서 전세 시세도 빠지지 않았습니다.

5900여 세대가 입주를 하는 올해의 강동구 시세는 어떨지 한번 주목해보기 바랍니다. 아마 엄청난 규제들이 나올 텐데 이 규제를 뚫고도 올라가는지, 아니면 조정이 되는지 관심 있게 지켜보면 좋을 것 같습니다.

특히, 2월에 입주한 고덕 아르테온은 4000세대가 넘는 대단지죠. 앞서 언급했듯이, 지난해 입주한 고덕 그라시움과 양강 체제를 유지할 텐데, 두 단지의 시세가 어느 정도 상승할지가 향후 관전 포인트입니다.

그리고 고덕동에 입주하는 고덕 센트럴푸르지오라는 주상복합 아파트가 있습니다. 역세권에 있는 단지죠. 고덕 주공아파트들이 고덕동과 상일동에 걸쳐 있는데, 상일동 말고 고덕동에서는 이 고덕 센트럴푸르지오가 신규 아파트의 마지막 물량이기 때문에 주목해봐야 합니다. 고덕동에는 더 이상 재건축할 아파트가 없는 것이고, 다 입주를 한 겁니다.

뉴타운이 초기에는 싸지만 완성이 되면 시세가 많이 올라가잖아요. 마찬가지입니다. 지금도 많이 올랐지만, 뉴타운이 다 완성되면 시세가 더 올라갈 여지가 있다는 것이고요. 이 단지의 시세가 얼마만큼 올라가는지도 관심 있게 볼 필요가 있습니다. 고덕 그라시움과 고덕 아르테온이 시세를 리드할 것이라면, 고덕 센트럴푸르지오의 시세는 향후 고덕동의 평균이 될 테니까요.

분양 현황으로 살펴보면, 2019년에 분양했던 단지는 총 1024세대입니다. 2017년도 이후로 분양 물량이 많이 줄었습니다. 지난해 분양 물량 중에서는 주목할 만한 유명한 단지는 없었지만, 그럼에도 경쟁률은 꽤 높았습니다. 그리고 올해 분양 예정 단지 중에서는 단연 둔촌 주공을 주목해봐야 합니다.

강동구는 강남 4구 중에서는 가장 재개발이 중요한 지역입니

| 2019년 강동구의 분양 물량 |

지역	아파트명	분양년월	입주년월	일반공급	경쟁률
길동	길동 DS 이즈빌	201901	201902	50	2.98
길동	길동 경지 아리움	201907	201908	124	1.60
강일동	고덕강일 4단지	201909	202008	122	47.66
성내동	힐데스하임 올림픽파크	201901	202012	33	63.03

| 2020년 강동구의 분양 물량 |

지역	단지명	분양년월	입주년월	세대수	시공사
성내동	힐스테이트 천호역 젠트리스	2020	–	160	현대엔지니어링
강일동	고덕 강일 8단지	202005	–	518	–
강일동	고덕 강일 14단지	202005	–	411	–
둔촌동	해링턴플레이스 둔촌	202006	–	195	효성
둔촌동	둔촌 주공 재건축	202007	–	12,032	대우,롯데, 현대,현산
강일동	고덕강일지구 5블록	202008	–	809	계룡, 현대
천호동	천호 1구역 재개발	202011	–	999	중흥건설
천호동	천호 4구역	202012	–	670	포스코건설
합계				15,794	

다. 강남구나 서초구에는 재개발이 아예 없죠. 송파구에는 거여와 마천밖에 없고요. 그런데 강동구는 곳곳에 퍼져 있습니다. 앞서 이야기한 대로, 강동구는 재개발로 선호 지역으로 바뀌면서 향후

| 강동구의 재건축, 재개발 진행 현황 |

지역(동)	사업장명	사업단계	세대수	건립예정 세대수	시공사
재개발 구역					
재개발	천호동 532-2번지 일대	기본계획 수립	-	-	-
재건축 단지					
명일동	삼익 그린아파트 2차	추진위원회 승인	2,400	-	-
천호동	천호 3	사업시행인가	-	-	-
성내동	목화연립	사업시행인가	-	-	-
둔촌동	둔촌 주공아파트	관리처분인가	-	12,032	대우,롯데, 현대,현산
둔촌동	둔촌동 삼익빌라	관리처분인가	-	201	-
길동	길동 신동아아파트 1, 2차	관리처분인가	972	1,177	GS건설

더 좋아질 수밖에 없는 결정적인 계기가 되고 있기 때문에 재개발 지역들을 관심 있게 보면 좋을 것 같습니다.

재건축을 준비 중인 단지들도 눈여겨보면 좋을 것 같습니다. 사업이 초기 단계이면 비용이 저렴할 테니 장기적인 투자를 원한다면 가치 투자하기에 좋은 상품이 될 수 있을 것입니다. 이미 관리처분인가가 난 아파트들의 경우는 가격의 움직임을 보면서 주변 아파트의 시세들을 예측해볼 수 있을 테고요.

향후 살고 싶은 단지 딱 1개만 꼽는다면!

▶ 둔촌 주공 아파트 재건축

강동구의 핵심 호재

지하철 5호선, 8호선, 9호선 연장

- 5호선 연장(하남선): 상일동역에서 하남시까지 6.63km 구간 연장. 강일역, 미사역, 하남풍산역, 하남시청역, 하남검단산역까지 5개 역사 신설. 2020년 완공 예정.
- 8호선 연장(별내선): 암사역에서 한강을 지나 구리시, 남양주시, 별내지구까지 총 12.9km 구간 연장. 6개 역사 신설. 2023년 개통 예정.
- 9호선 연장(강일연장): 중앙보훈역에서 고덕강일지구의 강일역까지 4.12km 구간 연장. 5개 역사 신설. 22년 착공, 27년 개통 예정.

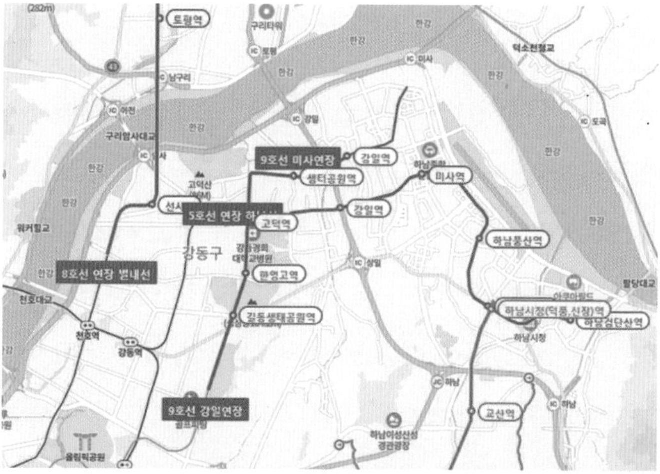

지하철 5호선 직결화 사업

- 분절된 둔촌동역과 굽은다리역 구간을 연결해 상일동~마천 운행 노선 신설하는 사업.
- 2021년 착공 예정, 총 사업비 2678억 원.

08

광진구

광진구

원조 명품 한강변 아파트 지구

빠숑의 POINT

재건축이 한강 프리미엄을 본궤도에 올려줄 것!

| 광진구의 인구수와 세대수 |

지역	인구수	세대수
서울시	9,726,787	4,361,645
광진구	**350,016**	**165,579**
화양동	22,252	16,454
군자동	19,894	10,855
중곡1동	15,791	8,113
중곡2동	22,198	10,574
중곡3동	16,953	8,521
중곡4동	29,993	13,243
능동	11,642	6,442
광장동	35,814	12,061
자양1동	22,853	11,579
자양2동	26,235	11,228
자양3동	28,980	11,080
자양4동	18,269	9,601
구의1동	22,335	12,053
구의2동	27,228	11,614
구의3동	29,579	12,161

광진구는 한강의 가장 동쪽에 위치하고 있는, 한강 프리미엄을 고스란히 누릴 수 있는 입지입니다.

한강변에 택지개발지구가 개발된 곳이 꽤 있죠. 가장 유명한 곳이 압구정동 현대아파트이고, 여의도와 동부이촌동, 그리고 광장동에 있는 아파트들이 그렇습니다. 물론 잠실, 반포도 한강변 택지지구였지만, 여기는 LH의 주공아파트였죠. 압구정, 여의도, 동부이촌동, 광장동 택지지구는 민간이 개발한 부지고요. 그래서 주공아파트들과는 다른, 고급 주거지로 개발이 됐습니다.

그중에서도 광장동은 서울에서 한강의 좋은 기운을 동쪽에서 가장 먼저 맞이하는 곳이라고 해서 풍수를 중요하게 생각하는 사람들이 특히 더 선호하는 지역이기도 합니다. 여기에 있는 대표적인 아파트가 워커힐아파트입니다. 굉장히 오래된 아파트지만 여전히 인기가 좋은 곳이죠. 1978년에 입주를 했기 때문에 재건축을 해야 하는데, 아직도 실제 거주하는 사람들의 만족도가 높다고 합니다.

광진구의 현재 인구는 35만 명 정도 됩니다. 세대수는 16만 5500세대 정도고요. 인구 규모는 다른 구와 비슷한데, 세대수는 인구수 대비 많은 편입니다. 대학가가 있어서 1인 가구들이 많아서 그렇습니다.

또 광진구에는 전출된 인구가 전입한 인구보다 더 많습니다. 뒤에서 살펴보겠지만, 광진구에는 새 아파트 공급이 거의 없습니다. 그러다 보니 새 아파트를 원하는 사람들은 주변 다른 지역에 생긴 새 아파트를 찾아 이사를 나가는 거죠.

집값 상승 선도 지역이면서 투기지역은 아닌 곳

앞서 짚어본 강남, 서초, 송파, 용산, 강동, 마포까지 7개 지역은 정부가 지정한 집값 상승 선도 지역이고 동시에 투기지역이기도 합니다. 그런데 광진구는 집값 상승 선도 지역이지만 투기지역은 아닙니다.

그럼 그 차이는 뭘까요? 투기지역은 지금 현재 여러 호재 등으로 변화가 많이 이뤄지고 있는 곳, 그래서 당장 투자 수요가 폭발적으로 증가하는 지역입니다. 그보다는 한 단계 아래 지역이 투기

| 서울 지역별 평균 시세 |

지역	평단가
강남구	5,644
서초구	5,122
송파구	4,057
용산구	3,813
성동구	3,194
마포구	3,171
강동구	3,124
광진구	**3,055**
양천구	3,015
서울특별시	**2,993**
영등포구	2,863
동작구	2,786
중구	2,783
종로구	2,749
서대문구	2,349
강서구	2,263
동대문구	2,203
성북구	2,125
관악구	1,947
구로구	1,899
은평구	1,896
노원구	1,895
강북구	1,672
금천구	1,661
중랑구	1,620
도봉구	1,548

과열지역이고요. 광진구는 투기지역이 아니라 투기과열지역에 해당됩니다(서울 전 지역이 투기과열지역입니다).

그러니까 광진구는 집값이 상승할 만한 기본적인 잠재 능력은 있지만, 지금 당장 큰 움직임은 없는 지역이라고 할 수 있습니다. 서울이기 때문에 수요는 기본적으로 많지만, 이렇다 할 특별한 호재가 지금 당장은 없는 것입니다. 하지만 집값 상승에 대한 씨앗들은 많이 가지고 있다고 보면 좋을 것 같습니다.

광진구는 현재 서울에서 시세 순위로는 9위입니다. 평당 3000만 원 정도로, 평균보다 약간 높은 수준이죠. 앞에서 말씀드렸듯이 강남구, 서초구, 송파구 그리고 용산구까지의 '빅 4'는 거의 붙박이라고 할 수 있고요, 그 밑에 있는 성동구, 마포구, 강동구, 광진구, 양천구는 서로 순위가 왔다 갔다 합니다. 새 아파트 입주가 있거나 재건축 아파트가 부각을 받

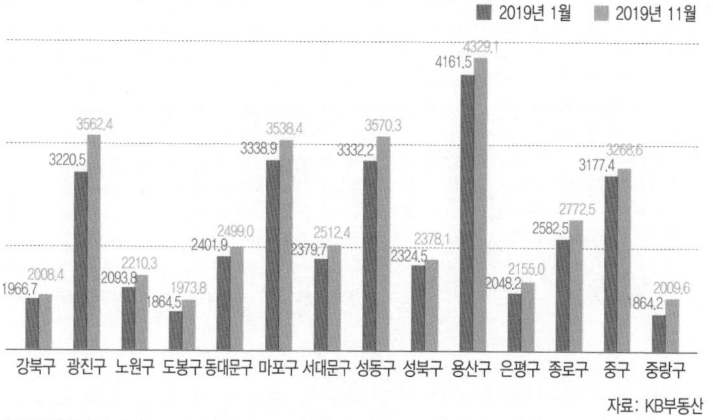

2019년 서울 강북 3.3m2당 아파트 평균매매가격

는 지역이 있으면 그 지역이 더 올라가는 거죠. 그래서 순위가 바뀔 때 어떤 이슈들이 있는지 찾아보는 것도 좋습니다.

광진구는 2019년에 강북 지역 중에서 시세 상승률이 가장 높았던 지역이기도 합니다. 다른 지역들은 새 아파트들이 들어와서 많이 올랐는데, 새 아파트 입주가 없었던 이 지역의 아파트들은 상대적으로 가격이 저평가가 되어 있다는 평이 많지 않았나 싶습니다. 원래부터 인기가 많던 주거 지역이었기 때문에, 실거주 수요가 지난해 증가한 것으로 보입니다. 그러면서 시세 상승이 많이 이뤄졌고요.

주목해야 할 세 지역과 광진구의 가치

| 동별 평균 시세 |

지역	평단가
광장동	3,315
구의동	3,071
광진구	**3,055**
자양동	2,906
군자동	1,928
중곡동	1,593
화양동	1,243

광진구 중에서 제일 시세가 높은 곳은 광장동입니다. 앞서 말한 대로, 한강물이 흘러오는 동쪽에서 그 기운을 가장 먼저 받는 굉장히 좋은 입지죠.

광장동 다음으로 비싼 곳이 구의동, 그다음이 자양동입니다. 광장, 구의, 자양 이 세 곳이 광진구에서 한강변에 접해 있는 지역이기 때문에 시세가 높습니다. 한강에 접해 있지 않은 군자동, 중곡동, 화양동이 하위 시세를 형성하고 있다고 보면 될 것 같습니다. 이 두 그룹(광장동·구의동·자양동과 그 외의 지역)의 시세 차이가 무려 평당 1000만 원이 넘습니다. 그만큼 한강 프리미엄의 차이가 크고요, 그뿐만 아니라 기반 시설들도 광장·구의·자양 세 지역에 많이 몰려 있다고 말할 수 있습니다. 이 3개 지역이 향후에도 광진구의 시세를 주도할 수밖에 없을 것입니다.

그럼 광진구에서 주목할 만한 위치들을 살펴보겠습니다. 가능하면 인터넷으로 네이버 지도를 켜놓고 함께 보면 이해하기 더 수월할 것입니다.

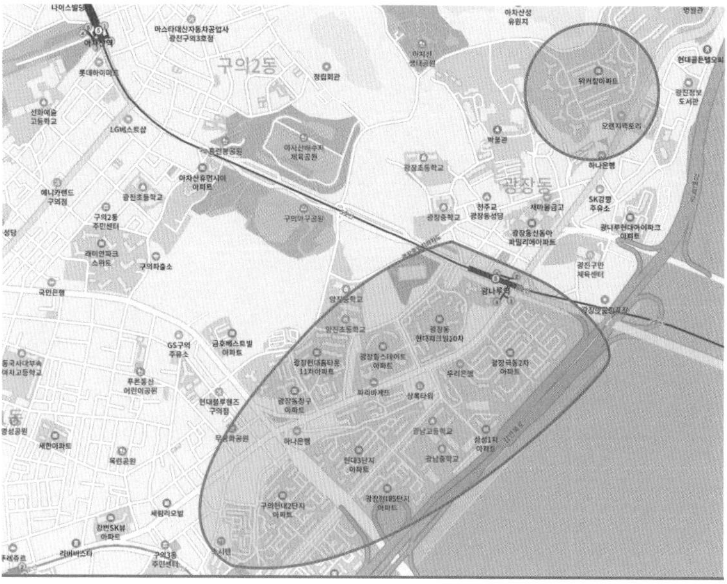

지도에서 오른편 위쪽이 아차산이 있는 곳입니다. 그 아차산 바로 밑에 워커힐아파트가 보이죠? 이쪽이 광장동입니다. 가장 인기 있는 주거 지역이죠. 지도를 보면 한강변으로 해서 아래쪽까지 아파트 밀집 지역이라는 것을 알 수 있습니다. 현대아파트 타운이 보이는데, 대부분 20년 차가 넘었죠. 이중에서 가장 새 아파트가 2012년 입주한 광장 힐스테이트입니다.

광진구에는 그동안 새 아파트 공급이 없었기 때문에 기본적으로 새 아파트에 대한 욕망이 차고 넘칩니다. 그래서 웬만하면 분양이 잘될 곳인데, 분양하는 곳이 거의 없어요. 간간히 나 홀로 아

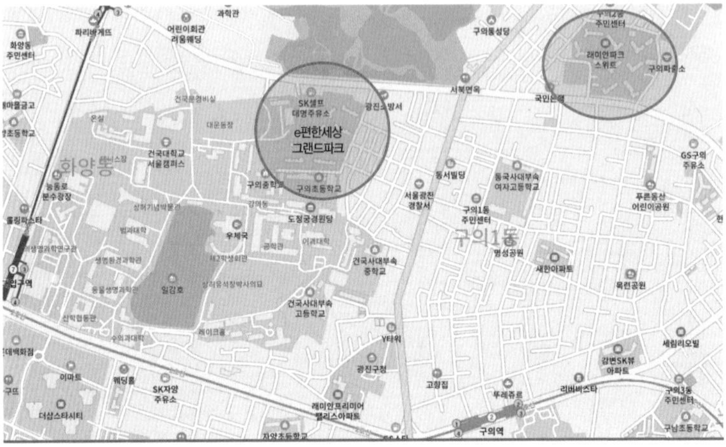

파트들이 분양을 하고 있는 정도입니다. 아주 A급 입지의 A급 아파트가 아니어도 분양이 잘되고 있습니다.

처음에는 분양이 될지 안 될지 긴가민가하죠. 항상 그랬습니다. 대표적으로 두 단지가 있는데, 하나가 2018년 입주한 구의동의 래미안 파크스위트입니다. 2015년에 분양할 때 미분양이 살짝 났죠. 긴가민가했는데 결국은 완판이 됐고, 현재는 프리미엄이 꽤 붙었습니다.

그리고 또 한 단지가 화양동 건국대학교 캠퍼스 바로 옆쪽에 위치한 e편한세상 그랜드파크라는 아파트입니다. 지난해에 분양을 했고, 2022년 입주 예정인 단지이죠. 그런데 이 아파트가 고분양가 논란이 있었거든요. 분양가가 무려 3700만 원 정도 됐습니다.

주변 시세를 보면, 평당 3000만 원이 넘는 게 하나도 없거든요. 대부분 2000만 원대 정도죠. 아니나 다를까, 이때 중도금 대출 규제가 생기고 우여곡절이 많아서 미분양이 났습니다. 그런데 여기도 3~4개월 만에 결국은 완판이 됐죠.

이게 어떤 의미일까요? 광진구에는 새 아파트가 들어오면, 처음에는 경험치가 없기 때문에 분양가에 대한 걱정들을 하지만, 궁극적으로는 높은 분양가라 하더라도 결국은 된다는 것입니다. 새 아파트에서 살고 싶은 수요가 그만큼 많다는 얘기이죠. 그래서 광장동 한강변에 있는 아파트들이 재건축을 하거나 리모델링이 되면 굉장히 인기가 많을 수밖에 없습니다.

최근에 주목되는 위치가 광장동과 구의동 사이에 있는 강변역 주변입니다. 동서울터미널 복합시설도 개발할 예정이고, 그 주변이 정리가 될 것이기 때문에 광진구의 새로운 동력이 되지 않을까 기대가 됩니다.

결국 관심을 갖고 주목할 만한 지역들은 한강변에 있는 아파트들이고, 그 범위는 자양동까지라고 할 수 있습니다. 현재 자양동 쪽이 개발되면서 주상복합 오피스텔들이 들어서고 있습니다. 이런 점들이 이 지역의 수요가 많다는 것을 대변하는 것이기도 하죠.

자양동의 바로 왼쪽 붙어 있는 지역이 성동구의 성수동인데, 이곳이 준공업 지역이라고 앞서 얘기했죠? 자양동이 성수동과 연결된 곳이라서 비슷합니다. 재래시장들도 있고 정돈 안 된 상가들이 아직도 꽤 많은데, 이곳이 정리가 되고 나면 볼만 하지 않을까 기대가 됩니다. 입지가 너무 좋잖아요. 뚝섬유원지도 가까이 있고, 무엇보다 강남 접근성이 매우 좋죠. 황금 노선이라고 하는 2호선, 7호선이 다 강남으로 가기 좋으니까요. 최근에 건대입구역 쪽으로 더샵스타시티라는 고급 주상복합도 입주를 했고, 더클래식500이라고 초고층 고급 입대아파트도 생겼습니다.

더클래식500은 원래는 주상복합으로 분양을 했다가 시행사가 전략을 바꿔서 최고급 임대아파트로 변경한 단지입니다. 보증금이 8억~10억 정도이고, 월세가 300~500만 원 정도 하는데도 인기가 많아요. 특히, 은퇴한 분들의 선호도가 높습니다. 그 이유가 이 주변에 거의 모든 게 다 있거든요. 2호선, 7호선 더블역세권에 백화점, 재래시장, 건국대학교 종합병원이 있습니다. 게다가 녹지 공간, 수공간도 가까이 있기 때문에 은퇴 세대가 원하는 환경은 다 있죠. 유일하게 초중고등학교만 근처에 없는데, 그건 은퇴 세대에겐 중요한 요소가 아니니까요.

그리고 건대입구역 인근은 2호선, 7호선을 타고 출퇴근하는 직장인들도 많은 지역입니다. 건대입구역에서 세종대가 있는 어린이대공원역 쪽까지 오피스텔도 많은데, 굉장히 수익률이 높습니다. 그럴 수밖에 없죠, 1~2인 가구들이 너무 좋아하는 입지니까요. 그래서 오피스텔 투자에 관심 있는 사람들은 이쪽을 검토해 보는 것도 좋을 것입니다. 강남역은 당연히 너무 좋지만 비싸잖아요. 그런데 이쪽은 생각보다 비싸지 않으면서 수익률이 나오는 지역이죠. 대학가이면서 출퇴근 직장인들도 많고, 교통까지 좋은 입지이기 때문에 수익형 부동산을 운용하기 좋은 입지라고 할 수 있겠습니다.

광진구에는 사실 특별한 호재는 없습니다. 추가로 교통망이 더 들어오는 것도 없고, 상가들이 고급화가 되고는 있지만 대규모 일자리가 들어올 여지도 없고요. 광진구에 남아 있는 호재는 하나입니다. 새 아파트가 되는 호재입니다. 결국 여기는 기존 입지의 장점(한강변 프리미엄, 강남 출퇴근 편의성 등)과 새 아파트가 될 호재를 가지고 평가를 해야 하는 입지입니다. 재건축, 재개발할 입지들이 많기 때문에 미래 가치를 보고 투자할 만한 지역이죠. 특히, 한강변에 있는 아파트들을 관심 있게 보면 좋을 것 같습니다.

관심을 가져볼 만한 주요 아파트 단지들

개별 단지별로 시세를 살펴보면 광장동, 구의동, 자양동에 있는 아파트들이 번갈아가며 포진해 있습니다. 현재 가장 시세가 높은

| 광진구의 시세 상위 아파트 |

순위	지역(동)	아파트명	세대수	평단가	입주년월
1	광장동	광장 힐스테이트	453	4,614	2012.03
2	광장동	광장 현대아파트 9단지	437	3,872	1998.11
3	광장동	현대아파트 10차(광장 현대파크빌)	1,170	3,832	2000.09
4	광장동	광장 현대아파트 8단지	537	3,824	1994.08
5	자양동	이튼타워리버 3차	260	3,813	2007.04
6	구의동	현대아파트 2단지	1,606	3,788	1992.08
7	구의동	래미안 파크스위트	854	3,765	2018.09
8	자양동	우성아파트 3차	464	3,738	1989.12
9	자양동	광진 트라팰리스	204	3,731	2006.07
10	광장동	광장 극동 1차 아파트	448	3,719	1985.08
11	광장동	광장 극동 2차 아파트	896	3,714	1989.04
12	자양동	더샵스타시티	1,177	3,692	2007.03
13	구의동	현대 프라임	1,592	3,660	1997.02
14	광장동	광장 현대아파트 5단지	581	3,600	1989.04
15	구의동	강변 우성아파트	354	3,576	1992.11
16	자양동	우성아파트 1차	656	3,548	1988.08
17	광장동	금호 베스트빌	242	3,504	2001.06
18	자양동	우방 리버파크	214	3,478	2003.01
19	광장동	청구아파트	654	3,409	1995.11
20	자양동	자양 2차 현대아파트	235	3,402	1995.04
21	자양동	자양 강변 아이파크	83	3,394	2005.05
22	자양동	이튼타워리버 5차	279	3,365	2009.09
23	자양동	우성아파트 7차	625	3,352	1997.01
24	자양동	이튼타워리버 2차	131	3,329	2006.03
25	자양동	대동아파트	314	3,317	1998.06
26	자양동	현대아파트 7차	252	3,265	2001.06
27	자양동	한라아파트	329	3,260	1996.08
28	광장동	광장 현대아파트 3단지	1,056	3,243	1990.12
29	광장동	삼성아파트 1차	165	3,237	1987.11
30	광장동	삼성아파트 2차	195	3,226	1989.01
31	자양동	자양 10차 현대홈타운	245	3,226	2002.01
32	구의동	강변 SK뷰	197	3,218	2017.07
33	광장동	신동아 파밀리에	302	3,205	2007.11
34	자양동	자양 한양아파트	444	3,161	1983.06
35	광장동	워커힐아파트	576	3,152	1978.12
36	자양동	한강 우성아파트	355	3,143	1993.12

단지는 광장 힐스테이트입니다. 앞서 실거주 수요가 증가했다고 이야기했는데요, 광장 힐스테이트가 실거주 아파트 중에서 가장 새 아파트이기 때문에 그렇습니다. 특히, 광장동에서는 거의 유일한 신규 아파트죠.

그리고 광장동에 90년대 전후로 입주한 아파트들이 많은데요, 현대아파트들도 시세가 높습니다. 또한 재건축을 한다면 제일 기대되는 아파트 중 하나인 극동 1, 2차 아파트도 비쌉니다. 구의동에서는 앞서 언급했던 래미안 파크스위트가 가장 비싸고요, 이곳이 광진구 통틀어서 가장 최근에 입주한 새 아파트이죠. 자양동 아파트 중에서는 이튼타워리버 3차가 높은 시세로 올라왔습니다.

자양동은 광장동이나 구의동보다는 주거 지역으로서 한 단계 아래의 평가를 받았던 것이 사실입니다. 앞서 이야기한 것처럼, 좋은 입지와 시설을 갖고 있지만 아직 정비되지 않은, 선호하지 않는 상업시설들이 남아 있기 때문이죠. 하지만 아마 자양동은 지금이 최저가일 것입니다. 정비가 되고 주변에 새 아파트들이 들어오면서 계속 지역적인 위상은 올라갈 테니까요.

2020년 분양 예정인 단지는 자양동에 두 곳이 있습니다. 재건축인 자양 1구역 단지와 서울 자양 코오롱 하늘채라는 단지입니다. 세대수가 많지는 않기 때문에 여전히 이 지역의 새 아파트에 대한 수요를 다 충족시킬 수는 없을 것 같습니다.

| 2020년 광진구의 분양 물량 |

지역	단지명	분양년월	입주년월	세대수	기타
자양동	자양 1구역	202004	–	878	롯데건설
자양동	서울 자양 코오롱 하늘채	202009	–	165	–
합계				1,043	

| 광진구의 재건축 진행 현황 |

지역(동)	사업장명	사업단계	세대수	건립예정 세대수	시공사
재건축 단지					
중곡동	중곡아파트	추진위원회 승인	270	296	–
자양동	자양 7구역	추진위원회 승인	–	–	–
자양동	자양아파트	조합설립인가	112	165	코오롱건설

더욱이 2020년 입주 물량은 전혀 없습니다. 그동안 공급을 안 했기 때문에 당분간은 계속 많지 않을 거고요. 결국 광진구는 재개발이든 재건축이든 새 아파트가 공급될 계획에 무조건 주목을 해보는 게 좋습니다. 광장동 한강변에 있는 현대아파트들이나 극동아파트 등은 아직 시기가 남아서 시간이 많이 걸릴 것 같고요. 이미 단계에 들어간 구역들이 자양동에 몇몇 있습니다. 초기 단계이기는 하지만 장기적인 관점으로 지켜봐도 좋을 것 같습니다.

정리해보면, 결국 광진구는 광장동, 구의동, 자양동에 있는 아파트들이 일단 개발이 돼야 됩니다. 과거 광장동이 개발돼서 1990년대 전후로 아파트들이 대규모로 입주를 했던 때가 있었죠. 그때가

광장동 극동아파트

아마 광진구의 전성시대가 아니었나 싶습니다. 그때는 광진구가 강남구, 용산구 다음의 위상을 가지고 있었으니까요. 당시 연예인 등 유명인사들이나 대기업 임직원들도 이 지역 아파트에 많이 살았습니다.

그랬던 아파트들이 30년이 되어가다 보니 낡아진 거죠. 그래서 새 아파트를 희망하는 사람들이 강남이나 분당으로, 그리고 최근에는 마포, 성동, 강동 쪽으로 새 아파트를 찾아 이동했습니다. 마포구, 성동구, 강동구가 광진구의 시세를 역전할 수밖에 없던 이유가 그런 것들 때문이겠죠.

이렇게 과거의 위상은 잃었지만, 여전히 명품 인기 주거지로서의 잠재 가능성은 매우 높은 곳이 광진구입니다. 그 가능성은 광장동, 구의동, 자양동의 재건축 재개발이 진행될 즈음이면 발현되지 않을까 싶습니다.

상징적인 아파트 두 곳을 꼽아보자면, 워커힐아파트와 극동아파트입니다. 재건축을 하고 난 향후에는 이 지역의 대장 아파트가 될 수밖에 없는 단지들이죠. 그리고 그때쯤이 되면 광진구는 완전히 새로운 모습으로 변모해 있을 것입니다.

향후 살고 싶은 단지 딱 1개만 꼽는다면!

▶ 극동아파트 재건축

광진구의 핵심 호재

동서울터미널 복합 개발

- 동서울터미널의 현대화를 위한 복합시설 개발. 강변역 일대 교통 체계 개선 및 지역 발전을 촉진하여 동북권 랜드마크 조성.
- 지하 5층, 지상 40층의 연면적 약 29만 5000㎡의 규모.
- 2020년 착공 및 2024년 완공예정.

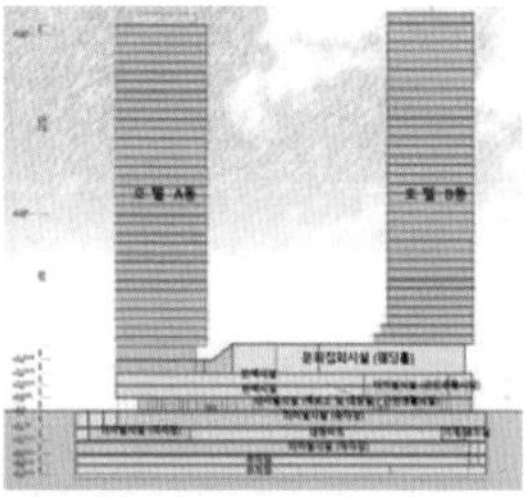

광장동 리모델링 단지

- 상록타워(97년 준공) : 1개동, 200세대. 조합설립 진행 중.
- 현대 3단지(90년 준공) : 10개동, 1056세대. 추진위 설립 중.
- 현대 5단지(89년 준공) : 6개동, 581세대. 추진위 설립 중.

09

양천구

양천구

양천구의 핵심인 목동 재건축과 다크호스 신정뉴타운

빠숑의 POINT

목동 재건축으로 천지개벽 될 곳!

양천구는 지도를 보면 그 모양이 꼭 강아지처럼 생겼습니다. 그런데 이 강아지가 어디를 보고 있나요? 여의도를 향하고 있죠. 좀 더 길게는 강남도 지켜보고 있는 것 같기도 하고요. 그래서 양천구는 여의도 혹은 강남을 벤치마킹하는 지역이라고도 말하죠. 그런데 사실 양천구는 그 자체로도 위상이 높습니다. 무엇보다 목동아파트가 양천구의 위상을 높이는 데 큰 역할을 했죠. 목동은 강남을 대체하는, 강남의 수요를 분산하는 명품 신도시입니다. 강남보다는 한 단계 아래에 있는 위상이지만, 명품 입지로서 꾸준히 활약을 해왔습니다.

양천구는 제가 가장 오랫동안 살았던 지역이기 때문에 제일 잘 아는 지역 중 하나이기도 합니다. 분석으로 아는 것보다 살아온 역사가 있어서 몸으로 아는 것들이 더 많기도 하죠. 사실 양천구는 원래 강서구와 붙어 있었습니다. 목동아파트를 개발하면서 강서구에서 분리가 된 거죠. 목동아파트들이 1987년에서 1988년에 입주를 했으니까 그때부터 양천구가 생긴 것입니다.

양천구의 동 구성은 간단합니다. 양천구의 핵심인 목동이 있고, 신정동과 신월동이 있습니다. 목동은 목동아파트로 대표되는 곳인데요, 사실 목동아파트는 신정동에도 있습니다. 목동아파트가 14개 단지로 되어 있는데, 1~7단지만 목동에 있고요. 8~14단지는 신정동에 있죠. 그래서 신정동도 양분이 됩니다. 목동아파트가

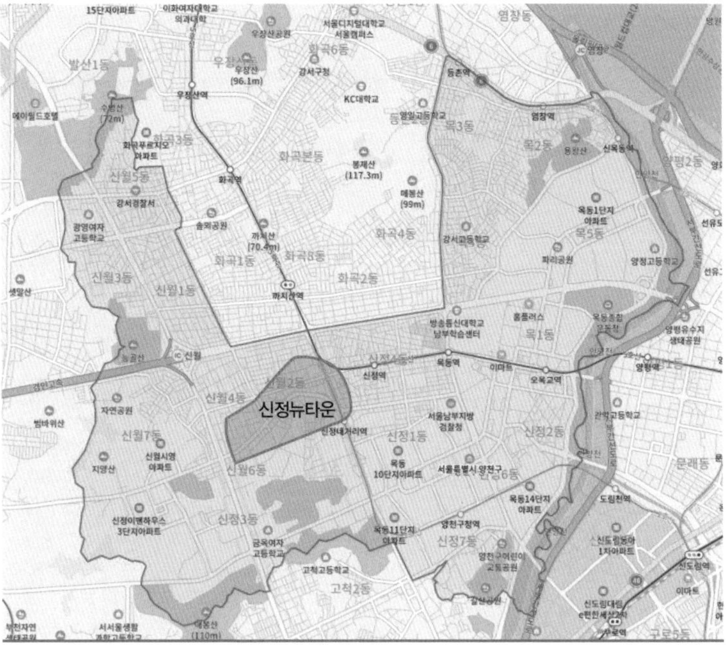

있는 곳과 없는 곳으로요. 시세 차이도 꽤 많이 납니다. 같은 신정동이지만 사실상 입지 평가도 달라지고, 상품 평가도 달라집니다. 결국 목동아파트가 있는 신정동은 목동과 같이 생각하면 되고요, 목동아파트가 없는 신정동은 신월동과 유사하게 보면 될 것 같습니다. 신월동은 다세대 빌라들이 밀집돼 있는 지역이죠.

그리고 양천구에는 신정뉴타운이 있습니다. 뉴타운은 신도시를 만드는 거잖아요. 목동아파트는 이미 신도시이기 때문에 신정뉴타운은 목동아파트와는 관계없고요. 목동아파트가 없는 신정동과

| 양천구의 인구수와 세대수 |

지역	인구수	세대수
서울시	9,726,787	4,361,645
양천구	**457,132**	**178,257**
목1동	31,921	10,518
목2동	31,033	13,191
목3동	22,759	9,995
목4동	26,422	10,123
목5동	42,716	13,577
신월1동	21,193	10,104
신월2동	21,637	8,522
신월3동	16,295	8,137
신월4동	18,737	6,897
신월5동	15,246	6,404
신월6동	9,119	3,432
신월7동	21,185	9,257
신정1동	21,175	7,216
신정2동	20,380	7,136
신정3동	47,446	17,948
신정4동	34,259	16,012
신정6동	25,244	8,197
신정7동	30,365	11,591

신월동의 낙후된 일부 지역을 정비하기 위해 만들어진 게 신정뉴타운입니다. 신정네거리역의 왼쪽에 있습니다.

그래서 양천구는 목동, 신정뉴타운, 그리고 그 외 지역으로 나눠서 볼 수 있습니다. 목동이 가장 시세가치가 높은 곳이고, 그 외 지역이 가장 낮다고 보면 될 것 같습니다. 그럼, 이제 양천구의 무엇을 주목해야 하는지 살펴보도록 해보죠.

목동으로 대표되는 고급 베드타운

양천구의 인구는 45만 7000명 정도이고, 세대수는 17만 8000세대 정도 됩니다. 면적이나 동 개수에 비해서는 인구가 많은 편이죠. 아파트가 밀집되어 있기 때문에 그렇습니다. 아마 나중에 재개발·재건축이 되고 아파트가 더 많이 들어오게 되면 인구가 더 밀집될 가능성이 높은 곳이기도 합니다.

| 서울 지역별 평균 시세 |

지역	평단가
강남구	5,644
서초구	5,122
송파구	4,057
용산구	3,813
성동구	3,194
마포구	3,171
강동구	3,124
광진구	3,055
양천구	**3,015**
서울특별시	**2,993**
영등포구	2,863
동작구	2,786
중구	2,783
종로구	2,749
서대문구	2,349
강서구	2,263
동대문구	2,203
성북구	2,125
관악구	1,947
구로구	1,899
은평구	1,896
노원구	1,895
강북구	1,672
금천구	1,661
중랑구	1,620
도봉구	1,548

양천구에는 일자리가 많지는 않습니다. 전형적인 베드타운의 모습이라고 보면 될 것 같습니다. 여의도나 마곡지구 쪽으로 출퇴근 하는 직장인들이 선호하는 배후 수요지로 굉장히 든든한 곳이죠. 남쪽으로는 구로디지털단지, 가산디지털단지도 있어서 일자리로 에워싸인 지역이라고도 볼 수 있고요.

교통망을 보면, 기본적으로 지하철 5호선이 메인 노선입니다. 여의도, 종로, 중구 그리고 김포공항으로 가기 좋죠. 그리고 2호선 지선으로 신정네거리역과 양천구청역이 양천구에 있습니다. 메인 노선은 아니지만 환승할 수 있는 경전철 정도의 역할을 하고 있죠. 또 하나, 목동 위쪽으로 9호선이 지나가긴 하는데 신목동역 하나만 있습니다. 목동 1단지 정도만 활용도가 있고, 양천구 전체적으로 볼 때는 이용 가치가 거의 없어요. 그래서 양천구는 9호선 영향권은 아니라고 볼 수 있습니다.

양천구의 교통망 호재로는 '목동선'이 있습니다. 신월동부터 출발해서 신정뉴타운을 지나 목동으로 올라가는 노선이죠. 이게 생기게 되면, 그 자체로 의미가 있다기보다는 그 노선을 통해서 다른 노선과 연결된다는 게 중요합니다. 9호선과 붙게 되면 목동 단지 내에서도 9호선을 탈 수 있는 환승 창구가 생기는 것이니까요. 그러나 목동선은 아직 확정된 사항은 아니기 때문에 미리부터 생각하고 들어가면 안 되고요, 착공을 하면 그때부터 관심을 가지면 될 것 같습니다.

양천구의 아파트 시세는 평당 3015만 원으로, 25개구 중에서 현재 9위 정도 합니다. 그런데 아마 목동 14개 단지가 재건축을 하고 입주를 하게 되면 최소 마포구 시세, 그 이상으로 올라갈 것이라고 예상을 합니다. 원래 훨씬 비쌌던 입지거든요. 지금은 새 아파트가 많지 않다 보니 성동구나 마포구, 강동구보다 뒤처졌지만, 절대 그보다 뒤처질 만한 입지는 아닙니다. 특히 목동은 고급 입지죠. 다만 아파트가 오래됐을 뿐이고요. 목동 14개 단지가 지금은 2만 6000세대인데, 이곳이 5만 5000세대 정도로 재건축을 하게 되면, 그다음부터 양천구는 거의 준강남에 준하는 위치로 다시 한 번 위상을 회복할 것입니다.

양천구 중에서는, 앞서 말했듯이 목동아파트가 있는 목동이 당연히 가장 비쌉니다. 신정동은 목동 아파트의 반을 가지고 있기 때문에 시세가 높은 거고요. 신월동 같은 경우는 다세대 밀집 지역이기 때문에 아파트 시세가 높지는 않습니다.

| 동별 평균 시세 |

지역	평단가
목동	3,610
양천구	**3,015**
신정동	2,917
신월동	1,643

개인적으로 저의 형님이 신정동에 40평대 나 홀로 아파트를 꽤 오랫동안 가지고 있었습니다. 다세대 빌라 밀집 지역 아래쪽에 있는 소형 아파트였는데, 시세가 20년 동안 안 올랐습니다. 아파트 시세가 그렇습니다. 단지로서 시너지가 나거나 재건축이 가능해야지 가격이 올라갈 수 있는데 그냥 실거주만 하는 나 홀로 아파트들은 잘 안 오릅니다. 부동산 시장을 볼 때는 이런 점도 생각하고 봐야 합니다.

양천구를 이끄는 주요 아파트 단지들

개별 단지로 살펴보면, 목동 7단지가 가장 비쌉니다. 늘 그랬습니다. 7단지가 목동역과 오목교역 쪽을 다 끼고 있습니다. 그쪽에 모든 게 밀집돼 있어요. 현대백화점, 행복한 백화점, CGV 등 상업시설들이 몰려 있고, 무엇보다도 학원가가 있죠. 5단지가 그다음

목동아파트

으로 비싼 이유는, 파리공원이 바로 옆에 있는 조용하고 중대형이 있는 단지라서 그렇습니다. 여기도 학원가가 집중돼 있고요, 이대 목동병원도 있습니다.

통상적으로 목동에 있는 7, 5, 6, 4단지가 비쌉니다. 그럼 왜 1, 2, 3단지는 상대적으로 쌀까요? 용적률이 낮아서 그렇습니다. 그리고 소형이 많고요. 그런데 최근에 1, 2, 3단지가 2종에서 3종으로 종상향이 되었습니다(2종은 용적률 200%, 3종은 250%를 적용받음). 그래서 가치가 좀 더 올라서 시세에 반영되지 않을까 싶고요. 어쨌든 목동 14개 단지 모두 버릴 것이 없는, 전부 주목 대상인 아파트입니다.

목동아파트를 빼고 시세가 가장 높은 아파트는 2016년 5월에 입주한 목동 힐스테이트입니다. 이 아파트는 어느 동에 있을까요?

| 양천구의 시세 상위 아파트 |

순위	지역(동)	아파트명	세대수	평단가	입주년월
1	목동	목동 신시가지 7단지	480	5,491	1986.01
2	목동	목동 신시가지 5단지	1,848	5,468	1986.01
3	목동	목동 신시가지 6단지	1,368	5,093	1986.11
4	목동	목동 신시가지 7단지(고층)	2,070	5,076	1986.11
5	목동	목동 신시가지 4단지	1,382	4,950	1986.01
6	신정동	목동 신시가지 9단지	2,030	4,944	1987.07
7	신정동	목동 힐스테이트	1,081	4,910	2016.05
8	목동	목동 신시가지 1단지	1,882	4,862	1985.12
9	목동	목동 신시가지 3단지	1,588	4,723	1986.01
10	목동	목동 신시가지 2단지	1,640	4,630	1986.01
11	신정동	목동 신시가지 13단지	2,280	4,625	1987.07
12	목동	목동 트라팰리스(웨스턴에비뉴)	264	4,609	2009.01
13	신정동	목동 신시가지 12단지(저층)	420	4,487	1988.01
14	신정동	목동 신시가지 12단지(고층)	1,440	4,424	1988.01
15	신정동	목동신시가지10단지	2,160	4,419	1987.08
16	목동	목동 트라팰리스(이스턴에비뉴)	258	4,306	2009.01
17	목동	목동 센트럴푸르지오	248	4,194	2015.06
18	신정동	목동 신시가지 11단지(고층)	1,515	4,089	1988.11
19	신정동	목동 신시가지 14단지	3,100	4,079	1987.09

목동이 아니라, 신정동에 있습니다. 신정네거리역 바로 옆, 목동 10단지 바로 위쪽에 있습니다. 그런데 왜 '목동'이라는 이름이 붙었을까요? '목동'은 일종의 프리미엄 브랜드가 됐습니다. '목동'이라고 하면 학군 좋은 지역, 깨끗한 택지개발 지구, 잘사는 사람들이 사는 지역이라는 이미지가 있죠. 그래서 신정동에서도 대부분 다 목동이라는 브랜드 네임을 씁니다.

목동 힐스테이트는 현재 시세가 평당 4900만 원대 정도 되는데,

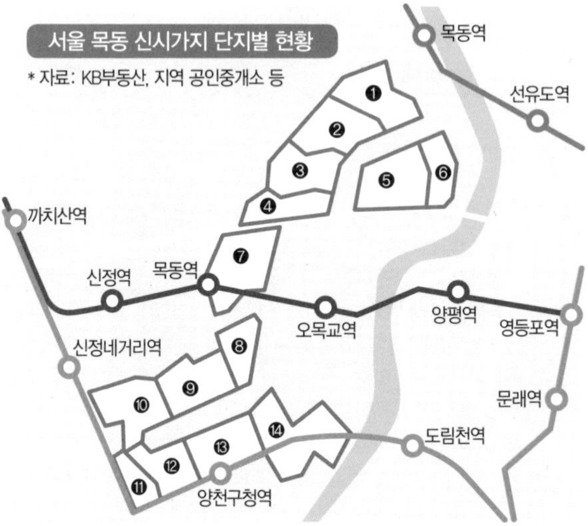

분양가는 평당 1980만 원 전후였습니다. 사실 분양 당시는 엄청나게 미분양이 났죠. 제가 갤럽에 있을 때 미분양 대책 조사를 했던 단지이기도 합니다. 신정네거리역 쪽에 가본 사람들은 알겠지만, 그 앞이 다 재래시장입니다. 이 아파트 자리가 있던 재래시장 초입이 굉장히 낙후돼 있었거든요.

그런데 입주를 할 때쯤에는 정돈이 됐죠. 그리고 이 아파트가 22층이기 때문에 근방에서는 제일 고층입니다. 주변에 다세대 빌라들이 많고, 목동아파트도 10~15층밖에 안 되니까 이 단지 하나가 마치 성처럼 보이는 거죠. 이 지역의 랜드마크가 된 겁니다. 그래서 이곳이 지금 4900만 원대여도 아무도 이상하게 생각하지 않습니다. 목동 생활권에 있는 아파트인 데다가 새 아파트에서 살고 싶은 사람들이 이쪽으로 넘어가기에 좋은 아파트죠. 지선이긴 하지만 신정네거리역이 있는 초역세권이기도 하고요.

또 주목받은 단지 중 하나가 2015년 입주한 목동 센트럴푸르지오입니다. 주상복합 단지고요, 오목교역 쪽에 있습니다. 여기에 현대백화점도 있고, 양천구의 핵심 상권들이 다 있죠. 그런데 이 아파트 역시 미분양 났던 단지입니다. 원래는 그 주변이 다소 칙칙한 상권이었습니다. 그런데 조금씩 개선되면서 깔끔한 상권으로 변화했고, 또 이 아파트가 이 지역에선 새 아파트이기 때문에 시세가 많이 올랐죠. 목동아파트만큼 올랐습니다.

그리고 목동 트라팰리스라는 단지가 있는데, 오목교역과 목동

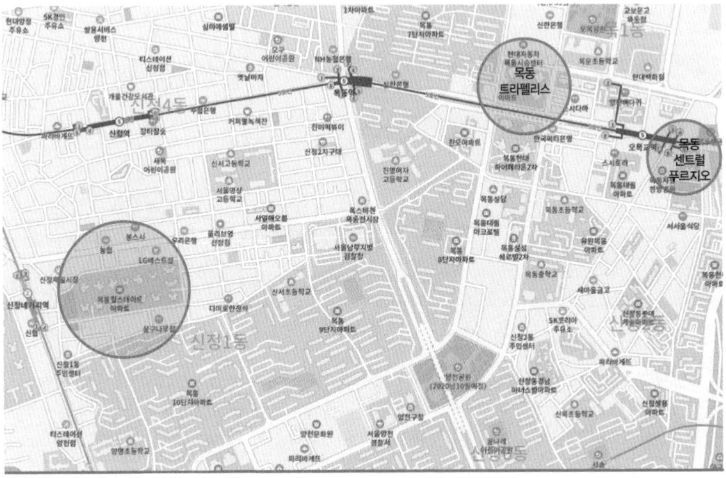

역 사이쯤에 있습니다. 여기는 처음 분양할 때부터 비쌌습니다. 그때 평당 1000만 원 정도의 시장에서 2800만 원 정도에 분양을 했거든요. 물론 지금은 4000만 원을 넘어섰죠. 이 목동 트라팰리스가 유명한 건, 실내 디자인을 디자이너 앙드레김이 했다고 합니다. 당시 모델하우스에서 앙드레김 패션쇼를 하기도 했던 기억이 나네요.

신정뉴타운의 가치와 입지의 시너지 효과

2020년에는 서울에 꽤 많은 분양 물량이 있다고 앞서 얘기했는데요, 양천구에는 많지가 않습니다. 현재 두 곳 정도 분양이 예정돼 있습니다. 우선, 신정뉴타운 2-2구역인 호반써밋 목동입니다. 여기도 목동이라고 이름이 붙어 있지만 신정동에 있습니다. 분양

| 2020년 양천구의 분양 물량 |

지역	단지명	분양년월	입주년월	세대수	기타
신정동	호반써밋 목동	2020	-	407	재개발
신월동	신월 파라곤	202007	-	299	재건축
합계				706	

| 2020년 양천구의 입주 물량 |

지역	아파트명	분양년월	입주년월	세대수
신월동	목동 센트럴 아이파크위브	201706	202003	3,045

은 잘될 것이라고 봅니다. 분양만 했다 하면 대부분 다 두 배씩 올랐기 때문에 잘될 거고요. 재건축 아파트 중에서 신월 파라곤도 올해 분양 예정입니다. 299세대밖에 안 되지만, 신규 아파트가 귀한 지역이기 때문에 이것 역시 분양은 잘될 것입니다.

올해 입주 물량은 관심 있게 지켜볼 필요가 있습니다. 3000세대가 넘거든요. 구 단위로 볼 때 3000세대가 넘는 입주 물량은 많은 편입니다. 그런데 이 3000세대 규모가 한 단지예요. 신정뉴타운에 있는 목동 센트럴 아이파크위브라는 단지로 3045세대고요, 3월부터 입주를 했습니다.

이 단지는 이름이 여러 번 바뀌었습니다. 그전에는 신정뉴타운 아이파크위브였어요. 여기도 행정구역은 신월동인데, 신정뉴타운을 붙여서 한 번 가치를 올렸다가 한 단계 더 올려서 목동으로 가자고 판단했던 것 같습니다. 그래서 목동 센트럴 아이파크위브가 됐습니다. 센트럴이라고 한 것은 신정뉴타운의 중심이라는 얘기겠죠. 신정뉴타운에서 단지 수가 가장 크니까요. 2021년에 입주하는 목동 래미안 아델리체가 신정뉴타운에서는 그다음으로 큰 단지인데 1400세대입니다. 나머지는 1000세대 미만의 단지이고요.

그렇기 때문에 신정뉴타운 중에서 센트럴 아이파크위브는 가장 대형 단지로서 2020년에 양천구에서 가장 주목을 받을 수밖에 없을 것 같습니다. 이 지역의 매매든 전세든 월세든 신규 아파트에 대한 수요를 가장 많이 책임질 그런 단지라고 보면 될 것 같고요. 보통 새 아파트 3개 단지가 모이면 시너지가 난다고 하는데, 여기는 일단 이 아파트 단지 하나만으로도 3개 단지 효과가 있죠. 때문에 이 지역의 입지 가치를 상승시키기에 충분하다고 볼 수 있습니다.

그리고 이 아파트는 무엇보다 분양가가 상대적으로 쌌습니다. 이미 신정뉴타운에 두 단지(2012년 입주한 1-2구역 두산위브, 2014년 입주한 1-4구역 롯데캐슬)가 들어온 다음에 세 번째로 입주한 단지거든요. 보통 뉴타운은 세 번째 단지부터 프리미엄이 급등합니다. 그래서 목동 센트럴 아이파크위브도 최근에 많이 올랐고, 앞으로 더 올라갈 것으로 예상합니다. 평당 1700만 원에 분양했는데, 이후 분양을 한 래미안 아델리체는 평당 2500만 원에 분양해도 훨씬 더 잘됐거든요.

목동 래미안 아델리체는 입지가 더 좋습니다. 신정네거리역과 거의 붙어 있는 초역세권이고, 신월동이 아니라 목동과 더 가까운 신정동에 있기도 하니까요. 아델리체는 제가 수요 조사를 했던 단

지이기 때문에 잘 알죠. 그때 평당 2500만원을 받을 수 있냐, 없냐 얘기가 많았는데, 결국 2500만 원에 분양을 했습니다. 조사를 했더니 2500만 원까지 가능했죠. 왜냐하면 그때 비교를 했던 단지인 목동 힐스테이트가 이미 3000만 원대였거든요. 결국 성공적으로 분양이 끝났고, 아마 입주하면 여기도 목동 힐스테이트를 거의 따라갈 것이라고 봅니다. 더욱이 브랜드가 래미안이기도 하니까요. 그리고 래미안 아델리체 바로 밑에 있는 신정 2-2구역이 앞서 분양 물량에서 얘기한 호반써밋 목동입니다.

아무튼 신정뉴타운은 이렇게 후속 단지들이 계속 입주를 하면서 점점 더 좋아지고 있습니다. 신정뉴타운의 가치는 지금이 가장 싼 편인 셈이죠. 서울시 평균도 안 되기 때문에 상대적으로 저렴

| 양천구의 재건축, 재개발 진행 현황 |

지역(동)	사업장명	사업단계	세대수	건립예정 세대수	시공사
재건축 단지					
신월동	신월 2구역	추진위원회 승인	-	-	-
신월동	신정뉴타운 4구역	조합설립인가	-	-	-
신월동	신월 4구역	조합설립인가	-	-	-
재개발 구역					
신월동	신정 1구역 3지구	추진위원회 승인	-	211	-
신월동	신월 1구역	사업시행인가	-	1,400	-
신정동	신정 2구역 2지구	철거	-	336	호반건설

한 택지개발지구를 희망한다면 이쪽을 한번 관심 있게 봐도 괜찮을 것 같습니다.

사실 목동의 한 방은 단연 목동아파트 14개 단지의 재건축입니다. 하지만 이것들은 현재 안전진단을 통과한 아주 초기 단계입니다. 이후에야 구역 지정, 추진위 구성, 조합 형성 등으로 진행되기 때문에 최소 10년 정도 더 걸린다고 봐야 할 겁니다. 그래서 향후 10년 동안 관심을 가져야 할 곳이기도 하죠.

그런데 목동 14개 단지는 지금 현재도 비쌉니다. 보통 5000만 원 전후의 시세를 형성하고 있죠. 10년 후 입주할 때를 생각하면 수익이 크긴 할 텐데 지금 당장 들어가기가 부담되는 가격이라면, 신정뉴타운처럼 재개발 입지, 작은 재건축 입지들도 한번 눈여겨볼 만합니다. 위의 표에 정리한 것처럼 양천구에는 신정뉴타운 외에 재개발 단지들도 있습니다. 목동 14개 단지가 재건축되기 전까지는 새 아파트 공급이 없기 때문에 관심 있게 봐도 괜찮을 것 같습니다.

향후 살고 싶은 단지 딱 1개만 꼽는다면!

▶ **목동 7단지 재건축**

양천구의 핵심 호재

서울 경전철 목동선

- 양천구의 신월동, 신정동, 목동과 영등포구의 당산역을 잇는 노선.
- 2021년 착공, 2028년 개통 예정.

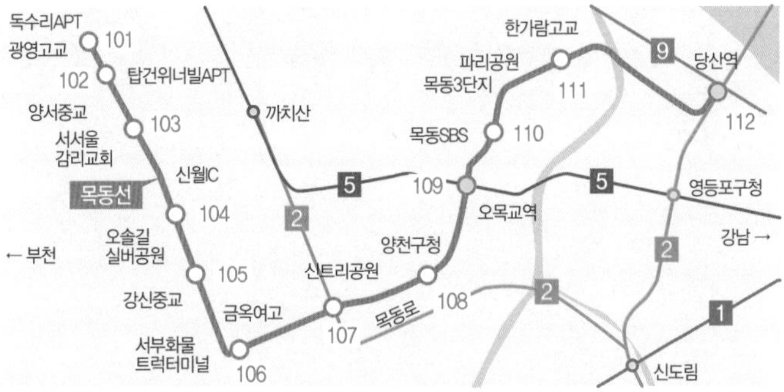

경인고속도로 지하화

- 경인고속도로 서인천 나들목에서 서울 신월 나들목까지 11.66km 구간의 지하화 사업. 2025년 완공 목표.
- 경인고속도로가 왕복 6차로의 지하도로로 조성되고, 현재의 지상도로는 일반도로와 공원으로 바뀔 예정. 극심한 교통 정체가 상당 부분 해소되고, 남북으로 단절된 인천의 도시 기능도 되살아날 것으로 기대.

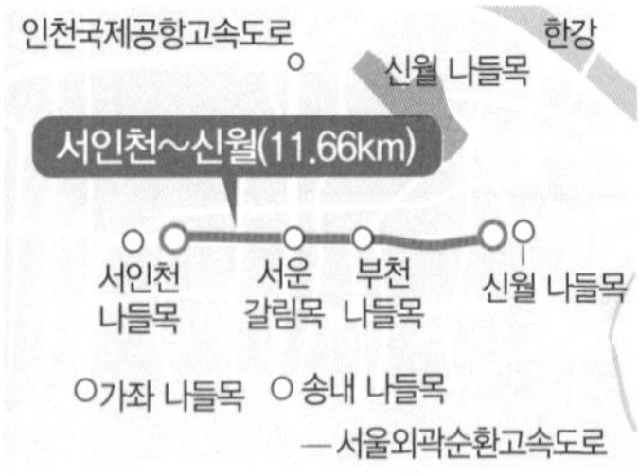

10

영등포구

영등포구

가장 스포트라이트를 받고 있는 2020년의 주인공

빠숑의 POINT

여의도, 그리고 뜨고 있는 명품 베드타운들!

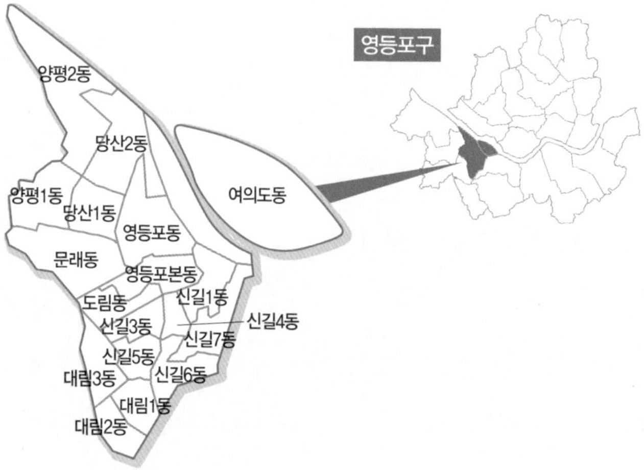

영등포구는 꼭 독수리가 날개를 펴고 날아가는 모습처럼 생겼습니다. 여의도가 독수리의 머리고요. 어디를 향해 날아가느냐, 용산과 강남입니다. 그만큼 영등포구는 굉장히 힘차게 날아오르며 높아지는 위상을 보여주고 있는 곳입니다.

그동안 천지개벽을 해온 지역 중 하나가 영등포구입니다. 대표적인 구도심 중 하나거든요. 실질적으로 한강 이남 지역 중에서는 영등포구만 서울이었습니다. 강남을 개발하기 전에는 영등포구가 강남구와 같은 역할을 했던 가장 중심지였죠. 일자리도 많고, 상업 지역도 많고, 교통도 가장 편리한 지역이었다고 말할 수 있습니다. 강남이 처음 생겼을 때 강남을 영동이라고 했던 것도, 중심지인 영등포의 동쪽이라는 의미였죠. 그런데 강남을 개발하면서 인프라가 강남으로 몰리게 됐고, 영등포구는 거의 발전이 없었습니다.

그런데 아마도 2020년은 영등포구가 주인공인 해가 아닐까 싶습니다. 지금 시장에서 가장 필요한 것이 새 아파트인데, 2020년에 신규 아파트 입주 물량이 서울 25개구 중에서 제일 많은 곳이 영등포구입니다. 올해 동안은 아마 입주하는 아파트가 있을 때마다 영등포와 관련된 기사들이 많이 나올 것입니다. 아무래도 자본주의 사회에서 상품은 인지도가 선호도와 비례하는 경향이 많잖아요. 미디어에 많이 노출될수록 상품으로서의 가치도 올라갑니다.

언젠가 미국 드라마 〈하우스 오브 카드〉를 보는데 그 시리즈의 1편에 이런 대사가 나오더라고요. "항상 핵심이 중요한데, 핵심은 첫 번째도 입지, 둘째도 입지, 셋째도 입지"라는 말이었습니다. 그 장면을 보면서 '미국이나 한국이나 똑같구나' 그런 생각을 했던 게 기억이 나네요. 그러면 이제 영등포구의 핵심은 무엇인지, 그 입지에 대한 이야기를 해보도록 하겠습니다.

변화가 없는 지역이 한 군데도 없는 곳

영등포구는 인구수가 37만 2000명 정도 되고요, 세대수는 17만 8000세대 정도입니다. 보통 25만 명이 넘으면 인구가 많은 편이라고 볼 수 있어요. 서울에 있는 구들의 인구수는 30만 명대가 제일 많은데, 30만 명대의 평균적인 세대수가 17만 세대 전후입니다. 기본적으로 서울에 주거가 많이

| 영등포구의 인구수와 세대수 |

지역	인구수	세대수
서울시	9,726,787	4,361,645
영등포구	**372,225**	**178,323**
영등포본동	21,753	10,248
영등포동	27,076	17,863
여의동	34,360	13,664
당산1동	20,935	10,716
당산2동	35,875	17,590
도림동	18,462	9,350
문래동	32,058	12,729
양평1동	17,713	9,045
양평2동	22,451	10,095
신길1동	17,582	10,278
신길3동	17,158	7,627
신길4동	8,863	4,308
신길5동	10,965	4,838
신길6동	17,967	8,491
신길7동	20,367	7,833
대림1동	12,771	6,379
대림2동	12,510	6,850
대림3동	23,359	10,419

| 서울 지역별 평균 시세 |

지역	평단가
강남구	5,644
서초구	5,122
송파구	4,057
용산구	3,813
성동구	3,194
마포구	3,171
강동구	3,124
광진구	3,055
양천구	3,015
서울특별시	**2,993**
영등포구	**2,863**
동작구	2,786
중구	2,783
종로구	2,749
서대문구	2,349
강서구	2,263
동대문구	2,203
성북구	2,125
관악구	1,947
구로구	1,899
은평구	1,896
노원구	1,895
강북구	1,672
금천구	1,661
중랑구	1,620
도봉구	1,548

있는 지역들의 기준이 17만 세대 정도라고 보면 될 것 같습니다.

영등포구가 부각이 되기 시작한 것은 신길뉴타운이 본격적으로 입주하면서부터라고 볼 수 있습니다. 물론 영등포구에서 여의도는 거의 강남과 같은 입지이기 때문에 계속 주목을 받은 지역입니다. 향후 10년, 재건축 이후를 생각한다면 여의도의 가치는 지금이 최저라고 할 수 있을 정도로 좋은 입지죠. 그래서 여의도는 따로 떼서 생각하는 게 더 좋을 것 같고요.

일단 서울 25개구 중에서 영등포구는 현재 시세 10위 정도의 위상을 가지고 있습니다. 영등포구보다 상위 지역들은, 대부분 계속 영등포구보다 좋았던, 위상이 높은 지역입니다. 다만 마포구는 원래 영등포보다는 아래에 있었는데 뉴타운과 새 아파트가 많이 들어서면서 위상이 더 크게 상승을 했죠. 영등포구는 서울에서 고전적으로 위상이 높은 지역들 다음으로 많이 찾는, 중상위권 정도의 지역이라고 보면 될 것 같습니다. 하지만 평균 시세에는 오해할 여지들이 있죠. 왜냐면 영등포구에서 가장 비싼 지역이 여의도동인데, 여의도동이 사실은 압도적으로 시세가 높거든요. 때문에 여의도동을 제외하고 보면 평균 시세가 푹 꺼질 수 있습니다.

그럼에도 불구하고 영등포구는 분명히 점점 더 좋아지고 있는 지역입니다. 낙후된 지역들이 정돈되면서 깔끔해지고 발전하고 있습니다. 대표적인 지역이 뉴타운이죠. 영등포구에는 두 군데의 뉴타운이 있습니다. 앞서 언급한 신길뉴타운이 있고요, 그리고 분양을 많이 하지 않아서 잘 모르는 사람들이 많지만 영등포뉴타운이 있습니다.

신길뉴타운은 일반 주거 지역에 개발한 뉴타운이기 때문에 면적도 넓고, 집값과 땅값의 상승률이 높았습니다. 영등포뉴타운은 영등포시장 주변에 있어요. 영등포시장은 상업시설이잖아요. 상업시설에 뉴타운을 개발한 것이고, 부지가 크지는 않아요. 당시 비싸게 분양했다가 미분양이 많이 났죠. 그러다가 입주하고 난 다음부터 시세가 많이 올랐습니다.

여의도동을 제외하게 되면 영등포동 7가의 시세가 현재 제일 비싼데, 2017년 영등포뉴타운에 입주한 아크로타워스퀘어 때문에 많이 올라서 그렇습니다.

| 동별 평균 시세 |

지역	평단가
여의도동	3,928
영등포동7가	3,364
당산동5가	3,069
영등포동	2,952
당산동4가	2,918
영등포구	**2,863**
신길동	2,720
영등포동8가	2,720
당산동2가	2,651
당산동	2,597
문래동3가	2,531
당산동3가	2,457
도림동	2,365
당산동1가	2,342
양평동3가	2,321
양평동4가	2,209
양평동1가	2,161
양평동6가	2,060
양평동2가	2,010
문래동6가	1,962
문래동4가	1,943
대림동	1,936
문래동5가	1,873

영등포구에서 여의도동 다음으로 전통적인 강세 지역은 당산동입니다. 당산동과 양평동은 원래 공장 부지였는데, 당산동은 주거 지역으로 많이 바뀌었고요, 양평동은 아직 공장 부지들이 꽤 남아 있고, 준공업 시설들이 많은 편입니다. 조금씩 주거 지역으로 바뀌나가는 중이죠.

당산동은 무엇보다 9호선 개통으로 큰 관심을 받게 됐습니다. 2호선과 9호선의 환승역이기도 하고, 9호선은 급행이 서기도 하고요. 또 이곳에 광역버스가 많이 다닙니다. 고양시나, 김포시, 파주로 가는 광역버스가 많기 때문에 은근히 광역 교통의 중심지라고도 볼 수 있죠.

대림동은 다른 곳들과는 좀 다르게 변화를 했습니다. 여기는 원래 교통의 중심지로 당산동과 동급이었습니다. 2호선과 7호선이 크로스로 지나는 더블역세권이고요. 그런데 다른 동들의 시세가 상승하는 동안 대림동은 거의 오르지 못했죠. 그 이유가 대림역

주변으로 차이나타운이 확장되면서 중국 동포나 중국인들이 이곳의 주택을 많이 점유하고 매수를 했습니다. 그러다 보니 오히려 한국 사람들의 수요가 줄었습니다. 대림동을 다소 기피하고 다른 쪽으로 이사를 많이 나갔습니다. 주로 신길뉴타운으로 많이 옮겨

갔죠. 신길동의 위상이 그러면서 더 올라간 점도 있습니다. 원래는 대림동이 비싼 지역이었고, 신길동이 싼 지역이었는데, 이제는 완전히 달라진 셈이죠.

아마도 올해는 신길동이 가장 집중을 받을 것이라고 봅니다. 이제 영등포구에서는 여의도, 당산, 그다음이 신길이라고 할 수 있죠. 어쨌든, 영등포는 여의도부터 해서 영등포동, 당산동, 대림동, 신길동 등 변화가 없는 지역이 한 군데도 없습니다. 오늘도 변하고, 내일도 변하는 곳이죠. 아마 향후 20년 동안 계속 변할 수밖에 없는 입지일 겁니다. 지금보다 계속 더 좋아지는 것을 기대하게 되는 구가 영등포구입니다.

영등포구의 시세를 이끄는 주요 아파트 단지들

영등포구에서 가장 비싼 아파트들의 리스트를 보면, 상위권이 전부 여의도에 있는 재건축 대상 아파트들입니다. 삼부, 진주, 목화, 시범, 수정, 서울, 공작, 미성, 대교, 광장, 화랑, 한양, 은하 모두 재건축 대상입니다. 신기하게 이름도 다 두 글자씩이죠. 대부분 70년대 초반에 지은 아파트들인데, 가본 사람들은 알겠지만, 상품들이 특이하고 창의적이에요. 화장실이 한가운데 있다든지 그런

| 영등포구의 시세 상위 아파트 |

순위	지역(동)	아파트명	세대수	평단가	입주년월
1	여의도동	삼부아파트	866	6,297	1976.01
2	여의도동	진주아파트	376	6,177	1977.01
3	여의도동	목화아파트	312	6,154	1977.01
4	여의도동	시범아파트	1,584	6,047	1971.01
5	여의도동	수정아파트	329	5,527	1976.08
6	여의도동	서울아파트	192	5,310	1976.09
7	여의도동	공작아파트	373	5,117	1976.01
8	여의도동	미성아파트	577	4,843	1978.05
9	여의도동	대교아파트	576	4,652	1975.09
10	여의도동	광장아파트	744	4,559	1978.06
11	여의도동	화랑아파트	160	4,349	1977.01
12	영등포동7가	아크로타워스퀘어	1,221	4,273	2017.08
13	신길동	래미안 영등포 프레비뉴	949	4,209	2015.12
14	여의도동	한양아파트	588	4,167	1975.11
15	신길동	래미안 에스티움	1,722	4,155	2017.04
16	여의도동	은하아파트	360	4,091	1974.12
17	여의도동	여의도 자이	580	4,075	2008.05

식으로 되어 있는데, 재건축하기 전에 상품 구성이나 평면 구성 등을 한번 살펴보는 것도 추천합니다.

신규로 입주한 아파트들 중에서는 앞서 언급한 영등포뉴타운의 1번 타자, 아크로타워스퀘어라는 단지가 평당 4300만 원 정도의 시세를 형성하고 있습니다. 3년밖에 안 된 아파트이기 때문에 한동안 시세를 리딩할 단지입니다.

그런데 사실 아크로타워스퀘어는 완전 미분양이었던 아파트였습니다. 당시에는 상당히 고가 분양이었거든요. 고가 분양을 할 수밖에 없던 이유가 입지 자체가 땅값이 비싼 곳이거든요. 하지만 아파트가 부족한 입지인 데다가 뉴타운에 처음으로 들어가는 아파트는 초반 미분양이 나도 결국에는 오른다는 것을 잘 보여주는 아파트죠. 점점 가격이 오르다가 입주할 때쯤에는 전세가가 분양가를 뛰어넘을 정도가 되었습니다.

신길뉴타운의 대장 아파트인 래미안 에스티움도 평당 4200만 원에 육박하는 시세를 형성하고 있습니다. 그리고 올해 1월 입주한 보라매 SK뷰도 상당히 높은 시세를 보이며 래미안 에스티움을 따라가고 있습니다(보라매 SK뷰는 거래는 되고 있지만 아직 등기가 안 나왔기 때문에 기록이 없어서 이 리스트에는 빠져 있습니다). 신길뉴타운은 이후 힐스테이트 클래시안과 신길 파크자이까지 올해 다 입주를 하면 거의 다 완성이 되는 것이기 때문에 시너지가 더해질 것입니다.

요컨대, 재건축할 아파트들은 평당 6000만 원대, 일반 신규아파트들은 4000만 원대를 형성하고 있다고 보면 좋을 것 같고요. 재건축할 아파트가 6000만 원대라고 하는 것은, 재건축 이후 입주한 다음부터는 최소 6000만 원 이상이라는 것이죠. 그렇기 때문에 여의도도 강남만큼 평당 1억까지도 볼 수 있는 지역이라고 말할 수 있을 것 같습니다.

올해 최대 입주 물량, 영등포구의 관전 포인트

| 2019년 영등포구의 분양 물량 |

지역	단지명	분양년월	입주년월	세대수	청약 경쟁률
신길동	더샵 파크프레스티지	201912	202207	799	114.26

2019년에 영등포구에서 분양한 단지는 한 단지였습니다. 신길뉴타운의 마지막 물량이라고 할 수 있는 더샵 파크프레스티지라는 아파트입니다. 799세대의 재개발아파트였는데, 무려 경쟁률이 114대 1이었죠.

영등포구에 올해 분양 물량은 없고요, 중요한 것은 올해 입주하는 아파트들입니다. 신길동, 문래동, 대림동, 영등포동 등 여의도 권역을 제외한 거의 모든 지역에서 무려 7279세대가 입주를 합니다. 최대 입주 물량이기 때문에 영등포구를 올해 굉장히 관심 있게 봐야 한다고 앞서 얘기했죠. 영등포구의 총 아파트 세대수가 7만 3000세대 정도인데, 그 10분의 1이 올 한 해에 입주를 하게 된다는 겁니다. 관심을 안 가질 수가 없겠죠. 어떤 아파트들이 입주하는지 반드시 봐야 될 것 같고요. 그리고 어떤 지역에 입주하는지도 봐야 합니다.

일단은 신길뉴타운에는 4개 단지가 있습니다. 2017, 2018년에

| 2020년 영등포구의 입주 예정 단지 |

지역	아파트명	분양년월	입주년월	세대수
신길동	보라매 SK뷰	201705	202001	1,546
신길동	신길 센트럴자이	201707	202002	1,008
문래동6가	문래 롯데캐슬(뉴스테이)	201710	202004	499
당산동5가	당산 센트럴아이파크	201803	202005	802
대림동	e편한세상 보라매 2차	201803	202007	859
신길동	힐스테이트 클래시안	201711	202010	1,476
영등포동7가	포레나 영등포	201710	202010	185
문래동6가	e편한세상 문래	201805	202010	263
신길동	신길 파크자이	201806	202012	641
합계				7,279

분양했던 아파트들인데 올해 입주를 하는 거고요. 1월에 보라매 SK뷰가 입주를 했고, 2월에 신길 센트럴자이가 입주를 했습니다. 그리고 힐스테이트 클래시안이 10월에 입주를 하고, 마지막으로 12월에 신길 파크자이가 입주를 합니다.

당산동에서는 당산 센트럴 아이파크가 5월에 입주를 시작했습니다. 그리고 아크로타워스퀘어가 있는 영등포뉴타운에 포레나 영등포(영등포뉴타운 꿈에그린에서 '포레나'라는 고급 브랜드로 이름이 바뀌었습니다)도 올해 입주를 합니다. 그리고 문래동에는 세대수는 작

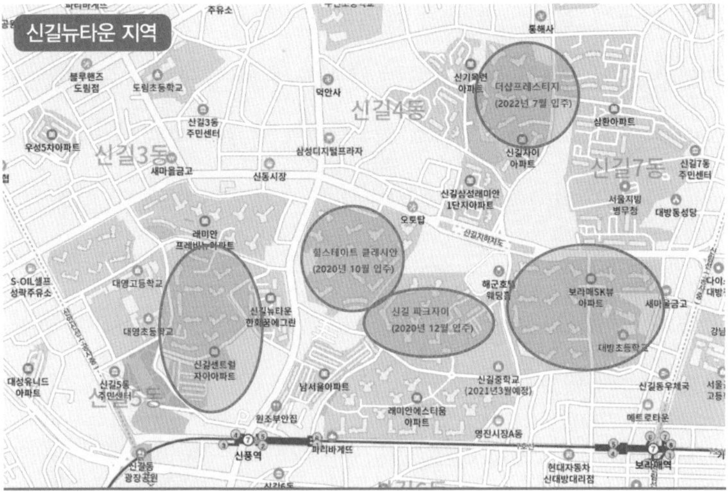

기는 하지만 e편한세상 문래와 뉴스테이 단지인 문래 롯데캐슬도 입주를 하고요. 관심 있는 지역, 관심 있는 아파트는 체크해두었

다가 전세든, 임차든, 매매든 검토해보면 좋을 것 같습니다.

영등포구는 재건축도 있기는 하지만 하위권 영등포 구역을 상위권으로 끌어올렸던 뉴타운 지역, 특히 재개발 구역들을 눈여겨봐야 합니다. 일제강점기 때부터 있던 구도심이기 때문에 재개발할 것들이 많습니다. 속도가 잘 안 나고 있기는 하지만 눈여겨보면 좋을 것 같습니다. 다음 페이지의 재건축, 재개발 진행 현황 표를 참고하면 되고요.

정리하면, 영등포구는 일자리 호재, 교통 호재, 새 아파트 호재가 많기 때문에 위험 요소가 거의 없는 확실한 지역이라고 할 수

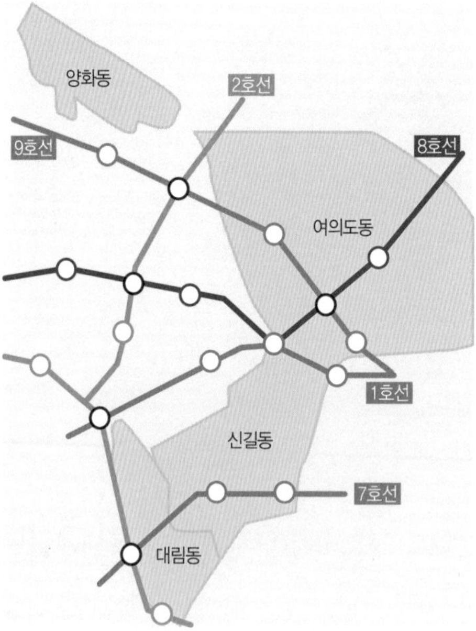

| 영등포구의 재건축, 재개발 진행 현황 |

지역(동)	사업장명	사업단계	세대수	건립 예정 세대수	시공사
재건축 단지					
문래동3가	국화아파트	기본계획수립	–	–	–
여의도동	광장아파트 28	안전진단	744	–	–
여의도동	여의도 시범아파트	추진위원회 승인	1,584	1,993	–
여의도동	여의도 수정아파트	추진위원회 승인	329	–	–
여의도동	목화아파트	추진위원회 승인	–	–	–
양평동1가	신동아아파트	추진위원회 승인	495	684	–
신길동	신길뉴타운 13구역	추진위원회 승인	–	–	–
신길동	삼성아파트	조합설립인가	384	657	–
신길동	신길뉴타운 10구역	조합설립인가	–	–	–
문래동5가	진주아파트	조합설립인가	160	323	–
문래동2가	남성아파트	조합설립인가	390	505	–
당산동5가	유원제일 2차아파트	조합설립인가	360	434	–
당산동4가	유원제일 1차아파트	조합설립인가	410	708	–
재개발 구역					
영등포동4가	영등포동 4가 도시환경정비구역	기본계획수립	–	–	–
당산동3가	당산 제3구역	기본계획수립	–	–	–
영등포동7가	영등포뉴타운 1–1구역	정비구역지정	–	–	–
영등포동5가	영등포뉴타운 1–10구역	정비구역지정	–	–	–
영등포동5가	영등포뉴타운 1–9구역	정비구역지정	–	–	–
영등포동5가	영등포뉴타운 1–6구역	정비구역지정	–	–	–
영등포동5가	영등포뉴타운 1–7구역	정비구역지정	–	–	–
영등포동5가	영등포뉴타운 1–5구역	정비구역지정	–	–	–
영등포동5가	영등포뉴타운 1–8구역	정비구역지정	–	–	–
영등포동5가	영등포뉴타운 1–16구역	정비구역지정	–	–	–
영등포동5가	영등포뉴타운 1–14구역	정비구역지정	–	–	–
영등포동5가	영등포뉴타운 1–18구역	정비구역지정	–	–	–
영등포동5가	영등포뉴타운 1–19구역	정비구역지정	–	–	–
영등포동5가	영등포뉴타운 1–22구역	정비구역지정	–	–	–
영등포동2가	영등포뉴타운 1–21구역	정비구역지정	–	–	–
영등포동2가	영등포뉴타운 1–20구역	정비구역지정	–	–	–
영등포동2가	영등포뉴타운 1–23구역	정비구역지정	–	–	–
영등포동2가	영등포뉴타운 1–24구역	정비구역지정	–	–	–
영등포동2가	영등포뉴타운 1–25구역	정비구역지정	–	–	–
영등포동2가	영등포뉴타운 1–17구역	정비구역지정	–	–	–
영등포동2가	영등포뉴타운 1–15구역	정비구역지정	–	–	–
문래동2가	문래동 2–3가 도시환경정비구역	정비구역지정	–	–	–
문래동1가	문래동 1–2가 도시환경정비구역	정비구역지정	–	–	–

영등포동5가	영등포뉴타운 1-11구역	추진위원회 승인	715	-	-
양평동2가	양평 제14구역	추진위원회 승인	308	-	-
양평동1가	양평 제10구역	추진위원회 승인	-	-	-
신길동	신길역세권 공공임대주택	추진위원회 승인	-	-	-
문래동4가	문래동 4가 도시환경정비구역	추진위원회 승인	-	-	-
영등포동7가	영등포뉴타운 1-2구역	조합설립인가	201	-	동부건설
영등포동5가	영등포뉴타운 1-13구역	조합설립인가	398	-	대우, 두산
영등포동5가	영등포뉴타운 1-12구역	조합설립인가	-	-	-
신길동	신길 제2구역	조합설립인가	1,772	-	-
양평동2가	양평 제13구역	사업시행인가	360	-	GS건설
양평동1가	양평 제12구역	관리처분인가	707	-	삼성물산

있습니다. 우선, 서울 서남권 중에서는 일자리 지역이 제일 가까운 지역입니다. 여의도가 있고, 가산과 대림이라는 디지털단지도 가까이 있고요.

더욱이 영등포구는 교통도 굉장히 편리한 입지입니다. 지하철이 9호선, 2호선, 5호선, 1호선이 지나죠. 강남 접근성도 좋고, 종로구와 중구 접근성도 좋은 곳이기 때문에 일자리 중심지로 출퇴근하기가 굉장히 좋습니다. 영등포역에는 타임스퀘어라고 하는 명품 상업시설도 있죠.

그리고 영등포구는 교통 호재가 더 있습니다. GTX B노선, 신안산선, 신림선 경전철이 생기죠. 신안산선과 신림선 경전철은 착공을 했고요, GTX B노선은 설계 작업을 하고 있습니다. 이 새로운 노선이 생기는 역세권 지역들은 다 눈여겨보면 좋을 것입니다.

이처럼 영등포구는 주목해볼 수밖에 없는 입지입니다. 게다가 이러한 입지 조건에 새 아파트들의 조합까지 더해지니 시장에 영향을 줄 수밖에 없겠죠. 그래서 2020년은 영등포구가 다시 한 번 크게 주목을 받지 않을까 합니다. 올해의 영등포구를 한번 흥미롭게 지켜보시죠.

향후 살고 싶은 단지 딱 1개만 꼽는다면!

▶ 여의도 시범아파트 재건축

영등포구의 핵심 호재

신안산선

- 경기도 안산(한양대역)·시흥(시흥시청역)에서 서울 여의도까지 44.7km 구간을 연결하는 광역철도.
- 정거장 15곳 건설.
- 2024년 개통 예정. 사업비 3조 3465억 원.
- 원시~시흥시청 구간에서는 소사–원시선으로, 시흥시청~광명 구간에서는 월곶–판교선으로 환승 가능.

신림선

- 여의도동 샛강역에서 신림동 서울대 앞까지 총 7.8km구간을 연결하는 경전철.
- 정거장 11곳, 차량기지 1곳 건설.
- 2020년 완공 및 2021년 개통 예정. 사업비 5606억 원.
- 완공되면 여의도에서 서울대 앞까지 출퇴근 시간이 약 40분에서 16분으로 단축될 것으로 예상.
- 9호선 샛강역, 국철 대방역, 7호선과 2호선의 보라매역과 신림역 등 4개 정거장 환승 가능.

11

동작구

동작구

서울 3대 업무 지구로의 접근성이 최고인 지역

빠숑의 POINT

흑석이 이끌고 노량진이 마무리할 것!

동작구는 한강을 사이로 용산구와 마주하는, 가로로 길게 자리하고 있는 지역입니다. 서쪽 끝에 신대방이 있고, 동쪽 끝에는 사당동이 있죠. 가운데에는 노량진동, 흑석동, 상도동, 대방동으로 구성이 되어 있고요. 동작구도 모양이 표창처럼 생겨서 어디로 날아가는 것처럼 보입니다. 용산구를 향하는 것이 아닌가 하는 생각도 해봅니다.

동작구는 무엇보다도 지정학적 위치가 매우 좋은 곳입니다. 부동산에서 제일 중요한 것이 일자리라고 앞서 이야기를 했는데요, 서울에서 일자리가 많은 곳이 크게 3곳이 있죠. 1위 업무지역인 강남권(강남구, 서초구), 2위 업무지역인 도심권(종로구, 중구, 용산구), 그리고 3위 지역인 여의도권입니다. 동작구는 이 업무 지역들의

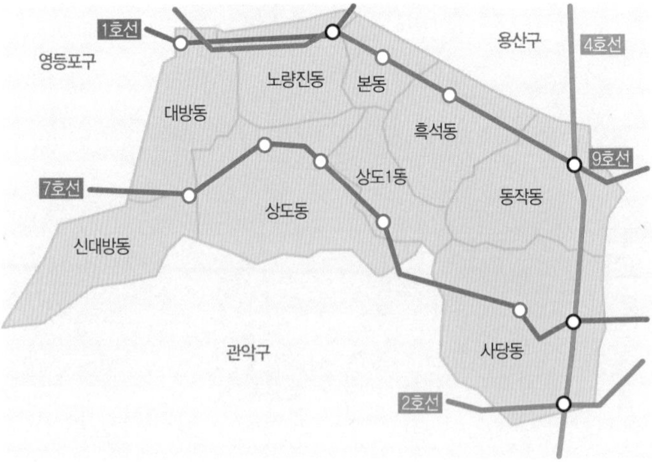

정확히 가운데에 위치하고 있습니다. 일자리로 출퇴근하기가 굉장히 좋은 요지이죠.

교통망도 좋습니다. 북쪽으로는 지하철 1호선 라인이 지나가고 있고, 1호선과 거의 겹쳐서 9호선 라인이 길게 지나갑니다. 특히, 1호선과 9호선 환승역인 노량진역은 급행이 서는 역입니다. 더 빨리 이동할 수 있는 장점이 있죠. 동작구의 중간으로는 7호선 라인도 지나가고요, 동쪽으로 4호선 라인도 있습니다. 2호선 사당역도 있고요.

그리고 영등포구를 관통하는 신림선에 대한 이야기를 앞서 영등포구를 살펴볼 때 했는데, 이 신림선은 동작구에도 호재가 됩니다. 대방동, 신대방동, 상도동 등 동작구 서쪽 지역에 몇 군데 역사가 생길 예정이죠. 역세권 지역들 중심으로 관심을 가지면 좋을 것입니다. 또한 9호선 연장이나 7호선 연장 같은 경우도, 동작구와는 상관없는 것처럼 보이지만, 배후 수요지가 증가하는 것들이기 때문에 눈여겨볼 만합니다.

동작구에는 다소 특수한 부지가 동쪽에 크게 있습니다. 국립현충원이죠. 이를테면 공동묘지인 셈인데, 보통 공동묘지가 옆에 있으면 안 좋다고 하잖아요. 그런데 국립현충원은 다릅니다. 왜냐하면 녹지공간이 많기 때문에 오히려 공원 같은 곳입니다. 또한 동작구는 북쪽으로 한강변도 접하고 있죠. 상도동에는 국사봉이라는 산도 있고, 신대방동에는 보라매공원도 있습니다. 이런 것들이 모두 녹지공간으로서의 역할을 하고 있기 때문에 자연환경 쾌적성 면에서도 양호한 지역이 동작구입니다.

충실한 베드타운의 역할을 하고 있는 동작구

동작구의 인구는 39만 5000여 명, 세대수는 18만 2000세대 정도입니다. 인구수 대비 세대수는 좀 많은 편이죠. 가장 많은 사람들이 살고 있고 있는 지역은 상도동입니다.

동작구는 추가로 인구를 유입할 수 있는 부지가 거의 남아 있지 않고요. 현재 아파트는 6만 세대 정도가 있습니다. 최근 한 10년 동안 꾸준히 새 아파트들이 공급되어왔죠.

동작구의 아파트 평균 시세는 현재 평당 2786만 원 정도 됩니다. 서울에서 영등포구 바로 다음인 11위입니다. 사실 과거에는 영등포구보다 동작구가 앞서 나갔습니다. 그런데 영등포구에 영등포뉴타운이나 신길뉴타운이 들어서면서 영등포구가 더 올랐습니다.

| 동작구의 인구수와 세대수 |

지역	인구수	세대수
서울시	9,726,787	4,361,645
동작구	**394,988**	**182,236**
노량진1동	32,204	15,373
노량진2동	12,674	7,212
상도1동	45,690	21,461
상도2동	28,566	12,765
상도3동	25,473	12,020
상도4동	29,322	13,589
흑석동	32,737	14,349
사당1동	23,313	13,198
사당2동	27,685	11,896
사당3동	25,439	10,534
사당4동	14,628	7,099
사당5동	13,835	6,169
대방동	39,393	17,169
신대방1동	23,693	9,992
신대방2동	20,336	9,410

아마 두 지역은 계속 경쟁을 하지 않을까 싶은데요, 최근에는 동작구의 흑석뉴타운이 뜨면서 아크로리버하임이라는 아파트가 최고 평당 5500만 원을 찍기도 했습니다. 뉴타운 아파트로는 동작구가 한 단계 위인 셈입니다. 흑석뉴타운은 서초구 반포동 옆에 있다고 해서 '서반포'라는 별명으로 불릴 정도로 높은 시세를 보여주고 있죠.

어쨌든, 평균 시세로 보면 동작구는 중위권 정도라고 할 수 있습니다. 서울시 평균인 평당 2993만 원보다 낮습니다. 이 점이 동작구를 해석하는 중요한 키 중에 하나가 아닐까 합니다. 왜냐하면 업무 접근성이 좋은 지역은 대부분 많이 비싸거든요. 그런데 생각보다 그렇지는 않다는 거죠. 물론, 비싼 곳들은 비싸지만 그렇지

| 서울 지역별 평균 시세 |

지역	평단가
강남구	5,644
서초구	5,122
송파구	4,057
용산구	3,813
성동구	3,194
마포구	3,171
강동구	3,124
광진구	3,055
양천구	3,015
서울특별시	**2,993**
영등포구	2,863
동작구	**2,786**
중구	2,783
종로구	2,749
서대문구	2,349
강서구	2,263
동대문구	2,203
성북구	2,125
관악구	1,947
구로구	1,899
은평구	1,896
노원구	1,895
강북구	1,672
금천구	1,661
중랑구	1,620
도봉구	1,548

않은 지역들이 훨씬 더 많다고 봐도 될 것 같습니다.

그럼 이렇게 평균 시세가 높지 않은 이유는 뭘까요? 교통 편리성이나 일자리 접근성은 좋지만 다른 요소들이 부족하다는 얘기겠죠. 동작구는 자체 일자리나 그 외 유동인구들을 유인할 수 있는 시설들이 없어요. 상업시설로서 유인할 수 있는 지역으로는 노량진 수산시장 외에는 없습니다. 그리고 학원가도 예전에는 재수학원들이 많았는데 지금은 대치동 쪽으로 넘어갔습니다. 지금은 공무원 학원이라든지 직업 학원들만 있는데, 여기를 이용하는 사람들은 많지 않잖아요.

무엇보다, 대형 쇼핑시설이 동작구에는 없습니다. 백화점도 없고, 대형마트도 없어요. "사당역 쪽에 가면 홈플러스 있는데요?"라고도 많이 하는데요, 거기는 동작구가 아니라 관악구 남현동입니다. 또 "총신대입구역에 태평백화점이 있는데요?"

라고도 합니다만, 여긴 사실 백화점이라기보다는 쇼핑센터로 봐야 할 것 같습니다. 그래서 동작구 사람들은 쇼핑을 할 때도 거의 출퇴근을 하는 지역으로 나갑니다.

그렇기 때문에 동작구는 업무나 상업시설 지역이라기보다는 철저히 베드타운으로서의 역할이 충실한 지역이라고 보는 게 좋을 것 같습니다. 아주 비싸지 않은 가격으로 출퇴근을 중요하게 생각하는 세대에서는 동작구가 좋은 입지가 될 수 있죠.

주목되는 흑석뉴타운과 노량진뉴타운

| 동별 평균 시세 |

지역	평단가
흑석동	3,555
동작동	3,074
상도동	2,834
동작구	**2,786**
사당동	2,775
대방동	2,709
본동	2,632
노량진동	2,318
신대방동	2,225

동작구 내에서는 흑석뉴타운이 있는 흑석동의 시세가 제일 비쌉니다. 현재 3500만 원이 넘고요. 그다음으로는 동작동, 상도동 순입니다.

흑석동, 동작동, 상도동의 시세가 비싼 공통적인 이유는 동작구 내에서 새 아파트 입주 비율이 상대적으로 높은 지역이기 때문입니다.

특히, 상도동은 예전엔 제일 싼 지역이었는데, 지금은 치고 올라가서 사당동보다 비싸졌죠. 새 아파트들이 많이 들어오면서 천지개벽을 한 곳이 상도동입니다.

하위권은 신대방동, 노량진동입니다. 현재 제일 싼 신대방동이 사실은 과거에 제일 비쌌습니다. 신대방동이 아파트 밀집촌이거든요. 그런데 대부분 다 90년대, 2000년대 초반에 입주한 아파트들입니다. 그 아파트들이 많이 낡다 보니까 신규 아파트가 들어오는 지역들에 수요를 뺏기고, 차츰 역전을 당한 것이죠.

주목해서 봐야 할 지역은 노량진동입니다. 지금 현재는 하위권이지만 노량진뉴타운이라고 하는 엄청난 카운터펀치가 있기 때문이죠. 노량진뉴타운에 아파트가 입주하면 할수록 노량진동은 상위권으로 올라갈 수밖에 없습니다. 그래서 결국은 흑석뉴타운이 있는 흑석동과 경쟁을 하게 되겠죠.

현재 흑석뉴타운은 개발이 중반을 넘어섰고요, 아직 분양이 좀 더 남아 있긴 합니다. 노량진뉴타운은 이제 초기 단계예요. 아직 한 단지도 분양을 안 했습니다. 먼저 시작한 흑석뉴타운과 뒤늦게 시작하지만 강력한 노량진뉴타운. 이 두 곳의 대결 구도로 이 지역을 본다면, 아주 흥미로울 것 같습니다.

일단 교통 편의성을 놓고 본다면, 노량진뉴타운이 좀 더 유리합니다. 왜냐면 여기는 1호선, 9호선, 7호선으로 에워싸여 있거든요. 흑석뉴타운에는 9호선이 있지만 한쪽으로만 쏠려 있고요. 또 흑석

뉴타운은 지대가 높은 곳들이 있는데, 노량진뉴타운은 거의 평지입니다. 제 개인적인 평가로는 입지적인 면에서 노량진뉴타운이 더 좋다고 봅니다.

다만, 흑석뉴타운은 주거가 많기 때문에 그래도 추진이 잘 됐는데, 노량진뉴타운은 상업시설들도 많기 때문에 협의하는 과정이 좀 더 지지부진한 면이 있습니다. 재개발과 재건축은 속도도 중요한데, 속도적인 측면에서 조금 더디게 가고 있다고 볼 수 있죠. 아무튼, 노량진뉴타운의 전개 사항은 한번 관심 있게 볼 필요가 있을 거고요. 앞으로 대규모 주거시설이 공급된다는 점에서 이 두 뉴타운들은 동작구에서 향후 10년 동안 계속 주목을 받을 수밖에 없을 것입니다.

동작구를 이끄는 주요 아파트들

현재 동작구 내의 랜드마크 아파트, 최고가 아파트는 단연 흑석뉴타운에 2018년 입주한 아크로리버하임입니다. 흑석 7구역을 재개발한 곳이고, 흑석역을 끼고 있는 단지입니다. 무엇보다 이 아파트는 흑석뉴타운에서 한강 조망이 제대로 보이는 몇 개 안 되는 단지예요. 꽤 많은 세대에서 한강을 볼 수 있습니다.

여기서 잠깐 짚고 넘어가자면, 한강 조망에는 한강 물이 보이는 조망이 있고, 한강 선이 보이는 조망이 있습니다. 둘 다 프리미엄이 높은데, 당연히 한강 물이 보이면 더 프리미엄이 높겠죠.

어쨌든, 아크로리버하임은 앞서 언급했듯이 평당 5500만 원 정도 됩니다. 평당 5500만 원을 찍은 서울시의 뉴타운 아파트는 아

아크로리버하임

| 동작구의 시세 상위 아파트 |

순위	지역(동)	아파트명	세대수	평단가	입주년월
1	흑석동	아크로리버하임	1,073	5,468	2018.11
2	흑석동	흑석 한강 푸르지오	863	4,776	2012.07
3	흑석동	흑석 한강 센트레빌	655	4,444	2011.03
4	사당동	래미안 로이파크	668	4,318	2018.04
5	상도동	e편한세상 상도 노빌리티	893	4,297	2018.12
6	흑석동	흑석 한강 센트레빌 2차	963	4,234	2012.12
7	사당동	두산 위브	451	4,157	2011.11
8	본동	래미안 트윈파크	523	3,914	2011.11
9	동작동	이수 힐스테이트	680	3,901	2013.02
10	상도동	상도 파크자이(상도10구역)	471	3,847	2016.08
11	상도동	힐스테이트 상도 센트럴파크	1,559	3,784	2012.09
12	노량진동	쌍용 예가	299	3,743	2010.07
13	상도동	상도 두산위브 트레지움 2차	582	3,655	2016.01
14	사당동	대림아파트	1,152	3,625	1989.11
15	사당동	극동아파트	1,550	3,621	1992.12
16	상도동	브라운스톤 상도	415	3,596	2007.12
17	사당동	이수역 리가	452	3,521	2013.09
18	상도동	래미안 상도 3차	1,656	3,508	2004.12
19	흑석동	한강 현대아파트	960	3,464	1988.09
20	사당동	신동아아파트 4차	912	3,462	1992.12

크로리버하임과 마포 래미안푸르지오, 그리고 경희궁자이밖에 없죠.

2012년에 입주한 흑석 한강푸르지오도 시세가 높습니다. 그리고 사당동에 2018년 입주한 래미안 로이파크라고 하는 아파트가 있는데, 여기도 평당 4300만 원대가 됐습니다. 사당동에 비싼 아파트가 없었는데 로이파크가 분양하면서 시세의 위상이 올라갔죠. 사당동 두산위브도 평당 4000만 원 이상 합니다. 상도동에서는 e편한세상 상도 노빌리티가 가장 비싼데, 현재 평당 4300만 원 전후입니다. 아크로리버하임과는 큰 차이를 보이고 있죠.

그리고 본동(행정동으로는 노량진 1동에 해당)이라는 곳이 있습니다. 노량진수산시장 바로 옆 한강변에 있는 지역인데, 여기에 래미안 트윈파크라는 아파트가 있습니다. 아마 동작구에서는 최초로 평당 2000만 원대 분양했던 아파트였을 겁니다. 비싸서 미분양이 살짝 났는데, 바로 회복하고 최고가 아파트가 되었다가 최근에 입주한 아파트들에 밀렸죠.

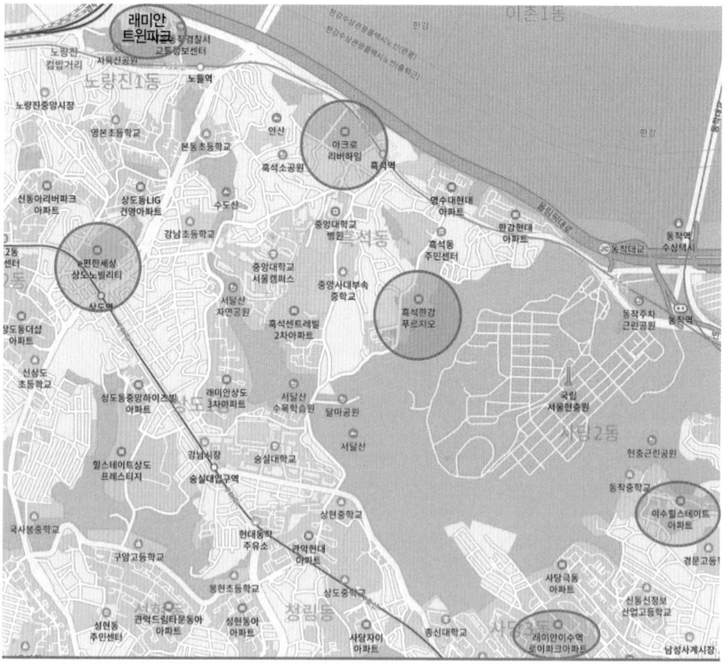

동작동(행정동으로는 사당2동에 해당)에는 이수 힐스테이트가 대표 단지입니다. 여기도 한때 최고가 아파트를 찍었던 유명한 아파트죠. 유명하다는 것은 실거주 수요가 많은 아파트라는 말이기도 합니다.

지금 이야기한 아파트 단지들은 각 지역의 대장 아파트들입니다. 때문에 다른 단지들과 비교해보기 위해서라도 시세를 파악하고 있으면 좋을 것 같습니다.

향후 눈여겨봐야 할 단지와 포인트

동작구에서 2019년에 분양을 한 단지는 재건축 아파트로 두 군데가 있었습니다. 하나는 이수 푸르지오 더프레티움, 또 하나는 이수 스위첸 포레힐즈입니다. 각각 경쟁률이 203대 1, 44대 1이나 됐습니다. 꼭 흑석뉴타운이 아니더라도 동작구의 신규 아파트 거주 희망 수요가 그만큼 굉장히 많다는 것을 알 수 있는 부분입

| 2019년 동작구의 분양 물량 |

지역	단지명	분양년월	입주년월	세대수	청약 경쟁률
동작동	이수 스위첸 포레힐즈	201901	202202	366	44.70
사당동	이수 푸르지오 더프레티움	201908	202106	514	203.75

| 2020년 동작구의 분양 물량 |

지역	단지명	분양년월	입주년월	세대수	기타
상도동	상도동 푸르지오	2020	–	771	
흑석동	흑석 3구역	202004	–	1,772	GS건설
상도동	상도동 주상복합	202012	–	393	현대엔지니어링
합계				2,936	

니다.

2020년 분양 물량은 2900세대 정도 됩니다. 가장 큰 단지가 흑석 3구역으로 1772세대입니다. 여기는 계속 일정이 밀리고 있기는 한데, 올해는 할 것으로 보입니다. 그리고 상도동 푸르지오와 상도동 주상복합도 분양을 할 예정입니다. 모두 분양은 잘될 것으로 예상됩니다. 특히, 흑석 3구역이 인기가 많겠지요. 동작구에 관심 있는 사람들은 지켜보면 좋을 것 같습니다.

2020년 동작구의 입주 아파트는 959세대입니다. 2월에 사당 롯데캐슬 골든포레 959세대가 입주를 했죠. 이 이파트가 이 지역을 어떻게 활성화시킬지 봐야 되겠습니다. 말했듯이, 원래 입지적으로 보면 사당동이 제일 비싸야 되거든요. 서초구와 바로 붙어 있으니까요. 그런데 주거보다는 상업시설이 발달하다 보니 시세가 뒤처졌습니다. 개별상가, 유흥상가들이 발달한 상업시설은 주거지역에 마이너스를 주니까요.

| 2020년 동작구의 입주 물량 |

지역	아파트명	분양년월	입주년월	세대수
사당동	사당 롯데캐슬 골든포레	201612	202002	959

동작구에서 무엇보다 가장 주목해야 하는 건, 앞서도 이야기했듯이 노량진뉴타운입니다. 올해는 분양 물량이 없지만, 향후에 공급이 될 지역이고, 또 향후에 대장 지역이 될 곳이기 때문입니다. 지금 사업시행인가를 받은 단지들도 있고, 조합설립인가를 받은 단지들도 있는데요. 1구역에서 8구역까지 다 진행이 되고 있습니다. 참고로 1구역부터 6구역까지는 노량진동이고, 7구역과 8구역은 대방동입니다. 노량진뉴타운은 노량진동도 있지만 대방동 일부 지역도 포함하고 있죠. 그래서 두 지역이 다 시너지가 날 것입니다.

아직 흑석뉴타운도 분양할 것이 남아 있습니다. 현재 1등 지역이기 때문에 흑석동에 있는 남은 분양들도 반드시 주목을 해봐야 될 것 같습니다.

요컨대, 동작구는 일자리가 많지 않지만 대신 메인 일자리 지역으로 출퇴근할 수 있는 좋은 입지입니다. 그리고 다른 구들에 비해 새 아파트들이 많습니다. 가장 주목해서 봐야 하는 것은 흑석뉴타운과 노량진뉴타운입니다. 노량진뉴타운은 한 개 단지가 내

| 동작구의 재건축, 재개발 진행 현황 |

지역(동)	사업장명	사업단계	세대수	건립예정 세대수	시공사
재개발 구역					
사당동	사당 5	조합설립인가	–	–	–
사당동	사당 3	착공	–	–	–
동작동	동작 1	착공	–	–	–
재건축 단지					
신대방동	신대방역세권 도시환경 정비사업	정비구역 지정	–	–	–
흑석동	흑석뉴타운 1구역	추진위원회 승인	–	489	–
흑석동	흑석뉴타운 2구역	추진위원회 승인	–	609	–
흑석동	흑석뉴타운 11구역	조합설립인가	–	1,414	–
노량진동	노량진뉴타운 1구역	조합설립인가	–	2,800	–
노량진동	노량진뉴타운 5구역	조합설립인가	–	740	–
노량진동	노량진뉴타운 3구역	조합설립인가	–	1,272	–
흑석동	흑석뉴타운 3구역	사업시행인가	–	1,468	GS건설
흑석동	흑석뉴타운 9구역	사업시행인가	–	1,470	롯데건설
대방동	노량진뉴타운 8구역	사업시행인가	–	1,007	대림산업
대방동	노량진뉴타운 7구역	사업시행인가	–	614	SK건설
노량진동	노량진뉴타운 2구역	사업시행인가	–	421	SK건설
노량진동	노량진뉴타운 6구역	사업시행인가	–	1,499	GS건설, SK건설
노량진동	노량진뉴타운 4구역	사업시행인가	–	860	쌍용건설

년에 분양을 하게 될 텐데, 그때부터 본격 궤도에 오른다고 볼 수 있을 것입니다. 동작구는 지금이 최저이고, 아마 노량진뉴타운이 입주할 때쯤이면 피크가 될 것입니다. 그때까지는 계속 우상향할 수밖에 없는 곳이 동작구입니다.

향후 살고 싶은 단지 딱 1개만 꼽는다면!

▶ 노량진뉴타운 1구역

동작구의 핵심 호재

노량진뉴타운

- 20~30년 이상 된 다가구와 다세대 주택들이 많은 노량진과 대방동, 상도동 일부에서 진행되는 재개발 사업. 총 1만여 세대의 규모.
- 현재 6구역의 속도가 가장 빠른 편으로, 이주가 진행되고 있음.
- 지하4층~지상 28층의 아파트 14개 동으로 조성될 예정. 2021년 분양 예정.
- 노량진뉴타운에서 가장 면적이 큰 곳은 1구역으로, 대장지구로 꼽히고 있음. 노량진 역과 가까운 데다 평지라는 이점.

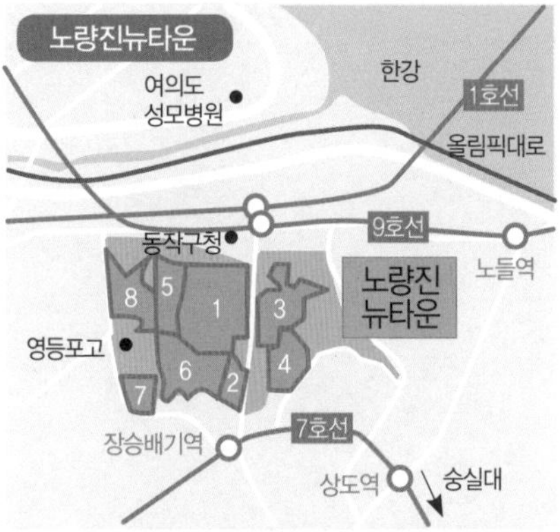

구역	예상세대수	조합원비율	진행상황
1	2,800	46%	조합설립인가
2	421	45%	사업시행인가
3	1,272	49%	조합설립인가
4	860	59%	사업시행인가
5	740	68%	조합설립인가
6	1,499	62%	사업시행인가
7	614	75%	사업시행인가
8	1,007	52%	사업시행인가

12

중구

중구

주거시설이 귀한 대표적인 업무의 중심지

빠숑의 POINT

서울의 중심, 최고의 상업 지역!

중구는 말 그대로 서울의 중심이라는 의미를 갖고 있습니다. 위치적으로 볼 때 현재 서울의 가운데는 용산구지만, 과거 서울이 강북 권역에만 있을 때는 중구가 한가운데였습니다. 북쪽으로는 종로구, 남쪽으로는 용산구가 있고, 가운데가 중구이죠.

그리고 서울시청이 중구에 있습니다. 서울의 행정 중심지라는 얘기입니다. 또한 중구는 사방이 전부 다른 구로 통합니다. 위로는 종로구, 동쪽으로는 동대문구와 성동구, 서쪽으로는 서대문구와 마포구, 아래로는 용산구로 둘러싸여 있는 실질적인 중심지죠. 사람들이 많이 모일 수밖에 없는 지역입니다.

중구가 중심지가 된 것은 굉장히 오래됐습니다. 조선시대 때 한양으로 천도하면서부터 중심지로서의 역할을 했죠. 신기한 것은, 그때 기반을 잡은 입지가 지금도 그대로 그 역할을 하고 있다는 점입니다.

지도를 보면 중구는 모양이 가로로 길게 생겼습니다. 위쪽으로는 거의 일직선에 가까운데, 그 라인이 바로 청계천입니다. 청계천 이남이 중구이고, 위쪽이 종로구이죠. 중구를 평가할 때는 늘 종로구와 같이 생각해야 됩니다. 종로구에는 정치적인 역할까지 보태졌기 때문에 중구보다 규모가 더 크긴 하지만, 절반은 공공업무를 하는 곳이라서 순수하게 민간 업무지로서는 중구가 훨씬 더 크다고 할 수 있죠. 중구에는 금융권 및 주요 회사들도 많고, 상업시설도 많습니다. 거의 모든 종류의 업무 시설들이 다 몰려 있는 지역이 중구라고 말할 수 있을 것 같습니다.

아무튼 중구는 업무 중심 지구라는 것들을 염두에 두고 입지를 이해하는 것이 좋습니다. 여기는 핵심 주거 지역은 아니라는 거죠. 강북의 많은 택지개발지구들이 바로 이 중구나 종로구로 출퇴근하기 위한 베드타운이라고 할 수 있습니다.

강북 업무와 상업의 NO.1 지역

서울 전체로 볼 때 가장 일자리가 많은 대표적인 업무 지역은 강남구입니다. 그럼, 과거에는 중구가 대표 중심지였는데 지금은 강남에 역전된 것일까요? 사실 역전됐다기보다는, 중구도 꾸준히 발전해왔는데 강남구의 경우는 업무 지역뿐만 아니라 주거 지역까지 같이 발전한 것이라고 보는 게 더 맞을 것 같습니다. 보통 평가를 할 때는 주거 지역의 관점에서 많이 하기 때문에 강남구가 월등히 앞선다고 보는 것이죠. 중구는 주거 지역 자체가 워낙 적기 때문에 직접 비교는 할 수 없다고 봅니다.

어쨌든, 우리가 중구에 관심을 가져야 하는 이유는, 중구의 위상은 절대 꺾이지 않을 것이기 때문입니다. 다른 지역들이 중구를

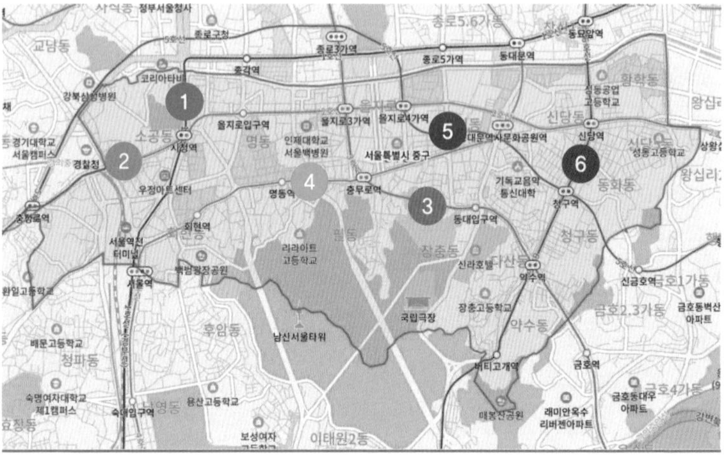

역전할 수 있을지는 모르겠지만, 중구가 하는 일을 대체할 입지는 없습니다. 분명한 것은, 강북에서는 가장 대표적인 업무의 중심지가 중구라는 것이죠.

업무의 중심지라는 것을 무엇이 잘 말해줄까요? 바로 교통망입니다. 중구에는 기본적으로 지하철 2호선이 지나갑니다. 대한민국 지하철 역사상 가장 중요한 노선이 2호선이라고 볼 수 있어요. 강남을 개발하면서 생겼거든요. 강북에 있는 업무시설과 강남에 있는 업무시설을 연결하는 노선이죠. 그래서 2호선을 관통하고 있는 두 지역, 북쪽의 중구와 남쪽의 강남구는 다 중요합니다.

2호선만이 아니라 중구에는 1호선, 3호선, 4호선, 5호선, 6호선까지 모두 다 지나갑니다. 교통망이 중구를 중심으로 형성되어 있다는 것을 알 수 있죠. 그런데 나중에 생긴 7호선, 8호선, 9호선은 여기서 안 보입니다. 이 3개의 노선은 강남으로만 지나갑니다. 중구를 중심으로 형성된 교통망이 강남으로 확장된 것이라서 그렇습니다.

아무튼, 교통은 더 이상 좋을 수 없을 정도로 좋습니다. 그런데 더 좋아질 것으로 예상됩니다. 수도권 광역교통망 GTX A, B 노선이 일단 서울역에 생길 거고요, C 노선은 중구 안에 역이 생기지는 않더라도 스쳐지나가게 됩니다.

그리고 중구에서 또 하나의 포인트가 됐던 게 있습니다. 바로, 청계천입니다. 이게 복원이 되면서 청계천변에 있는 오피스시설

청계천

의 프리미엄이 크게 올라갔습니다. 프리미엄이 올라갔다는 것은 어떻게 평가할까요? 사람들이 자발적으로 찾아오게 하는 부지가 되면, 프리미엄이 올라갑니다.

이 청계천이 복원되기 전에 청계 고가가 지날 때는 이 부지에 일부러 찾아오는 사람이 없었죠. 그런데 청계 고가를 없애고 청계천을 복원하니까 사람들이 많이 찾아오기 시작했죠. 덕분에 중구, 그리고 종로구의 위상도 더 올랐습니다.

| 중구의 인구수와 세대수 |

지역	인구수	세대수
서울시	9,726,787	4,361,645
중구	**126,126**	**63,091**
소공동	2,117	1,128
회현동	5,219	3,105
명동	2,975	1,568
필동	3,948	2,301
장충동	4,696	2,734
광희동	4,971	3,015
을지로동	1,825	1,362
신당동	7,538	4,471
다산동	14,494	6,973
약수동	17,454	7,815
청구동	14,146	6,343
신당제5동	10,625	5,336
동화동	10,798	4,173
황학동	12,725	6,921
중림동	12,595	5,846

중구의 시세와 지역별 현황

중구의 인구는 얼마 되지 않습니다. 업무 지역이기 때문에 그렇죠. 실제 거주 인구는 12만 6000여 명 정도고요. 세대수는 6만 3000여 세대 정도입니다.

그런데 현재 중구에 있는 사업체 수가 6만 3000개 정도 된다고 합니다. 그리고 이 6만 3000개의 회사들에서 일하는 근로자 숫자가 무려 38만 6600명이나 됩니다. 중구에서 살고 있는 사람이 12만 명인데, 여기로 출퇴근하는 사람은 그 3배가 넘는 거죠.

그렇기 때문에 만약 중구에 양질의 주거시설이 있다고 한다면, 인기가 많을 수밖에 없죠. 기본적으로 일자리가 많은 지역에 주거시설이 들어오게 되면 절대적이 수요가 있기 때문에 시세와 상관없이 인기가 많을 수밖에 없습니다.

중구의 현재 시세 위상은 서울 25개 구 중에서 12위 정도 합니다. 종로구가 13위이고 중구가 12위인데, 이 두 지역은 거의 시세가 같이 간다고 보면 될 것 같습니다.

| 서울 지역별 평균 시세 |

지역	평단가
강남구	5,644
서초구	5,122
송파구	4,057
용산구	3,813
성동구	3,194
마포구	3,171
강동구	3,124
광진구	3,055
양천구	3,015
서울특별시	**2,993**
영등포구	2,863
동작구	2,786
중구	**2,783**
종로구	2,749
서대문구	2,349
강서구	2,263
동대문구	2,203
성북구	2,125
관악구	1,947
구로구	1,899
은평구	1,896
노원구	1,895
강북구	1,672
금천구	1,661
중랑구	1,620
도봉구	1,548

강북이 서울의 중심지였을 때는 중구의 시세가 상당히 높았습니다. 그때는 중구에서 신당동이라는 입지가 제일 좋았고요. 떡볶이로만 유명한 줄 아는데 중구에서 거의 유일한 주거 밀집 지역이 신당동입

| 동별 평균 시세 |

지역	평단가
만리동2가	4,082
중림동	3,193
만리동1가	2,970
중구	**2,783**
신당동	2,700
황학동	2,516
충무로4가	2,411
회현동1가	2,400
회현동2가	2,356
순화동	2,339
묵정동	1,651
을지로5가	1,282
흥인동	1,231

니다. 사실 80년대 초반까지만 해도 강남구보다 비싼 곳이 신당동, 장충동, 이런 지역이었습니다. 지금은 비교도 안 될 시세가 되었지만, 한때 주거의 중심지였던 적도 있었다는 거죠. 최상위의 순위였다가 점점 중위권 이하로 밀려났다고 보면 될 것 같습니다.

중구에는 면적에 비해서 동이 많습니다. 지역별로 성격이나 역할이 조금씩 다릅니다. 중구에서 그나마 주거지로서의 역할을 하는 곳이 앞서 얘기한 신당동이 있는 동쪽이고, 가운데에 있는 명동, 을지로동, 필동, 광희동, 장충동 같은 경우는 상업시설과 업무시설들이 많은 곳입니다. 그리고 서쪽의 소공동, 회현동은 규모가 큰 메인 업무시설이 있고, 중림동은 주거시설과 업무시설이 섞여 있는 편입니다.

과거에는 앞서 말했듯이, 신당동이나 장충동이 유명한 지역이었는데 지금은 중림동 쪽이 더 사람들의 눈에 들어오는 지역입니다. 왜냐면 2000년도 이후에 여기에만 신규 아파트들이 공급이 되었기 때문입니다. 그리고 중림동의 왼쪽이 마포구인데, 마포구의 시세를 따라가다 보니 중림동의 시세가 많이 오른 점도 있습니다. 마찬가지로, 만일 신당동에 새 아파트가 들어오면 옆에 있는 성동구 시세의 영향을 받아서 신당동도 다시 올라갈 수 있는 여지가 있다고 볼 수 있습니다.

중구를 대표하는 주요 아파트 단지들

현재 중구에서 가장 비싼 아파트는 만리동 2가(행정동으로는 중림동에 해당. 만리동 2가는 법정동 명칭임. 중림동이 법정동으로는 중림동, 만리동 1가, 만리동 2가로 구성돼 있음)에 있는 서울역 센트럴자이입니다. 2017년 입주한 신규 아파트이고, 시세가 평당 4500만 원이 넘습니다. 1300세대가 넘는 대단지이고요. 한동안 서울역 센트럴자이가 중구의 아파트들 가운데에서는 랜드마크 역할을 할 것으로 보입니다.

센트럴자이 바로 옆에 2018년 입주한 서울역 한라비발디 센트럴이라는 단지도 있습니다. 센트럴자이와 한라비발디 센트럴 모두 분양했을 때는 미분양 났던 단지들입니다. 2014년 전후에 분양을 했던 곳들이죠. 경기가 좋을 때도 아니었고, 특히 강남에는 관심이 많았던 반면 강북은 인기가 별로 없을 때였습니다. 미분양이

| 중구의 시세 상위 아파트 |

순위	지역(동)	아파트명	세대수	평단가	입주년월
1	만리동2가	서울역 센트럴자이	1,341	4,528	2017.08
2	중림동	삼성 사이버빌리지	1,067	4,000	2000.11
3	만리동2가	서울역 한라비발디 센트럴	199	3,915	2018.01
4	회현동1가	남산 롯데캐슬 아이리스	386	3,870	2011.01
5	신당동	래미안 하이베르	945	3,532	2011.01
6	신당동	남산타운	5,150	3,224	2000.06
7	만리동1가	LIG 서울역 리가	181	3,185	2012.02
8	신당동	삼성아파트	1,434	3,135	1999.11
9	회현동1가	리더스뷰 남산	233	3,065	2009.12
10	신당동	동아 약수 하이츠	2,282	3,021	1999.07
11	충무로4가	남산 센트럴자이	273	2,828	2009.11
12	순화동	더샵 순화	137	2,785	2007.05
13	황학동	롯데캐슬 베네치아	1,870	2,735	2008.04
14	중림동	브라운스톤 서울	110	2,718	2006.03
15	남대문로5가	남산 트라팰리스	136	2,641	2010.06
16	회현동2가	남산 쌍용플래티넘	236	2,513	2010.07
17	만리동1가	서울역 대우디오빌	72	2,510	2005.05
18	신당동	청구 e편한세상	895	2,398	2011.12
19	신당동	남산 정은sky빌	102	2,277	2005.12
20	신당동	현대아파트	942	2,117	1990.06
21	신당동	파라다이스	132	2,063	2000.11

많아서 선착순 분양한다는 광고를 본 게 엊그제 같은데 벌써 입주 2년 차가 지났네요. 어쨌든 두 곳 모두 시세가 분양가 대비 2배가 넘었습니다.

중림동에 있는 삼성 사이버빌리지도 시세가 높습니다. 원래는 중림동 주변 지역에 있는 유일한 새 아파트가 삼성 사이버빌리지였죠. 그런데 주변이 정비가 되고 센트럴자이와 한라비발디 센트럴이 들어오면서 이제는 거의 아파트촌이 되었습니다. 그리고 두 신규 아파트가 입주를 하면서 삼성 사이버빌리지도 같이 많이 올랐습니다. 결국, 새 아파트는 그 지역의 시세 상승과 프리미엄 형성에 굉장히 주요한 포인트가 된다는 것이죠.

회현동에는 남산 롯데캐슬 아이리스라고 하는 단지가 시세가 높습니다. 초소형부터 대형까지 있는 주상복합인데, 멋있게 잘 지었더라고요. 남향으로는 남산이 보이고, 북향으로는 남대문과 명동 일대가 보이기 때문에 굉장히 뷰가 좋은 단지 중의 하나입니다.

원래 메인 주거지였던 신당동에서는 래미안 하이베르라는 단지가 상대적으로 높은 시세를 형성하고 있습니다. 그리고 신당동에서 또 주목해서 봐야 할 아파트가 남산타운입니다. 왜 주목해야 하냐면, 여기가 서울시에서 정한 리모델링 시범단지입니다. 서울 내에 있는 아파트 중에서 5곳을 선정했는데, 1등이 남산타운입니다.

남산타운은 종로구, 중구를 통틀어서 가장 큰 단지이기도 합니다. 5150세대나 되는데, 아마 리모델링을 하면 세대수가 더 증가하겠죠. 여기가 얼마나 큰 단지냐면, 단지 안으로 버스가 들어갑니다. 이처럼 큰 단지들이 새 아파트가 되는 경우는 늘 눈여겨봐야 합니다. 무엇보다 남산타운 아파트는 언덕에 있는데, 여기를 넘으면 바로 한남동입니다. 그렇기 때문에 남산타운이 새 아파트로 바뀌게 되면, 한남동에 거의 준하는 시세로 따라갈 것이라고 봅니다.

중구에서는 귀할 수밖에 없는 새 아파트

중구는 업무 지역이기 때문에 입주 물량도 늘 적고, 분양 물량도 늘 적습니다. 수요가 없는 게 아니라 부지가 없어요. 고층을 지어야 되는 오피스시설만 들어오고, 지역의 용도 자체도 대부분 다 상업지입니다. 땅값이 비싼 지역이라서 그렇습니다. 실제로 대한민국에서 공시지가가 가장 비싼 땅이 명동역 앞에 있는 네이처리퍼블릭 건물입니다.

올해 분양하는 단지가 그래도 두 군데가 있습니다. 두 단지 합쳐서 1500세대가 넘기 때문에 중구에서는 꽤 많은 분양 물량이죠. 중구에서 분양하는 것들은 세대수가 작다고 하더라도 주목해볼 필요가 있습니다. 두 단지 모두 세운상가 주변을 정비해서 들어오는 주상복합으로, 힐스테이트 세운과 세운 푸르지오 헤리티지라는 단지입니다.

중구의 입주 물량은 2020년부터 앞으로 3년 동안은 없습니다. 하지만 언제든 새 아파트들이 들어오면 인기가 많을 수밖에 없기

| 2020년 중구의 분양 물량 |

지역	단지명	분양년월	입주년월	세대수
입정동	힐스테이트 세운	202003	-	899
인현동2가	세운 푸르지오 헤리티지	202006	-	614
합계				1,513

| 중구의 재개발 진행 현황 |

지역(동)	사업장명	사업단계	세대수	예상 세대수	시공사
중림동	중림동 일대	기본계획수립	-	-	-
중림동	중림동 398번지 일대	기본계획수립	-	-	-
신당동	신당 10구역	기본계획수립	-	-	-
중림동	마포로 5-10구역	추진위원회 승인	-	-	-
신당동	신당 9구역	조합설립인가	-	266	-
신당동	신당 8구역	사업시행인가	-	1,215	삼성물산

때문에 관심을 갖고 계속 보면 좋을 것 같습니다. 재건축 물량도 아직까지 없습니다. 아까 이야기한 남산타운만 지금 리모델링 추진 중이고요. 재개발 지역들은 대부분 다 정비사업들입니다. 원래 주거지였던 신당동 쪽에 꽤 있고요. 그중 신당 8구역은 삼성물산 래미안에서 준비하고 있습니다.

개인적으로는 중구의 정비사업들이 계속 빨리 진행되었으면 하는 바람이 있습니다. 서울의 중요한 오피스 지역인데 뒷골목만 가도 칙칙해요. 오피스 지역 같은 경우는, 뉴욕이나 홍콩을 봐도 그렇지만, 중요한 관광산업이잖아요. 서울시청부터 동대문 디자인

플라자까지 걸어갈 수 있는 도로를 만들고, 거기에 관광산업 벨트를 만들어 멋진 오피스 건물들만 나열해도 좋을 것 같다는 생각을 저는 많이 합니다. 실제로 제안을 하기도 했고요. 낙후한 을지로 주변 지역들을 정비했으면 좋겠다는 제안을 거의 십여 년째하고 있죠. 중구는 주거가 많지 않은 지역이기 때문에 아름다운 업무 지역으로 잘 만드는 것이 서울의 부가가치를 높이는 데 좋지 않을까 하는 생각을 해봅니다.

향후 살고 싶은 단지 딱 1개만 꼽는다면!

▶ 남산타운 리모델링

중구의 핵심 호재

GTX A, B노선 환승역

- GTX(수도권광역급행철도) A노선과 B 노선의 환승센터가 될 서울역.

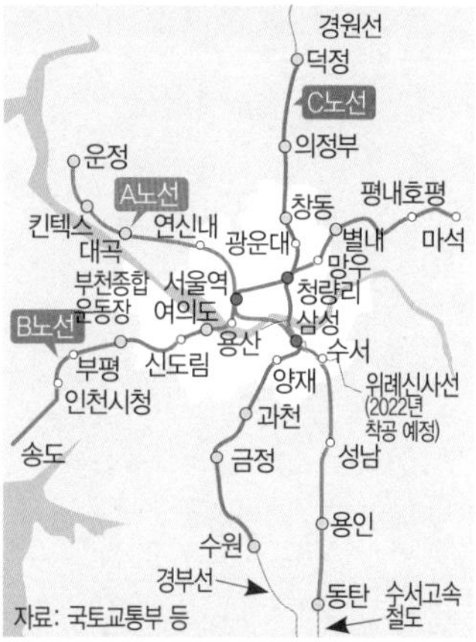

남산타운 리모델링

- 서울시 리모델링 1차 시범 단지로 선정된 남산타운.
- 2002년 5월 입주한 아파트로, 18층 42개동, 총 5150세대의 규모.
- 1차 리모델링 시범단지들 가운데 입지가 가장 좋은 곳으로 평가받고 있음. 단지 한 쪽 면이 녹지이며 6호선이 단지 앞에 있는 숲세권·초역세권 입지.

13

서대문구

서대문구

강북 업무지로 연결되는 핵심 주거타운

빠숑의 POINT

가재울로 시작해서 북아현으로 완성될 곳!

서대문구는 모양이 세모처럼 생겼습니다. 세 개의 방향으로 다른 지역과 접하고 있죠. 오른쪽으로는 종로구와 중구가 있고요, 왼쪽 위로는 은평구, 밑으로는 마포구가 있습니다.

재미있는 것은, 어느 쪽과 접하고 있느냐에 따라 동별로 특징과 성격이 다르다는 겁니다. 오른쪽에 있는 동들은 종로구나 중구와 비슷하고, 왼쪽에 있는 동들은 은평구와 비슷하고, 아래쪽에 있는 동들은 마포구와 성격이 비슷하죠.

이렇게 성격이 골고루 섞여 있다 보니 서대문구의 정체성에 대해 많이들 헷갈려하기도 합니다. 서대문구의 시세에 대해서도 잘 모르고요. 이를 테면, 서대문구는 마포구보다 무조건 더 싸다고 생각하는 경우가 있습니다. 그런데 마포구와 같은 생활권이라면, 서대문구도 마포구와 비슷하게 갈 수밖에 없는 거거든요. 예를 들어 마포구에는 아현뉴타운이 있고, 서대문구에는 북아현뉴타운이 있잖아요. 그런데 사람들은 북아현뉴타운이 아현뉴타운보다 싼 게 당연다고 생각합니다. 하지만 지금 시세를 보면 거의 비슷하거든요.

그런 점에서 볼 때, 서대문구에는 아직 제대로 된 가치 평가를 받지 못해서 저렴한 지역이 있을 수 있고요, 또한 그 점이 기회가 될 수도 있다고 말할 수 있겠습니다.

서대문구는 인구수가 현재 31만 3000명 정도고, 세대수는 14만

2500세대 정도 되는 규모입니다. 보통 정도라고 볼 수 있습니다.

서대문구의 핵심을 한마디로 정리해보자면, 강북 지역의 일자리로 출근하는 가장 원활한 주거타운 중 하나라고 할 수 있습니다.

강남구, 서초구, 송파구가 좋은 이유는 강남구의 일자리로 출퇴근하기 좋은 택지개발지구이기 때문이잖아요? 마포구나 서대문구가 뜬 이유도 비슷합니다. 강북권과 여의도권으로 출퇴근하기 좋은 명품 주거지가 마포구와 서대문구입니다.

| 서대문구의 인구수와 세대수 |

지역	인구수	세대수
서울시	9,726,787	4,361,645
서대문구	**312,809**	**142,559**
천연동	18,236	8,161
북아현동	17,040	7,535
충현동	17,814	9,074
신촌동	18,851	12,687
연희동	37,805	19,425
홍제1동	24,570	10,358
홍제3동	16,045	7,100
홍제2동	14,386	5,852
홍은1동	23,049	9,571
홍은2동	27,322	12,221
남가좌1동	16,231	5,957
남가좌2동	29,553	12,895
북가좌1동	18,760	6,993
북가좌2동	33,147	14,730
구의3동	29,579	12,161

마포구만큼은 아니지만 서대문구 역시 교통 편리성이 매우 좋습니다. 지하철 라인이 2호선, 3호선, 5호선, 6호선이 있습니다. 강남, 종로, 중구, 여의도 등 3대 업무 지역으로 이동하는 데 원활하다고 할 수 있죠.

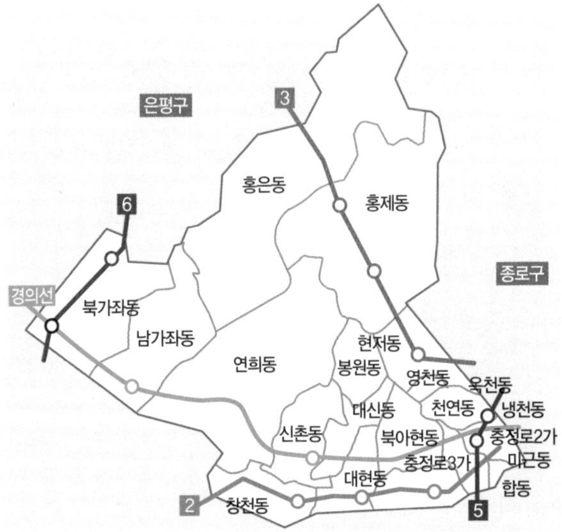

서대문구의 위상과 지역별 대표 단지들

서대문구의 시세는 서울 25개 구 중에서 14위 정도의 위상을 차지하고 있습니다. 서울시 평균보다 높은 지역과 낮은 지역이 다 있는, 스펙트럼이 넓은 지역이라고 보면 될 것 같고요.

서대문구 내에서는 북아현동의 시세가 제일 높습니다. 북아현 뉴타운이 있는 곳이기 때문에 그렇겠죠. 기존에 입주한 e편한세상 신촌과 신촌 푸르지오가 북아현동의 시세를 이끌고 있고요, 올해 힐스테이트 신촌까지 입주를 하게 되면 북아현동은 서대문구에서 압도적인 시세를 계속 형성할 것으로 예상이 됩니다.

북아현동 다음으로 시세가 높은 지역이 합동(행정동으로는 충현동에 해당. '합동'은 법정동 지명)인데요, 여기는 충정로역이 있는 쪽입니다. 대현동은(행정동으로는 신촌동) 이화여대 쪽이고, 천연동과 현저동(행정동으로는 천연동에 포함)은 독립문역 쪽이라고 보면 됩니다.

남가좌동과 북가좌동은 가재울뉴타운이 있는 지역입니다. 그런데 여기는 북아현뉴타운이 있는 북아현동보다 시세가 평당 1000만 원 이상 낮습니다. 이건 어떻게 생각해야 할까요? 앞에서 언급했듯이, 인접한 지역을 생각하면 됩니다. 북가좌동과 남가좌동은 은평구와 붙어 있는 지역이기 때문에 마포구 쪽과 붙어 있는 북아현동보다 시세가 낮은 거죠.

| 서울 지역별 시세 |

지역	평단가
강남구	5,644
서초구	5,122
송파구	4,057
용산구	3,813
성동구	3,194
마포구	3,171
강동구	3,124
광진구	3,055
양천구	3,015
서울특별시	**2,993**
영등포구	2,863
동작구	2,786
중구	2,783
종로구	2,749
서대문구	**2,349**
강서구	2,263
동대문구	2,203
성북구	2,125
관악구	1,947
구로구	1,899
은평구	1,896
노원구	1,895
강북구	1,672
금천구	1,661
중랑구	1,620
도봉구	1,548

때문에 가재울뉴타운의 경우는 은평구의 새 아파트들과 비교

| 동별 평균 시세 |

지역	평단가
북아현동	3,863
합동	2,885
대현동	2,779
천연동	2,723
남가좌동	2,551
현저동	2,519
북가좌동	2,479
서대문구	**2,349**
영천동	2,320
냉천동	2,111
홍제동	2,045
충정로2가	1,970
연희동	1,951
충정로3가	1,800
홍은동	1,503
미근동	1,166

를 해보면 좋을 것 같고요, 북아현뉴타운의 경우는 마포, 그러니까 아현뉴타운과 비교해보면 될 것 같습니다. 북아현뉴타운은 뒤에서 더 이야기하겠지만, 마포와 인접한 1구역이 거의 완성됐고, 앞으로 2구역과 3구역이 남아 있습니다. 북아현뉴타운은 지금도 비싸지만 아마 2, 3구역이 더 비쌀 수 있을 겁니다. 종로구 쪽 경희궁 자이와 가까이 있기 때문에 그렇죠. 경희궁 자이가 뉴타운아파트들 중에는 제일 비싸니까요.

어쨌든, 서대문구에서 평균 이상 지역은 북아현뉴타운과 가재울뉴타운 두 개의 축이 가장 중요하다고 볼 수 있겠습니다. 그리고 뉴타운 지역은 아니지만 뉴타운 지역과 붙어 있는 지역이 있어요. 예를 들어 북아현뉴타운과 종로구의 교남뉴타운(경희궁 자이가 있는 곳) 사이에 있는 지역들 중에서는 아주 오래된 구축이 아니라면 시세가 어느 정도 따라갑니다.

서대문구의 시세를 주도하는 상위권 단지들을 한번 살펴보죠. 개별 아파트 중에서는 앞서 언급한 e편한세상 신촌이 제일 높은

| 서대문구의 시세 상위 아파트 |

순위	지역(동)	아파트명	세대수	평단가	입주년월
1	북아현동	e편한세상 신촌	1,910	4,985	2017.05
2	북아현동	신촌 푸르지오	940	4,086	2015.11
3	홍제동	홍제 센트럴아이파크	906	3,640	2018.12
4	천연동	천연 뜨란채	1,008	3,413	2006.03
5	남가좌동	DMC 파크뷰 자이	4,300	3,394	2015.01
6	북가좌동	DMC 래미안 e편한세상	3,293	3,391	2012.01
7	합동	충정로 SK뷰	180	3,308	2008.08
8	남가좌동	DMC 센트럴아이파크	1,061	3,177	2018.11
9	현저동	독립문 극동아파트	1,900	3,125	1998.08
10	북아현동	두산아파트	956	2,969	1998.12
11	대현동	LG 대현아파트	855	2,956	1993.04
12	홍은동	북한산 더샵	552	2,920	2017.12
13	남가좌동	DMC 센트레빌	473	2,915	2009.06
14	남가좌동	래미안 남가좌 2차	503	2,750	2005.01
15	홍제동	홍제 현대아파트	704	2,578	1992.01
16	연희동	대우아파트	562	2,566	2000.08
17	홍제동	삼성 래미안	474	2,564	2000.01
18	북가좌동	DMC 아이파크	362	2,556	2008.12
19	남가좌동	남가좌 삼성아파트	1,472	2,524	2000.01
20	충정로3가	충정로 대림 리시온	258	2,500	2004.09

시세를 형성하고 있습니다. 평당 5000만 원대에 육박하고 있고요. 신촌 푸르지오도 평당 4000만 원 전후의 시세를 보이고 있습니다.

3호선 라인인 홍제역과 무악재역 사이에 있는 홍제 센트럴아이파크도 2018년 입주한 신규한 아파트로 평당 3600만 원대입니다. 홍제동에는 산이 크게 있습니다. 백련산과 안산이요. 여기는 평지도 아니고 부지가 좁다 보니 난개발이었거든요. 그런데 재개발을 해서 3호선 라인 쪽으로 새 아파트가 들어선 거죠. 초반에는 분양도 잘 안 되고 쌌는데 결국 꽤 올랐습니다. 3호선이 종로구와 중구를 지나서 강남까지 갈 수 있는 황금 노선이잖아요. 그렇기 때문에 메인 일자리로 갈 수 있는 3호선 라인의 새 아파트라는 이유만으로도 아파트 시세가 많이 올라갈 수밖에 없는 거죠. 결국 출퇴근 편리성과 새 아파트의 결합은 진리라는 것을 보여주는 셈입니다.

가재울뉴타운에서는 DMC 파크뷰 자이가 제일 비쌉니다. 그리고 DMC 래미안 e편한세상, DMC 센트럴아이파크 이런 단지들이 평당 3300만 원대 시세를 형성하고 있습니다.

나머지 아파트들은 2000만 원 후반대 시세들입니다. 가재울뉴타운이나 북아현뉴타운 주변에 있는 나 홀로 아파트들인데, 이런 곳들도 눈여겨볼 필요는 있습니다. 신규로 입주한 아파트들과 시세 차이가 많이 벌어지게 되면, 결국은 따라가는 경향이 있으니까요.

서대문구의 두 축, 가재울뉴타운과 북아현뉴타운

가재울뉴타운은 현재 입주를 많이 했고, 이제 몇 개 남지 않았습니다. 거의 완성이 되어가는 단계이기 때문에 좋은 입지로서 시

구역	아파트명	세대수	사업단계
가재울1구역	DMC 아이파크	362	'09.03 입주
가재울2구역	DMC 센트레빌	473	'09.05 입주
가재울3구역	DMC 래미안 e편한세상	3,293	'12.10 입주
가재울4구역	DMC 파크뷰자이	4,300	'15.10 입주
가재울5구역	래미안 DMC 루센티아	997	'20.02 입주
가재울6구역	DMC 에코자이	1,047	'19.12 입주
가재울7구역	미정	1,535	조합설립인가 신청
가재울8구역	아이파크(미정)	283	관리처분인가
가재울9구역	DMC 금호리첸시아	450	'22.0 7입주

너지가 난다고 할 수 있습니다. 단지들이 많이 들어서면서 이전에 비하면 훨씬 교육 환경도 좋아졌고, 지역 내 학교들의 학업 성취도도 올라가고 있는 것 같습니다.

4구역이 DMC 파크뷰 자이이고, 3구역이 DMC 래미안 e편한세상입니다. 지난해에 6구역 DMC 에코자이가 입주를 했고, 올해 2월에는 5구역 래미안 DMC 루센티아가 입주를 했습니다. 그리고 9구역의 DMC 금호리첸시아가 지난해 11월에 분양을 했고, 경쟁률이 73대 1 정도로 아주 잘됐습니다.

사실 가재울뉴타운도 초기에는 분양이 정말 안 됐습니다. 4300세대로 굉장히 큰 단지인 파크뷰 자이는 초기 분양률이 15%였습니다. 85%가 미분양이었다는 거죠. 하지만 현재 가재울뉴타운에서 가장 비싼 단지가 됐습니다. 앞으로 가재울뉴타운의 남아 있는 구역은 북가좌동의 7구역과 모래내시장이 있는 8구역입니다. 여

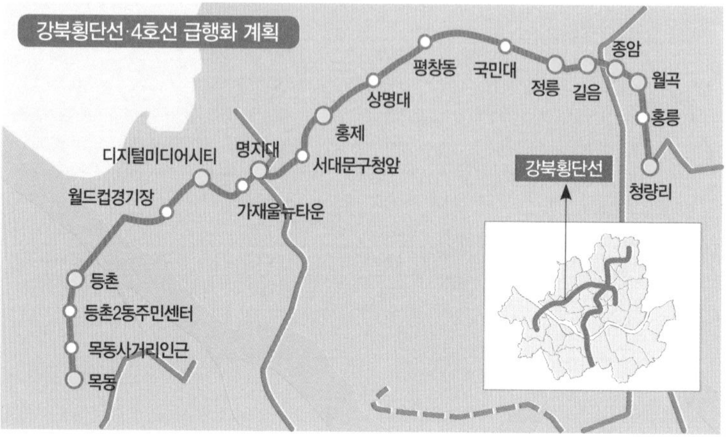

기도 규모가 크지는 않지만 관심 가져볼 만하겠습니다.

가재울뉴타운 지역에 호재도 하나 있습니다. 강북횡단선이라고, 양천구 목동에서 동대문구 청량리까지 잇는 노선이죠. 서울시에서 강북 활성화를 위해 의지를 가지고 추진하는 국책사업입니다. 지금은 동대문구 청량리에서 목동에 가려면 애매하잖아요. 그런데 이 노선이 개통되면 20~30분 안에 청량리에서 목동으로 이동이 가능해집니다. 서대문구에는 가재울뉴타운역이 생길 예정이기 때문에 강북횡단선이 생기면 이 지역에 호재가 될 수 있는 것이죠.

북아현뉴타운은 북아현동과 충현동이 있는 쪽입니다. 1-2구역이 신촌 푸르지오, 1-3구역이 e편한세상 신촌, 1-1구역이 힐스테

구역	세대수	사업진행상황	단지명	시공사
북아현1-1	1,226	입주예정(2020년)	힐스테이트 신촌	현대건설
북아현1-2	940	사업완료	신촌 푸르지오	대우건설
북아현1-3	1,910	사업완료	e편한세상 신촌	대림산업
북아현2	2,274	사업시행인가	자이·롯데캐슬(가칭)	GS건설·롯데건설
북아현3	4,569	사업시행인가	래미안·e편한세상(가칭)	삼성물산·대림산업

이트 신촌입니다.

북아현뉴타운 역시 처음 신촌 푸르지오 때만 해도 분양이 잘 안 되고 쌌습니다. 그런데 e편한세상 신촌이 분양을 할 때부터 잘되기 시작했고, 힐스테이트 신촌이 분양할 때는 완전히 물이 올랐습니다. 그러다 보니 그전에는 마포 래미안 푸르지오가 압도적으로 비쌌는데, e편한세상 신촌이 거의 같은 가격으로 따라왔습니다. 그래서 결국은 신촌 푸르지오까지도 올랐고, 아마 힐스테이트 신

e편한세상 신촌 조감도

촌까지 입주하게 되면 다 같이 더 올라가지 않을까 싶습니다.

중요한 건 이제 2구역과 3구역입니다. 지도로 봐도 알 수 있지만, 규모가 굉장히 큽니다. 두 구역을 합쳐서 거의 7000세대 가까이 되거든요. 2, 3구역이 중심지에 더 가깝기 때문에 입지도 더 좋습니다. 특히, 2구역은 아현역과 충정로역을 끼고 있어서 교통망이 탁월합니다. 충정로역은 2호선과 5호선 더블역세권이기도 하고요.

이 2, 3구역이 개발되면, 종로구 쪽에 있는 경희궁 자이 권역과도 붙고, 아래쪽으로는 아현뉴타운과도 연결됩니다. 그야말로 완벽한 하나의 신도시가 생기는 셈이죠. 북아현뉴타운이든 아현뉴타운이든, 같은 생활권으로서 새로운 신도시의 역할을 하게 될 것이라고 볼 수 있습니다.

거주 수요가 계속 증가하는 입지

서대문구의 2019년 분양 물량은 3502세대 정도로 꽤 많았습니다. 대부분은 뉴타운 쪽이 아닌 지역들입니다. 원래 서대문구의 대장 지역은 3호선 라인이었잖아요. 이 3호선 라인의 취약했던 지역들에서 재개발이 되어 분양한 물량들입니다. 이쪽도 구도심 정비사업이 되는 지역이므로 변화를 지속적으로 지켜볼 필요가 있습니다.

그중 제일 유명했던 것 중의 하나가 홍제역 해링턴플레이스입니다. 미계약분 재추첨을 두 번이나 해서 이슈가 됐죠. 비싸다는 평가가 있었는데 결국 다 분양이 됐고, 아직 분양권 전매기간은 아니지만 프리미엄도 붙어 있다고 합니다. 그 외에 서대문 푸르지오 센트럴파크, 힐스테이트 홍은 포레스트, 가재울뉴타운의 DMC 금호리첸시아, 홍은동의 e편한세상 홍제 가든플라츠도 분양을 했습니다. 모두 2022년 입주를 할 예정입니다.

청약경쟁률을 보면 다 두 자릿수입니다. 원래 서대문구가 청약

| 2019년 서대문구의 분양 물량 |

지역	단지명	분양년월	입주년월	세대수	청약 경쟁률
홍제동	홍제역 해링턴플레이스	201902	202112	1,116	11.14
홍제동	서대문 푸르지오 센트럴파크	201909	202201	832	43.53
남가좌동	DMC 금호리첸시아	201911	202207	450	73.33
홍은동	힐스테이트 홍은 포레스트	201911	202211	623	37.44
홍은동	e편한세상 홍제 가든플라츠	201912	202212	481	59.93

경쟁률이 이렇게 높지는 않았거든요. 앞서도 언급했듯이, 가재울뉴타운의 파크뷰 자이도 초기에 고전을 했을 정도로요. 그런데 지난해에 분양한 결과들을 보면 대단하죠. 서대문구는 중간 입지이기도 하고, 출퇴근 편리성이 좋기 때문에 거주 수요가 많습니다. 그래서 뉴타운 지역은 당연히 잘되고요. 뉴타운이 아닌 지역들의 아파트도 분양이 잘되고, 시세도 잘 올라갑니다. 여기서 힌트를 얻으면 좋을 것 같습니다.

그런데 올해는 분양 물량이 199세대밖에 안 됩니다. 내년에도 분양 물량은 거의 없고요. 북아현뉴타운 2, 3구역의 분양 일정이 잡힐 수도 있는데, 언제가 될지 지켜봐야 될 것 같습니다.

올해 입주하는 세대는 2519세대입니다. 앞서 이야기한 북아현뉴타운의 힐스테이트 신촌과 가재울뉴타운의 래미안 DMC 루센티아가 입주를 했고요, 작기는 하지만 홍은동의 북한산 두산위브

| 2020년 서대문구의 분양 물량 |

지역	단지명	분양년월	입주년월	세대수
영천동	서대문 영천 반도유보라	202012	-	199

| 2020년 서대문구의 입주 물량 |

지역	단지명	분양년월	입주년월	세대수
남가좌동	래미안 DMC 루센티아	201710	202002	997
북아현동	힐스테이트 신촌	201808	202002	1,226
홍은동	북한산 두산위브 2차	201711	202011	296
합계				2,519

2차도 입주를 할 예정입니다.

서대문구에서 이미 입주한 새 아파트들의 매매 시세는 많이 올랐습니다. 물론 다른 지역과 비교할 때 절대적으로 높은 시세는 아니지만, 이 지역의 과거 시세에 비해서는 많이 올랐다고 말할 수 있죠. 이 지역에 평당 2000만 원 넘는 단지가 거의 없었어요. 그런데 상위권 단지들은 이제 4000만 원이 넘죠. 가재울뉴타운이나 북아현뉴타운의 경우는, 서대문구 내에서뿐만 아니라 서울시에서도 수요가 증가한 단지라고 말할 수 있습니다.

서대문구는 구도심입니다. 구도심에서는 도심 재생, 특히 재개발이 중요하다고 말했습니다. 결국 남아 있는 뉴타운 물량들, 그

| 서대문구의 재건축, 재개발 진행 현황 |

지역(동)	사업장명	사업단계	세대수	건립예정 세대수	시공사
재건축 단지					
홍은동	홍은동 5구역	조합설립인가	–	–	–
북가좌동	북가좌 6구역	조합설립인가	–	–	–
홍제동	홍제 3구역	사업시행인가	–	–	–
재개발 구역					
홍제동	홍제 3구역 도시환경정비	추진위원회 승인	–	–	–
충정로3가	마포로 5구역	추진위원회 승인	198	–	–
북가좌동	가재울뉴타운 7구역	추진위원회 승인	–	1,350	–
홍제동	홍제 2구역	조합설립인가	–	–	–
북아현동	북아현뉴타운 2구역	사업시행인가	–	1,714	삼성물산, 대림산업
북아현동	북아현뉴타운 3구역	사업시행인가	–	3,633	롯데건설, GS건설
홍은동	홍은 13구역	관리처분인가	–	191	라인건설
영천동	영천 구역	관리처분인가	–	199	–
연희동	연희 1구역	관리처분인가	–	1,208	SK건설
남가좌동	가재울뉴타운 8구역	관리처분인가	–	–	–

리고 뉴타운 이외의 지역이지만 도심 재생이 필요한 지역들에 어떤 단지들이, 어떤 계획들이 진행되고 있는지 검토해볼 필요가 있습니다. 가재울뉴타운과 북아현뉴타운의 남은 구역들뿐만 아니라 연희동이라든지 홍은동, 홍제동 등에도 아직 남아 있기 때문에 관심 가져볼 만합니다. 조용히 저렴하게 살고 싶은 사람들에게는 좋은 입지들이죠. 특히, 연희동은 부자 동네였잖아요. 그 주변은 맛집도 많고, 아파트가 많지 않은 지역이기 때문에 새 아파트가 들어가면 기본적으로 인기가 있을, 수요가 있을 지역입니다.

정리하면, 서대문구는 확실한 일자리 지역은 아니지만 상암

DMC 등의 마포와 메인 업무 지역인 종로구나 중구의 접근성이 매우 우수한 지역이고요. 여의도도 멀지 않습니다. 결국 메인 일자리 지역으로의 접근성만으로도 충분히 입지 가치가 있는 곳이 서대문구입니다.

향후 살고 싶은 단지 딱 1개만 꼽는다면!

▶ 북아현뉴타운 2구역

서대문구의 핵심 호재

북아현뉴타운 2구역

- 면적 12만 4270.3㎡에 지하 3층~지상 최고 29층, 총 2350세대 규모로 건립될 예정.
- 삼성물산과 대림산업이 함께 시공을 맡은 브랜드 대단지로, 충정로역을 도보권에 둔 2·3호선 더블 역세권 입지에 주변으로 편의시설도 많고, 우수한 교육환경과 직주근접성이 좋다고 평가받는 대장주 중 하나.

▲ 북아현 2구역 조감도

북가좌 6구역 재건축

- 북가좌동 372-1 일대. 면적 10만 4656㎡, 지하 3층~지상 24층 23개동, 총 1903세대 규모로 건립될 예정.
- 트리플 역세권(6호선, 경의선, 공항철도)인 DMC역을 도보로 이용 가능한 초역세권 단지. 불광천, 한강공원도 도보로 산책이 가능한 입지.

14

강서구

강서구

마곡지구 하나만으로도 완성도가 높아지는 곳

빠숑의 POINT

마곡지구로 이미 강남과 판교 같은 방향성!

| 강서구의 인구수와 세대수 |

지역	인구수	세대수
서울시	9,726,787	4,361,645
강서구	**588,281**	**264,111**
염창동	42,315	15,766
등촌제1동	23,445	12,290
등촌제2동	21,521	8,738
등촌제3동	32,056	14,912
화곡제1동	53,226	26,639
화곡제2동	18,874	8,205
화곡제3동	22,286	9,467
화곡제4동	21,531	9,665
화곡본동	35,255	16,598
화곡제6동	25,046	11,955
화곡제8동	25,747	11,710
가양제1동	33,717	19,305
가양제2동	14,909	8,076
가양제3동	15,921	7,918
발산제1동	38,215	13,619
우장산동	44,266	16,101
공항동	27,231	12,754
방화제1동	45,135	17,496
방화제2동	23,484	11,581
방화제3동	24,101	11,316

강서구는 서울의 서쪽 끝에 있는 지역입니다. 바로 앞에서 다룬 서대문구까지는 서울의 집값 상승 선도 지역이었고요, 강서구는 정비사업 이슈 지역 5곳 중 하나에 해당합니다(참고로 나머지 4곳은 노원구, 동대문구, 성북구, 은평구입니다). 집값 상승 선도 지역보다는 입지 프리미엄이 조금 떨어지지만, 현재의 입지 가치보다 조금 더 올라갈 여지가 많은 곳이라고 할 수 있습니다.

강서구의 인구수는 59만여 명, 세대수는 26만 4000세대 정도 입니다. 서울 25개 구 중에서는 송파구와 노원구에 이어서 세 번째로 많죠. 거의 두 개 구가 나올 수 있는 인구수이기 때문에 굉장히 큰 규모입니다. 기본적으로 강서구는 실거주 수요가 많다는 점을 염두에 두고 보면 될 것 같고요. 그러면 이 지역의 사람들이 어디로 출퇴근하는지가 중요한 포인트가 될 수 있겠습니다.

강서구의 위상과 지역별 특징

시세로 보면 강서구는 서울 25개 구 중에서 15위로, 서울시 평균보다 저렴한 지역에 속합니다. 하지만 모든 지역이 저렴한 것이 아니라 새 아파트가 몰려 있는 마곡동 같은 경우는 비싸고요, 그 외의 지역들은 시세가 높지 않은 편이라고 보면 됩니다.

동별 시세 순위를 보면, 당연히 마곡동이 강서구 내에서는 제일 시세가 높고, 이어서 내발산동, 가양동 순입니다.

내발산동은 지하철 5호선 발산역과 우장산역이 있는 쪽입니다(행정동으로는 우장산동, 발산동). 구도심에 해당하는 지역으로, 재건축·재개발해서 새 아파트가 들어온 것들이 한동안 인기가 있었고 상대적으로 비싸기도 했습니다. 물론 지금도 인기가 있고 비싸지

| 서울 지역별 평균 시세 |

지역	평단가
강남구	5,644
서초구	5,122
송파구	4,057
용산구	3,813
성동구	3,194
마포구	3,171
강동구	3,124
광진구	3,055
양천구	3,015
서울특별시	**2,993**
영등포구	2,863
동작구	2,786
중구	2,783
종로구	2,749
서대문구	2,349
강서구	**2,263**
동대문구	2,203
성북구	2,125
관악구	1,947
구로구	1,899
은평구	1,896
노원구	1,895
강북구	1,672
금천구	1,661
중랑구	1,620
도봉구	1,548

| 동별 평균 시세 |

지역	평단가
마곡동	2,982
내발산동	2,516
가양동	2,446
강서구	**2,263**
염창동	2,234
화곡동	2,154
등촌동	2,084
방화동	1,813
공항동	1,695

만, 그보다 인기가 더 많고 비싼 마곡지구가 생긴 거죠.

항상 구도심보다는 택지개발로 새로 만들어진 신도심이 더 인기가 있을 수밖에 없습니다. 예를 들어서 종로구나 중구에 아무리 새 아파트가 들어와도 강남이나 서초의 택지개발 지역에 들어선 신규 아파트보다는 비쌀 수가 없는 거죠. 그래서 우장산동이나 발산동에 있는 재개발·재건축 아파트들보다 마곡지구에 있는 신규 아파트들이 더 비쌉니다.

또한 마곡지구 아파트들이 인기가 많은 이유는 9호선 때문이기도 합니다. 원래는 5호선 라인에 있는 아파트들이 인기가 많았는데, 9호선이 들어오면서 마곡지구 아파트들이 급부각된 거죠. 5호선은 여의도를 지나서 종로, 중구로 가는 데 시간이 많이 걸리는 편인데, 9호선은 급행이 있어서 여의도까지 가는 데 시간도 많이 안 걸리는 데다가 여의도에서 끝나는 게 아니라 서초구, 강남구, 송파구까지도 갈 수 있으니까요.

그래도 우장산동, 발산동 이 지역들도 주거지로서 여전히 선호하는 사람들이 있습니다. 아파트 단지들이 많이 생기면서 교육 환경도 좋아졌거든요. 주변으로 화곡고등학교, 덕원예술고등하교, 명덕고등학교, 명덕외국어고등학교 등 학교도 많고, 학군도 좋습니다. 학군이 좋다는 것은 서울대에 보내는 학교들이 많다는 겁니다. 그리고 이 지역에 우장산이 있죠. 녹지공간이 자리하고 있다는 것도 장점입니다.

한편, 우장산동이나 발산동에 재개발·재건축을 하기 전에, 택지를 개발한 단지가 또 있었는데, 그곳들이 가양동과 등촌동, 염창동입니다. 가양동과 등촌동의 경우는 90년대 초반에 SH공사(옛 서울도시공사)에서 공공아파트를 굉장히 많이 지었습니다. 반은 분양을 했고, 반은 임대아파트입니다. 그래서 이 지역이 초반에는 인기가 별로 없었어요. 상대적으로 염창동에는 민간 아파트들이 많이 들어왔기 때문에 가양동이나 등촌동보다 시세가 높았습니다. 그런데 마곡지구가 개발되면서 바로 옆에 있는 가양동의 시세가 많이 올랐습니다.

화곡동은 강서구의 대표적인 구도심 지역입니다. 행정구역으로 보면 화곡본동부터 화곡 8동까지 있죠. 그만큼 화곡동에 많이 살고 있고요. 아파트, 빌라, 다세대 등 거의 모든 형태의 주거가 다 있습니다. 화곡동이 원래는 내발산동 다음으로 비싼 곳이었습니다. 그런데 가양동과 염창동에 9호선이 생기면서 그곳들의 입지가 점점 좋아지다 보니 화곡동은 밑으로 내려왔습니다.

강서구에서는 공항동이나 방화동이 평당 2000만 원이 안 되는 지역으로 저렴한 편인데, 이 지역들도 눈여겨볼 점들은 있습니다. 방화동의 경우는 아직 사업 초기 단계이긴 하지만 방화뉴타운이 추진되고 있어서 관심을 받고 있고요, 공항동에 있는 김포공항역은 5호선, 9호선, 그리고 공항철도까지 트리플역세권이죠. 5호선, 9호선의 좋은 점은 더 말할 것도 없을 것 같고요, 공항철도도 중요합니다. 왜냐면 인천공항과 김포공항을 거쳐서 상암 DMC역, 서울역까지 가는 노선으로 강북에 있는 일자리와 연결되고, 굉장히 빠릅니다.

그리고 김포공항역에는 롯데몰도 있죠. 원래 마곡지구에 상업시설 부지들이 있는데, 아직 못 들어와서 아직까지는 김포공항 롯데몰이 강서구 최고의 상업시설이라고 볼 수 있습니다. 또한 이 지역은 공항 바로 옆이기 때문에 인천공항, 김포공항에서 일하는 근로자들이 임차로 많이 살고 있죠. 오피스텔 수요도 많고, 소형 아파트 수요도 많습니다.

결국, 강서구는 마곡동부터 공항동까지 거의 버릴 입지가 없는

방화뉴타운 진행 현황

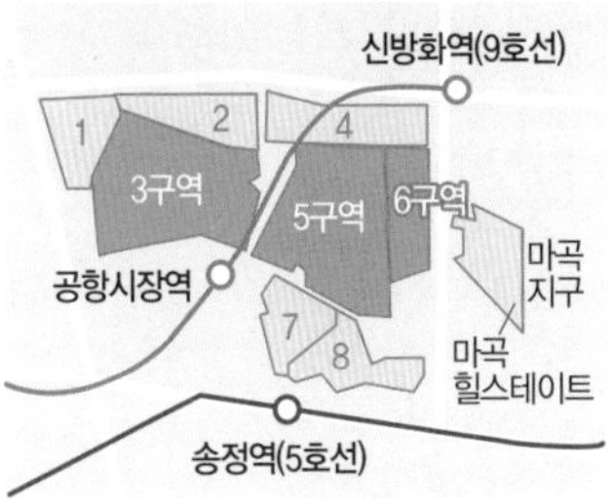

구역명	부지면적	세대수	진행 상황
3구역	9만383㎡	1415	조합설립인가 대기중
5구역	9만9520㎡	1552	조합설립인가
6구역	3만1450㎡	541	시공사 선정 총회
긴등마을	3만1668㎡	603	'마곡힐스테이트' 2016년 입주 완료

곳입니다. 가치투자든, 갭투자든, 수익형 임대부동산이든 활용할 수 있는 여지가 많죠. 지금도 기회가 될 수 있습니다. 가격이 오르락내리락은 하겠지만, 아직 호재가 다 끝나지 않았기 때문에 그렇습니다. 어떤 호재인가요? 마곡지구가 아직 현재진행형이죠. 방화뉴타운도 진행 중이고요. 그렇기 때문에 강서구는 아직 상한선이 정해지지 않았다고 보는 게 맞을 것 같습니다.

강서구의 핵심이자 미래, 마곡지구

마곡지구는 강서구에서 가장 핫한 지역입니다. 지금도 계속 업무시설이 추가되고 있는 곳이고, 주거 지역도 많아지고 있는 곳이죠.

서울의 주요 개발 예정 지역으로 서울시가 지정해놓은 4곳이 있습니다. 제일 큰 곳이 GBC로, 강남구 삼성동 현대자동차 부지 주변의 개발 계획이죠. 그다음으로 큰 규모의 지역이 바로 마곡 마이스(MICE) 복합단지입니다. 그리고 용산역 주변에 도심재생 혁신지구, 청량리에 도심재생 뉴딜 지역이 있고요.

복합단지라고 하는 것은 단순히 오피스만 들어가는 것이 아니라 오피스텔, 상업지구, 주거시설 등등 거의 모든 시설이 들어가는 것을 말합니다.

사실 원래 마곡지구에는 지금 서울월드컵경기장과 상암 DMC에 있는 것들이 들어올 계획이었습니다. 그런데 그것들이 결국

상암으로 갔고, 덕분에 상암 DMC는 천지개벽을 했습니다. 상암 DMC를 개발하면서 마포구는 가장 상위권 업무지로서의 역할을 하게 되었죠.

마곡지구는 면적으로 보면 상암 DMC보다 큽니다. 상암 DMC는 미디어 관련 기업들이 있고, 마곡지구는 대기업들로 채워나가고 있기 때문에 각각 다른 방향으로 성장하고 있다고 보면 좋을 것 같습니다.

마곡지구는 무엇보다 강서구에서 거의 유일하게 일자리가 있는 업무지구로서 중요합니다. 어떤 기업들이 들어오고 있나요? 일단, 엘지사이언스파크가 있습니다. 주로 연구소들인데 엘지전자, 엘지화학, 엘지이노텍, 엘지생명과학, 엘지디스플레이, 엘지하우시스, 유플러스, 생활건강, CNS, 서브원 등의 엘지 관련 계열사들이 들어와 있습니다. 여기에 있는 인원만 2만 명 정도입니다. 엄청나죠.

그리고 코오롱도 코오롱인더스트리, 생명과학, 글루텍 연구소 등 2000명이 넘는 직원들이 근무하게 되고요. 대우조선해양 글로벌 R&D센터도 5000명 정도 들어올 예정입니다. 이게 끝이 아니라, 롯데도 연구소들이 들어옵니다. 롯데제과, 롯데리아, 칠성음료, 롯데푸드, 롯데케미칼 등 1000명 규모 정도가 들어올 예정이고요. 이랜드 그룹도 이랜드 월드, 이랜드 리테일, 이랜드 파크에서 2000여 명, 넥센 타이어 1000여 명, 에쓰오일 연구원 1000여 명 등이 들어올 예정이라고 합니다.

이렇게 되면, 거의 4만 명 가까운 대기업 근로자들이 들어오게 되는 겁니다. 지금 엘지사이언스파크가 들어와서 활성화되어 있지만, 아직 시작도 안 했다고 볼 수 있죠.

또한 마곡지구에는 환경쾌적성 면에서도 주목할 곳이 생겼습니다. 바로 3지구에 조성한 도심 공원인 서울식물원입니다. 무려 축구장의 70배 정도에 달하는 큰 규모입니다.

사실, 강서구의 가장 취약한 것 중 하나는 한강을 끼고 있는데도 그 점이 높게 평가되지 않았다는 점입니다. 그 이유는 강서구에는 머물며 놀 수 있는 고수부지가 없기 때문이거든요. 환경쾌적성 면에서 강서구 사람들의 니즈가 있었는데, 그 점을 서울식물원이 해소시켜줬다고 볼 수 있습니다. 그리고 다른 지역에서 이 지역까지 찾아올 수 있는 핵심 공간을 만들었다는 점에서도 유의미하고요. 조금 더 욕심을 부려본다면, 남은 시설들을 조금 더 잘 활용해서 한강을 살리는 방향으로 개발을 하면 좋겠다는 생각도 해봅니다.

현재 마곡지구에서 아쉬움이 있는 부분이라면 호텔이나 컨벤션 센터, 백화점 등의 대형 쇼핑몰, 종합병원이 아직 없다는 것입니다. 하지만 복합 단지로 개발되는 곳이기 때문에 아직 여지는 있

서울식물원

습니다. 이곳에 호텔, 백화점, 종합병원 같은 시설들이 들어오면 한 번 더 부각될 수 있을 것이라고 봅니다.

어쨌든, 마곡지구는 강서구의 전반적인 위상을 올리는 데 큰 역할을 했습니다. 지금 시점에서 마곡지구가 강서구에 없었다면, 강서구에서는 특별히 자랑할 만한 게 없다고 봐도 무방할 정도죠. 결국 이와 같은 핵심지구 하나가 그 지역의 위상을 바꾸는 것입니다. 더 나아가 마곡지구는 강서구만이 아니라 양천구, 김포, 마포, 고양시, 인천, 부천에도 영향을 주는 곳이죠. 마곡지구의 미래가 강서구의 미래인 셈입니다.

강서구의 주요 단지와 향후 물량들

강서구의 시세 상위권 단지들을 보겠습니다. 당연히 마곡지구 아파트들의 시세가 높습니다. 그중에서도 9호선 신방화역과 가까운 마곡 엠밸리가 제일 비쌉니다. 7단지는 중대형 평형이라서 시세가 가장 높게 나타나고 있고, 마곡 13단지 힐스테이트마스터는 2017년 입주한 가장 신축 아파트입니다. 이 두 곳과 마곡 힐스테이트까지가 평당 3000만 원 후반대의 시세를 형성하고 있습니다.

마곡 엠밸리는 2012년에 분양을 했는데, 그때 미분양이 났었죠. 제가 당시 칼럼에도 썼던 게 기억이 납니다. 이곳 분양 받으라고요. 그때는 부동산 경기가 굉장히 안 좋을 때라서 '아파트를 사라, 분양 받아라'라고 말해도 사람들 귀에 안 들어갔나 봐요. 결국 제 지인 중에 두 명이 샀습니다. 그때 분양가가 평당 1200만 원이었는데, 지금 세 배가 넘었죠. 결국, 확정된 입지 가치가 있는 지역은 그것만 보고 들어가도 절대 손해 보지 않습니다.

마곡지구 이외의 지역 중에서는 내발산동의 우장산 힐스테이트, 화곡동의 강서 힐스테이트와 우장산 아이파크 e편한세상, 가양동의 강서 한강 자이가 3500만 원 전후의 시세를 형성하고 있습니다.

강서구에서 지난해 분양한 물량들은 소규모로 분양한 몇 개 단

| 강서구의 시세 상위 아파트 |

순위	지역(동)	아파트명	세대수	평단가	입주년월
1	마곡동	마곡 엠밸리 7단지	1,004	3,965	2014.06
2	마곡동	마곡 13단지 힐스테이트마스터	1,194	3,811	2017.04
3	마곡동	마곡 힐스테이트	603	3,801	2015.12
4	내발산동	우장산 힐스테이트	2,198	3,553	2005.05
5	화곡동	강서 힐스테이트	2,603	3,522	2014.06
6	가양동	강서 한강 자이	790	3,502	2013.09
7	마곡동	마곡 엠밸리 15단지	1,171	3,493	2014.05
8	화곡동	우장산 아이파크 e편한세상	2,517	3,454	2007.12
9	마곡동	마곡 엠밸리 8단지	531	3,438	2016.07
10	마곡동	마곡 엠밸리 5단지	439	3,258	2014.06
11	마곡동	마곡 엠밸리 6단지	1,466	3,171	2014.06
12	가양동	가양아파트 6단지	1,476	3,103	1992.12
13	마곡동	마곡 엠밸리 14단지	1,270	3,085	2014.05
14	가양동	강변아파트	1,556	3,028	1992.12
15	염창동	한화 꿈에그린 1차	422	2,995	2005.03
16	마곡동	마곡 엠밸리 4단지	420	2,989	2014.06
17	가양동	강나루 현대아파트	642	2,988	1999.04
18	가양동	강나루 2차 현대아파트	114	2,956	2001.08
19	염창동	동아아파트 3차	571	2,940	1998.12
20	방화동	마곡 푸르지오	341	2,889	2008.06
21	염창동	강변 힐스테이트	417	2,883	2004.12
22	마곡동	한솔 솔파크	258	2,853	2005.02
23	마곡동	마곡 엠밸리 2단지	408	2,821	2014.06
24	염창동	염창 1차 보람더하임	221	2,805	2007.11
25	가양동	가양아파트 9단지	1,005	2,795	1993.03

지들밖에 없었고요, 올해의 분양 물량은 1600세대 정도 됩니다. 그중 3월에 분양한 마곡 9단지는 공공분양으로 평당 2000만 원대로 분양을 했습니다. 주변 시세가 4000만 원에 육박하기 때문에

굉장히 싼 거죠. 그래서 제가 여러 번 추천했던 단지가 바로 이 마곡지구 9단지이기도 합니다.

올해 입주 물량도 418세대로 많지는 않습니다. 등촌동과 방화동에 소규모 단지가 입주할 예정입니다. 그리고 강서구에는 재개발 계획이 아직 없고요, 재건축 계획은 다음의 표를 참고하기 바랍니다.

요컨대, 마곡지구에 대기업들이 들어오고 있기 때문에 강서구의 일자리는 계속 증가하고 있고, 아직 호재가 끝나지 않았다고 볼 수 있습니다. 추가적으로, 목동에서 재건축을 시작하게 되면 이주를 해야 되잖아요. 목동에서 어디로 이주를 하겠습니까, 대부분 다 강서구로 이주할 겁니다. 그것으로도 충분히 잠재 수요가 있는 곳이 강서구라고 할 수 있겠습니다.

향후 살고 싶은 단지 딱 1개만 꼽는다면!

▶ 마곡 엠밸리 7단지

| 2020년 강서구의 분양 물량 |

지역	아파트명	분양년월	입주년월	세대수
마곡동	마곡 9단지 공공분양	202003	202102	962
염창동	등촌역 한울에이치밸리움	202004	202012	58
화곡동	우장산숲 아이파크	202005	-	576
합계				1,596

| 2020년 강서구의 입주 물량 |

지역	아파트명	분양년월	입주년월	세대수
등촌동	등촌 파밀리에 더클래식	201901	202005	120
방화동	신마곡 벽산 블루밍메트로	201809	202011	298
합계				418

| 강서구의 재건축 진행 현황 |

지역(동)	사업장명	사업단계	세대수	건립예정 세대수	시공사
화곡동	유풍연립	추진위원회 승인	-	-	-
염창동	덕수연립	조합설립인가	-	-	-
방화동	방화뉴타운 3구역	조합설립인가	-	1,415	-
내발산동	경남연립 1차	조합설립인가	-	-	-
공항동	방화뉴타운 5구역	조합설립인가	-	1,552	-
방화동	방화뉴타운 6구역	사업시행인가	-	541	-
마곡동	신안빌라	사업시행인가	-	-	-
염창동	등마루아파트	관리처분인가	-	78	-
방화동	원일빌라	관리처분인가	-	141	-
등촌동	세림연립	관리처분인가	-	-	-
등촌동	등촌 1구역	관리처분인가	-	518	-

강서구의 핵심 호재

마곡지구

- 마곡지구에 기업체들이 계속 입주를 하고 있다는 것 자체가 강서구에서는 가장 핵심적인 호재임.
- 〈참고〉 전체 입주 기업 리스트

연번	기업명	면적(㎡)	기업규모 (입주기업수)	착공 예정	입주 예정
1	LG 컨소시엄1	134,161	대기업(5)	'14년	'17년
2	코오롱컨소시엄	18,475	대기업(3)	'15년	'18년
3	롯데 컨소시엄	15,641	대기업(6)	'15년	'17년
4	이랜드컨소시엄	32,104	대기업(3)	'15년	'20년
5	오스템임플란트	14,516	대기업	'18년	'20년
6	일진컨소시엄	3,605	대(2),중소(1)	'19년	'20년
7	제넥신컨소시엄	7,485	중소기업(2)	'19년	'22년
8	㈜한독	4,079	대기업	'19년	'21년
9	대상㈜	7,486	대기업	'19년	'21년
10	㈜대웅제약	8,819	중견기업	'20년	'22년
11	㈜잉카인터넷	3,483	중소기업	'20년	'22년
12	제넥신컨소시엄	7,854	중소기업(4)	'20년	'22년
13	오스템글로벌㈜	3,910	중소기업	'20년	'22년
14	크레스라이트	1,235	중소기업	'15년	'17년
15	케이케이디씨	1,045	중소기업	'15년	'17년
16	휴인스	799	중소기업	'17년	'18년
17	한보이앤씨	1,226	중소기업	'17년	'18년
18	아워홈	5,949	중견기업	〃	'19년
19	고려에스엠티	1,268	중소기업	'16년	'17년
20	메이비원	1,147	중소기업	'14년	'16년
21	원봉	1,122	중소기업	'16년	'18년
22	희성전자 컨소시엄	3,579	대기업(5)	'15년	'18년
23	넥센컨소시엄	17,105	대기업(2)	'17년	'19년
24	제놀루션	1,061	중소기업	'19년	'21년
25	엘켐텍	929	중소기업	'16년	'17년
26	트라이콤텍	951	중소기업	'17년	'18년
27	LG컨소시엄2	42,806	대기업(4)	'15년	'17년
28	웰스바이오	1,270	중소기업	'16년	'16년
29	센서텍	1,387	중소기업	'17년	'18년
30	소룩스	1,145	중소기업	'18년	'17년
31	크리스탈지노믹스	3,024	중소기업	'19년	'21년
32	원우이엔지	2,603	중소기업	'16년	'17년
33	티케이케미칼 컨소시엄	2,990	대(2),중소(2)	준공('16년)	'16년
34	세일정기	2,202	중소기업	'17년	'19년

35	S-OIL	29,100	대기업	'16년	'19년
36	유한테크노스	950	중소기업	'17년	'17년
37	캐스트윈	1,388	중소기업	'16년	'18년
38	케이티엔에프	1,267	중소기업	준공('16)	'16년
39	코위버㈜	2,979	중소기업	'17년	'18년
40	이사케이	1,129	중소기업	'16년	'17년
41	FITI시험연구원	7,666	중소기업	'17년	'18년
42	테고사이언스	1,527	중소기업	'16년	'17년
43	화천기공	1,720	대기업	'17년	'17년
44	메인텍	1,053	중소기업	'17년	'18년
45	귀뚜라미컨소시엄	9,898	대기업(5)	'18년	'19년
46	평안	1,479	중소기업	'18년	'21년
47	엔터미디어	1,225	중소기업	〃	'19년
48	라파스	1,195	중소기업	'16년	'17년
49	에스디생명공학	2,311	중소기업	'18년	'19년
50	한국의약품 수출입협회	1,455	중소기업	'16년	'17년
51	서전기전	1,046	중소기업	'17년	'19년
52	피앤피시큐어	4,389	중견기업	'20년	'22년
53	월드튜브	1,047	중견기업	'18년	'19년
54	신신제약	1,070	중견기업	'17년	'19년
55	범한산업	4,912	중견기업	'18년	'19년
56	에스에스뉴테크 컨소시엄	2,225	중소기업(2)	'16년	'17년
57	오토닉스	4,298	중소기업	'18년	'19년
58	디지캡 컨소시엄	1,936	중소기업(2)	'16년	'17년
59	팜스빌	1,045	중소기업	'18년	'19년
60	KH에너지 컨소시엄	1,397	대(1),중소(2)	'19년	'20년
61	프리즘	1,270	중소기업	'17년	'19년
62	파이언넷	1,335	중소기업	'18년	'19년
63	두올	1,377	중소기업	'16년	'17년
64	에코앤컴퍼니	1,045	중소기업	'18년	'19년
65	상원이엔씨	2,169	중소기업	'18년	'20년
66	안트로젠	1,423	중소기업	'18년	'19년
67	로보티즈	2,163	중소기업	'17년	'18년
68	코콤 컨소시엄	2,065	중소기업(2)	'19년	'20년
69	피플앤코	1,360	중소기업	'18년	'19년
70	바이로메드	4,429	중소기업	'18년	'19년
71	삼진제약	2,028	대기업	'19년	'20년
72	뉴파워프라즈마	2598	중소기업	'19년	'20년
73	씨애치씨랩	1,045	중소기업	'19년	'20년
74	베리미디어	1,423	중소기업	'17년	'18년
75	도레이컨소시엄	10,530	대(2),중소(1)	'18년	'19년
76	코이노	1,087	중소기업	'19년	'20년
77	에이제이월드	1,130	중소기업	'19년	'20년
78	미디어젠	1,037	중소기업	'19년	'20년
79	에프앤가이드 컨소시엄	1,423	중소기업(2)	'17년	'18년
80	호디	1,251	중소기업	'20년	'22년
81	정원씨앤에스	1,037	중소기업	'20년	'22년
82	제이스텍	2,966	중소기업	'20년	'22년

83	디투엔지니어링	1,662	중소기업	'20년	'22년
84	대양전기공업	1,072	중소기업	'19년	'20년
85	제이씨시스템즈	1,073	중소기업	'19년	'20년
86	기주산업	1,076	중소기업	'19년	'20년
87	태양3C	1,041	중소기업	'19년	'20년
88	바름코리아	1,040	중소기업	'19년	'20년
89	엠큐브테크놀로지	1,038	중소기업	'19년	'20년
90	한맥콘트롤즈	1,241	중소기업	'18년	'20년
91	에코바이오홀딩스㈜	1,197	중소기업	'19년	'21년
92	㈜코이스	1,074	중소기업	'19년	'21년
93	㈜시스원	1,075	중소기업	'18년	'20년
94	㈜틸론	1,075	중소기업	'18년	'20년
95	풍원화학㈜	1,039	중소기업	'19년	'21년
96	케이씨㈜	1,251	중소기업	'19년	'21년
97	㈜지엔씨에너지	1,387	중소기업	'19년	'21년
98	㈜진성테크	1,387	중소기업	'19년	'21년
99	㈜사이냅소프트	1,373	중소기업	'19년	'21년
100	㈜매스씨앤지	1,367	중소기업	'19년	'21년
101	한국카본	1,184	중견기업	'20년	'22년
102	세신정밀	1,045	중소기업	'20년	'22년
103	아워홈	5,949	중견기업	'20년	'22년
104	케이비텍	1,662	중소기업	'20년	'22년
105	이노시뮬레이션	1,733	중소기업	'20년	'22년
106	네오디씨티이엔지	1,365	중소기업	'20년	'22년
107	디오	1,387	중소기업	'20년	'22년
108	동양피엔에프	2,746	중소기업	'20년	'22년
109	다산씨엔텍	1,372	중소기업	'20년	'22년
110	한성컴퓨터	2,487	중소기업	'20년	'22년
111	엘앤피코스메틱	1,378	중소기업	'20년	'22년
112	㈜디에이그룹엔지니어링	9,317	중소기업		
113	㈜엑셈	2,982	중소기업		
114	과학기술자멘토링센터	2,508			
115	서울 M+센터	3,529			
116	M-융합캠퍼스	2,233			
117	M-융합캠퍼스	2,262			
합계		553,014			

15

경기도 과천시

경기도 과천시

모든 주거시설이 새 아파트화 되고 있는 곳

빠숑의 POINT

서울보다 위상이 높은 대한민국 최고의 강소 도시!

경기도 과천시는 서울이 아닌 곳을 통틀어 가장 대장 지역이라고 할 수 있는 곳입니다. 작은 지역이지만 경기도의 다른 어떤 곳과도 비교할 수 없을 정도로 위상이 큰 지역이고, 서울보다 더 서울 같은 지역이라고도 볼 수 있습니다. 서울 강남권을 제외하면 서울의 어떤 지역과 비교해도 우수한 지역입니다.

지리적 위치로 보면, 위로는 서초구와 바로 붙어 있고, 동작구나 관악구와도 인접하고, 밑으로는 안양시와 가까운 명품 도시가 과천입니다. 과천시에는 혐오시설, 그러니까 유흥업소가 하나도 없습니다. 밤 9시 이후로는 갈 수 있는 곳이 거의 없어서 학부모들이 선호하는 교육 환경이기도 합니다.

과천은 자연환경도 좋습니다. 관악산, 청계산이 양쪽으로 자리하고 있죠. 특히, 관악산은 서울에서 볼 때는 바위들이 뾰족하고 울퉁불퉁한 악산이지만, 과천에서 보면 굉장히 멋진 숲이에요. 과천을 위한 산이라고 할 수 있을 정도로 쾌적합니다. 또 서울랜드와 경마장이 있는데, 이 주변이 다 공원입니다.

그리고 과천에는 양질의 일자리도 있습니다. 정부청사가 있는 곳이니까요. 정부청사가 다 세종시로 내려간 게 아니냐고 많이들 생각하는데, 내려간 공공기관이 있고 또 새로 입주한 공공기관이 있습니다. 현재 이곳에서 근무하고 있는 공무원들이 4700여 명이라고 합니다.

과천은 크게 두 지역으로 나눠서 보면 됩니다. 재건축이 진행 중에 있는 주공아파트 단지들이 있는 지역이 있고요, 남쪽으로 택지개발을 하고 있는 지역이 있습니다. 그래서 지금 거의 모든 주거시설이 새 아파트화 되고 있는 곳이 과천입니다. 이 점을 염두에 두고, 과천시에 대해 자세히 살펴보도록 하겠습니다.

과천시의 위상과 주요 아파트 단지들

과천시는 규모가 굉장히 작습니다. 인구가 5만 9000여 명밖에 되지 않습니다. 서울에 있는 한 개 동의 인구도 안 되는 정도인데, 전국에 있는 대부분의 사람들이 알고 있는 곳이고, 또 굉장히 큰 도시처럼 느껴지는 곳이죠. 세대수도 2만 1900여 세대에 불과합니다. 만약 2150세대짜리 아파트가 들어오게 되면, 과천 전체의 10분의 1이 증가하게 되는 거죠.

| 과천시의 인구수와 세대수 |

지역	인구수	세대수
경기도	13,311,254	5,529,263
과천시	**59,687**	**21,957**
중앙동	8,469	3,058
갈현동	10,883	3,466
별양동	10,597	3,688
부림동	11,786	4,215
과천동	9,883	4,459
문원동	8,069	3,071

그래서 과천시는 사소한 공급이라도 눈여겨봐야 되는 지역입니

| 경기도 지역별 평균 시세 |

지역	평단가
과천시	**4,384**
성남시	2,525
하남시	2,102
광명시	1,943
안양시	1,691
구리시	1,579
의왕시	1,483
수원시	1,340
군포시	1,271
부천시	1,260
경기도	**1,250**
용인시	1,235
화성시	1,186
고양시	1,120
안산시	1,018
김포시	1,002
남양주시	968
시흥시	934
광주시	896
의정부시	871
파주시	811
양평군	787
오산시	722
이천시	721
평택시	713
양주시	666
여주시	568
포천시	557
동두천시	555
가평군	545
안성시	528
연천군	463

다. 적은 공급 물량도 이 지역의 시세에는 큰 영향을 주는 것이니까요.

과천시는 경기도에서 압도적인 1위의 위상을 가지고 있습니다. 현재 과천시의 아파트 평균 시세가 평당 4384만 원인데, 2위인 성남시는 평당 2525만 원입니다. 거의 더블스코어에 가까운 차이이기 때문에 과천의 위상이 얼마나 높은지 알 수 있죠.

때문에 과천은 서울의 강남구, 서초구 다음의 위상을 가진 송파구와 비교되는 지역입니다. 송파구보다 더 우위에 있다고도 평가됩니다. 과천은 거의 모든 지역들의 시세가 높은 반면, 송파구는 사실상 잠실만 높기 때문에 그렇습니다. 어쨌든, 과천과 송파구는 어느 곳에 새 아파트가 많이 들어오느냐에 따라 서로 엎치락뒤치락하고 있습니다. 지금은 과천에 새 아파트 이슈가 워낙 많기 때문에 아마 한동안은 과천시가 더 우세하지 않을까 싶습니다.

한편, 과천시는 집값 상승 선도 지역으로 지정된 경기도 3곳 중 하나이죠. 나머지 2곳은 하남시와 광명시이고요. 과천시에서는 다섯 개의 동이 집값 상승 선도 지역으로 지정됐습니다. 별양동, 부림동, 원문동, 주암동, 중앙동이죠. 이 동들에 있는 아파트들의 평당 시세를 보면, 구분이 거의 의미가 없을 정도로 높습니다. 다 평당 4000만 원대 이상이죠.

| 동별 평균 시세 |

지역	평단가
부림동	4,952
중앙동	4,515
별양동	4,434
과천시	**4,382**
원문동	3,970

그래도 가장 시세가 높은 곳은 현재 재건축이 진행되고 있는 부림동, 중앙동, 별양동입니다. 여기는 이제 평당 4500만 원 정도에서 5000만 원에 육박하는 시세를 보여주고 있죠. 이 지역들에 모두 13개 단지가 있는데요, 전 단지가 재건축을 하고 있습니다. 이미 재건축을 완료해서 입주를 한 곳도 있고, 입주를 기다리고 있는 곳도 있으며, 아직 진행 단계에 있는 곳도 있고요.

동별 시세 표에서 빠진 동이 있죠. 우선, 남쪽에 있는 갈현동은 택지개발 지역입니다. 지식정보타운이 생기는 곳으로, 여기도 신규 아파트가 들어서게 될 텐데 아직은 입주한 곳이 없어서 아파트가 없는 동이기 때문에 시세 표에서는 빠졌습니다. 그리고 또 주암동, 막계동의 경우도 경마장과 서울랜드가 있는 지역이라서 마

| 과천시의 시세 상위 아파트 |

순위	지역(동)	아파트명	세대수	평단가	입주년월
1	별양동	주공아파트 2단지(301-307)	250	8,549	1982.05
2	부림동	주공아파트 9단지	720	6,023	1982.12
3	중앙동	주공아파트 10단지	632	5,694	1984.08
4	별양동	주공아파트 4단지	1,110	4,965	1983.07
5	부림동	주공아파트 8단지	1,400	4,731	1983.09
6	중앙동	래미안 에코펠리스	659	4,580	2007.04
7	원문동	래미안 슈르 3단지	2,899	4,480	2008.08
8	별양동	래미안 슈르	244	4,450	2008.08
9	별양동	주공아파트 5단지	800	3,953	1983.12
10	별양동	과천타워	42	2,649	1997.07

찬가지로 아파트가 없는 동이고요.

과천시의 시세 상위 단지들을 보겠습니다. '주공'이 붙은 단지들은 다 재건축 예정인 아파트라고 보면 됩니다. 이미 재건축해서 입주한 단지들이 래미안 에코펠리스(2007년 입주)와 래미안 슈르 3단지(2008년 입주)이고요. 래미안 에코펠리스는 세대수가 적은 단지인데도 비쌉니다. 평당 4500만 원이 넘죠. 이 아파트는 관악산 줄기가 내려오는 길에 있어요. 진짜 자연 하천이 단지 한가운데를 관통해서 흐르고 있어서 굉장히 쾌적합니다. 그래서 인기가 있는 단지죠.

이 리스트에는 없지만 주공 1단지를 재건축한 과천 푸르지오써밋도 올해 4월에 입주를 했습니다. 현재 거래가 되고는 있는데 등기가 나오려면 시간이 걸리겠죠. 아마 지금 가장 비싼 단지가 이 푸르지오써밋일 겁니다. 주공 단지들은 지분 가격이기 때문에 상대적으로 비싼 거고요. 푸르지오써밋이 이 지역에서 가장 가운데에 있는 메인 입지이고 역세권 단지이기 때문에 한동안은 과천의 1등 아파트 자리를 유지하지 않을까 싶습니다.

과천 푸르지오써밋

그 외에 과천 센트레빌도 올해 4월에 입주를 했고요, 11월에는 과천 센트럴파크 푸르지오써밋이 입주를 하게 되죠. 그리고 내년에는 과천 리버필드와 과천 자이가 입주를 할 예정입니다. 다들 대단지인 데다 입지도 좋기 때문에 아마 이들 단지들은 입주와 동시에 평당 5000만 원이 넘어가지 않을까 예상됩니다.

반드시 주목해야 할 택지개발지구, 지식정보타운

과천지식정보타운은 과천정부청사역과 안양의 인덕원역 사이에 굉장히 큰 규모로 조성되는 택지개발지구입니다. 여기에 4호선의 전철 역사도 추가로 생길 예정입니다. 아마 과천지식정보타운

| 과천 지식정보타운 블록별 현황 |

블록	유형	세대수
S1	민간분양	435
S2	뉴스테이 예정	597
S3	10년 임대	474
S4	민간분양	679
S5	민간분양	584
S6	미매각	659
S7	10년 임대	664
S8	민간분양	608
S9	공공분양	647
S10	10년 임대	612
S11	국민, 영구임대	846
S12	행복주택	1,468

| 2020년 과천시의 분양 물량 |

지역	아파트명	분양년월	입주년월	세대수
갈현동	과천 제이드 자이 (S9)	202002	-	647
갈현동	과천 지식정보타운 S8 (공공분양)	202009	-	608
합계				1,255

역이 되겠죠. 지식정보타운에 입주가 될쯤에는 아마 준공이 되지 않을까 싶습니다.

현재 과천지식정보타운 내에 굉장히 많은 공공분양, 민간분양, 임대분양이 계획되어 있습니다. 올해 과천시의 분양 예정 물량이 1255세대인데요, 이 물량이 다 지식정보타운 지역입니다. 우선, S9 구역에 해당하는 과천 제이드 자이가 2월에 분양을 했습니다.

그런데 여기 분양가가 얼마였을까요? 분양가상한제가 적용돼서 평당 2200만 원대였습니다. 지금 과천시의 시세가 평당 4000만 원이 넘는데, 절반도 안 되는 가격이죠. 말 그대로 반값 분양가, 로또 분양가인 셈입니다. 경쟁률이 193대 1이나 됐죠.

그렇기 때문에 지식정보타운은 무조건 눈여겨봐야 하는 곳입니다. 이 지역이 갖고 있는 입지 가치에 비해 가격이 매우 낮기 때문에 관심을 안 갖는 게 이상하겠죠. 아마 지금 많은 사람들이 주목하고 있지 않을까 싶고요.

실제로, 최근 한 3년 동안 과천으로 이주를 해온 사람들이 꽤 있었습니다. 과천시의 재건축 아파트라든지, 이 지식정보타운의 아파트를 분양받으려고 전입을 한 거죠. 전월세 인구가 실제로 많이 증가했습니다. 과천에서 1년 이상 거주하면 1순위로 청약을 넣을 수 있기 때문에 전략적으로 선택을 한 거죠. 과천은 인구 규모에 비해 분양 물량이 많기 때문에 당첨 확률이 높은 곳이거든요.

그런데 거주 기간을 1년에서 2년으로 늘려서 조건이 안 되는 사람들은 다시 또 나가기도 하고 그러나 보더라고요. 하지만 지식정보타운은 아직 분양을 안 한 것들이 더 많기 때문에 여전히 기회는 있다고 봅니다.

그리고 과천에는 지식정보타운 외에 또 하나의 호재가 더 있죠. 3기 신도시로 지정됐잖아요. 물량 규모가 7100세대 정도 됩니다. 다른 신도시에 비하면 적은 규모지만, 인구수에 비하면 굉장히 많은 물량입니다. 이 3기 신도시는 내후년 정도부터 분양을 할 테니, 지금부터 과천시에 거주하기 시작해도 2년 거주 기간이라는 1순위 조건이 충분히 될 수 있겠죠.

과천시는 지금은 인구가 적지만 앞으로는 인구가 늘어날 수밖에 없는 게, 원래 사람이 안 살던 지식정보타운에 거의 8000세대에 가까운 아파트가 새로 생기게 되는 겁니다. 그 8000세대가 평균 3인 가족이라고 한다면, 거의 2~3만 명이 들어오는 셈이 되는 거죠. 과천시의 인구가 지금 5만 8000여 명이기 때문에 50% 이상의 인구가 증가할 수 있다는 것입니다. 부동산은 인구가 증가하게 되면 무조건 프리미엄이 올라갑니다. 그런 측면에서 과천을 보면 좋을 것 같습니다.

향후 눈여겨볼 물량들과 3기 신도시 이슈

과천에는 올해 입주 물량이 많습니다. 전부 2988세대예요. 과천의 전체 세대수의 거의 15퍼센트에 가까운 물량이죠. 단지들은 앞서 언급한 곳들인 재건축 단지들입니다. 과천 센트레빌, 과천 푸르지오써밋, 과천 센트럴파크 푸르지오써밋이죠. 물론 대부분이 조합원 아파트이기 때문에 일반 분양분은 많지 않을 것 같습니다.

| 2020년 과천시의 입주 물량 |

지역	아파트명	분양년월	입주년월	세대수
갈현동	과천 센트레빌	201805	202004	100
중앙동	과천 푸르지오 써밋	201805	202004	1,571
부림동	과천 센트럴파크 푸르지오 써밋	201801	202012	1,317
합계				2,988

| 과천시의 재건축, 재개발 진행 현황 |

지역(동)	사업장명	사업단계	세대수	건립 예정 세대수	시공사
재건축 단지					
부림동	주공아파트 8단지	안전진단	1,400	-	-
부림동	주공아파트 9단지	안전진단	720	-	-
별양동	주공아파트 5단지	안전진단	800	-	-
중앙동	주공아파트 10단지	추진위원회 승인	632	1,339	-
별양동	주공아파트 4단지	조합설립인가	1,110	1,500	GS건설
재개발 구역					
중앙동	중앙단독구역	기본계획수립	-	-	-
주암동	주암장군마을	조합설립인가	-	880	-

결국은 향후에 분양할 단지들을 봐야 되겠죠. 현재 4단지, 5단지, 8단지, 9단지, 10단지가 재건축 진행 중이고요, 이중에서 8, 9단지는 통합으로 재건축을 추진하고 있습니다. 그리고 규모는 작지만 재개발 구역도 있으니 참고하면 좋을 것 같습니다.

무엇보다 과천은, 앞서 이야기했듯이 3기 신도시로 지정이 됐잖아요. 구체적인 것들은 아직 확정되지 않았지만, 이 역시 꼭 주목해봐야 할 이슈입니다.

과천의 신도시는 4호선 선바위역과 경마공원역 사이에 있는 부지에 개발이 될 예정입니다. 전철역 두 곳을 끼고 있기 때문에 현재는 주변에 인프라가 없지만 서울 접근성 측면에서 보면 굉장히 좋은 입지라고 볼 수 있습니다.

3기 신도시와 함께 과천에는 이수-과천 복합터널이나 과천-

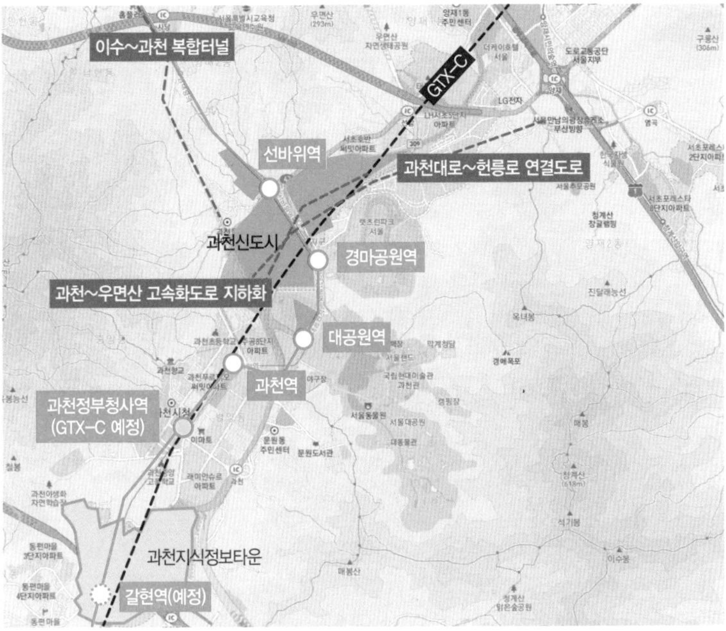

우면산 고속도로 지하화, 과천대로-헌릉로 연결도로도 계획하고 있고, 또 중요한 게 GTX C노선입니다. 4호선 과천정부청사역에 GTX C노선의 역사가 생길 예정이죠. GTX를 타고 강남(양재역, 삼성역)까지 한 번에 갈 수 있고, 의정부까지도 출퇴근이 가능한 노선입니다.

정리를 해보겠습니다. 일단 현재 과천은 모든 아파트들이 재건축을 하고 있습니다. 여기에 북쪽으로는 3기 신도시, 남쪽으로는 지식정보타운이 들어와서 주거 지역이 더 확대될 예정이죠. 양질의 주거시설과 일자리, 교통망 증대가 한꺼번에 진행되고 있는 곳이 과천입니다. 그래서 과천은 지금도 1등 경기도 지역이지만, 향후에는 지금 이상으로 더 좋아질 수밖에 없는 지역입니다.

향후 살고 싶은 단지 딱 1개만 꼽는다면!

▶ 과천 푸르지오써밋

과천시의 핵심 호재

3기 신도시, 과천지구

- 과천시 과천동, 주암동, 막계동 일대에 면적 155만㎡의 규모로 조성.
- 총 7100세대. 2021년 하반기 착공 및 분양, 2025년 말 준공 예정.

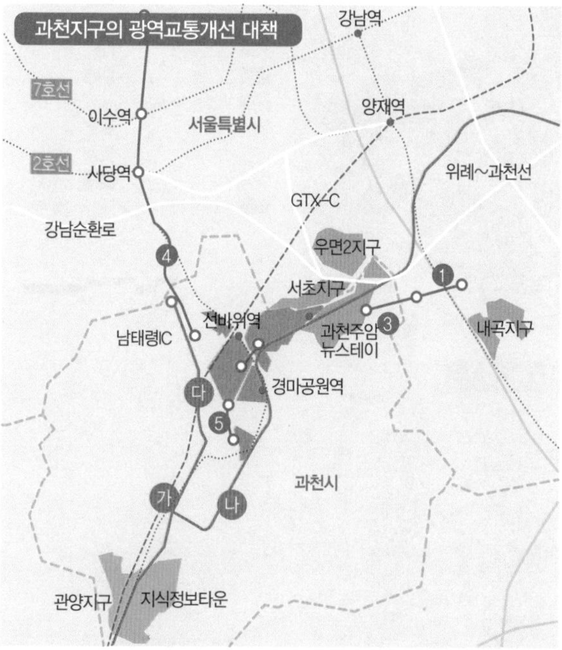

대중교통확충
- ㉮ GTX-C 정부과천청사역 환승역사
- ㉯ 위례과천선(복정역-정부과천청사역)
- ㉰ 안양~사당 BRT
- ㉱ 과천지구 환승시설
- ㉲ 대중교통운영지원

도로교통개선
- ❶ 청계산지하차도~염곡IC도로구조개선
- ❷ 과천~우면산간도시고속화도로지하화
- ❸ 과천대로~헌릉로 연결도로
- ❹ 이수-과천 간 복합터널
- ❺ 상아벌지하차도 확장 및 통합

과천지식정보타운

- 과천시 갈현동 일대, 면적 135만 3090㎡ 규모의 택지개발지구.
- 총 8000세대. 주거 기능과 업무 기능이 어우러진 복합 도시 조성.

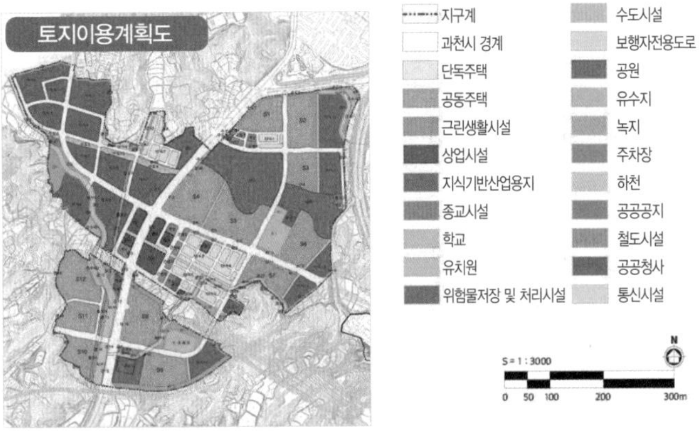

16

경기도 성남시

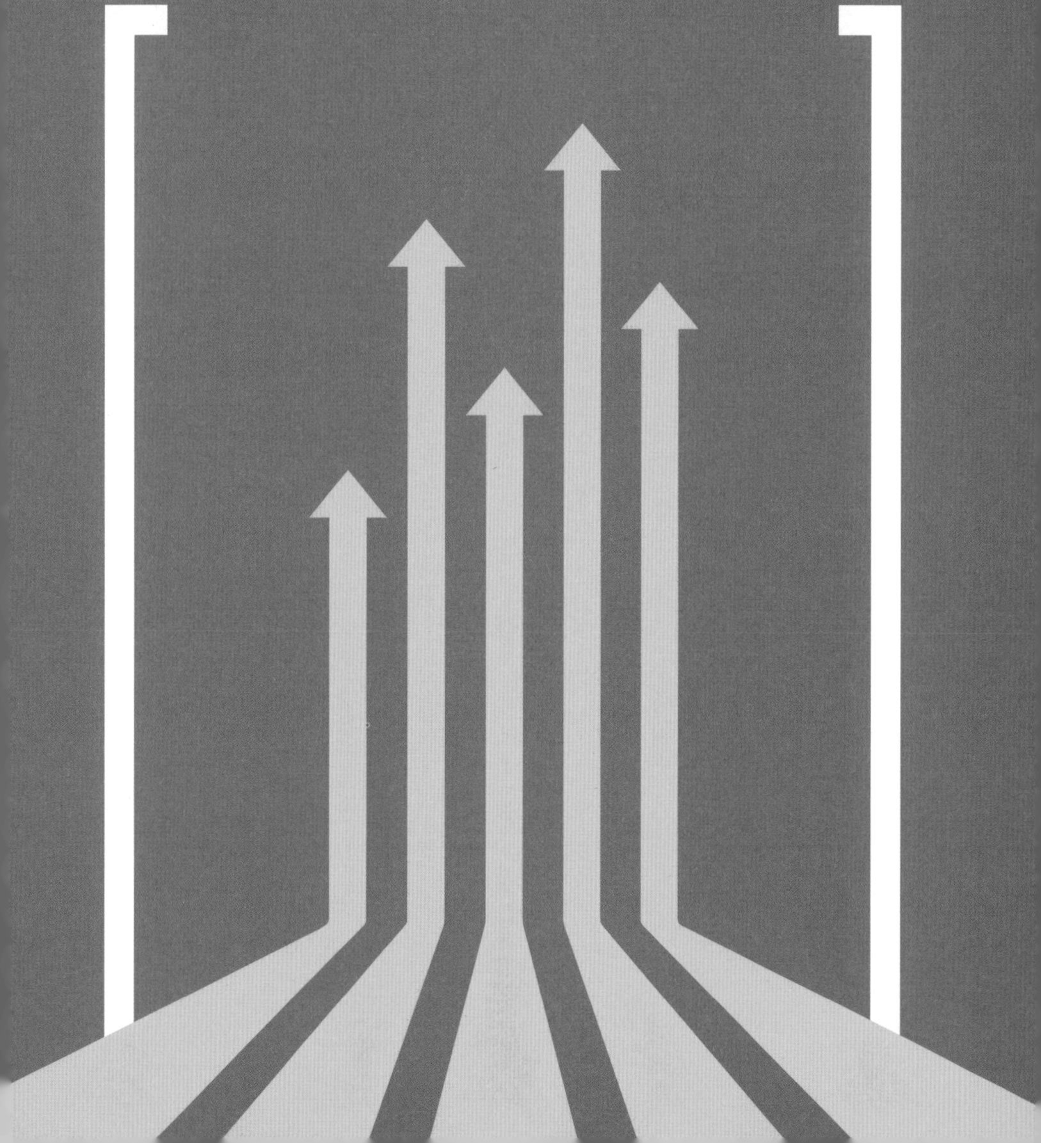

경기도 성남시

완벽한 일자리, 완벽한 교통망 그리고 완벽한 새 주거시설까지

빠숑의 POINT

서울을 제외하면 대한민국 최고의 대도시!

| 경기도 지역별 평균 시세 |

지역	평단가
과천시	4,384
성남시	**2,525**
하남시	2,102
광명시	1,943
안양시	1,691
구리시	1,579
의왕시	1,483
수원시	1,340
군포시	1,271
부천시	1,260
경기도	**1,250**
용인시	1,235
화성시	1,186
고양시	1,120
안산시	1,018
김포시	1,002
남양주시	968
시흥시	934
광주시	896
의정부시	871
파주시	811
양평군	787
오산시	722
이천시	721
평택시	713
양주시	666
여주시	568
포천시	557
동두천시	555
가평군	545
안성시	528
연천군	463

성남시는 경기도권에서 가장 비싸고, 가장 좋은 도시라고 할 수 있습니다. 과천시는 서울과 다름없기 때문에 제외하고요, 경기도에서 성남시를 따라올 수 있는 지역은 없죠.

현재 성남시의 평균 시세는 평당 2525만 원으로, 과천 바로 다음의 위상을 점하고 있습니다.

성남시의 인구는 94만여 명, 세대수는 40만 세대 정도로 굉장히 큰 규모입니다. 세 개의 구로 나뉘어서 구성돼 있죠. 가장 위쪽으로 수정구, 가운데에 중원구, 아래쪽에는 분당구가 있습니다. 수정구와 중원구는 구도심이고요, 분당구는 1991년도부터 입주를 시작한 1기 신도시입니다.

현재 분당구의 인구가 48만 7700여 명입니다. 성남시 인구의 절반이 넘죠. 수정구 인구는 23만 4600여 명, 중원구의 인구는 22만 명 정도입니다. 그래서 성남시에서는 압도적으로 분당구의 위상이 가장 높습니다. 그중에서도 가장 상위 지역은 판교신도시이고요.

그럼 구별로 어떤 지역들이 있는지 살펴보도록 하죠. 뒷 페이지에서 분당구의 동별 시세 표를 보면 백현동, 심평동, 윤중동, 판교동까지가 판교신도시이고요, 그 아래로는 구분당이라고 보면 됩니다. 분당구는 이렇게 판교신도시와 구분당으로 나눠서 보는 게 좋을 것 같습니다.

수정구와 중원구는 거의 비슷하다고 볼 수 있습니다. 다만, 수정구의 한 지역이 유독 높은 시세를 보여주고 있죠. 심지어 분당의 지역들보다도 더 비쌉니다. 바로 위례신도시가 있는 창곡동입니다. 창곡동이 비싸기 때문에

| 구별 평균 시세 |

지역	평단가
성남시 수정구	2,727
성남시 분당구	2,652
성남시	**2,536**
성남시 중원구	1,733

| 성남시의 인구수와 세대수 |

지역	인구수	세대수
경기도	13,311,254	5,529,263
성남시	**941,527**	**402,179**
수정구	**234,653**	**111,121**
신흥1동	13,530	7,764
신흥2동	9,887	3,777
신흥3동	11,142	6,215
태평1동	15,779	8,631
태평2동	15,999	7,824
태평3동	13,804	6,865
태평4동	13,880	6,537
수진1동	12,746	7,243
수진2동	16,479	7,839
단대동	16,180	6,738
산성동	13,047	6,333
양지동	10,143	4,333
복정동	11,533	6,868
위례동	45,802	17,424
신촌동	4,813	2,051
고등동	6,579	3,074
시흥동	3,310	1,605
중원구	**219,155**	**100,259**
성남동	33,677	17,496
중앙동	14,354	7,246
금광1동	7,164	3,357
금광2동	25,147	11,782
은행1동	10,925	4,493
은행2동	25,085	11,144
상대원1동	26,268	11,957
상대원2동	14,271	7,260

상대원3동	12,900	6,386
하대원동	21,345	8,304
도촌동	28,019	10,834
분당구	**487,719**	**190,799**
분당동	26,868	10,387
수내1동	18,194	7,686
수내2동	10,773	3,225
수내3동	14,316	5,243
정자동	20,047	8,271
정자1동	31,242	14,042
정자2동	16,297	7,701
정자3동	15,811	6,154
서현1동	32,559	12,689
서현2동	18,936	6,795
이매1동	26,239	9,125
이매2동	14,071	4,583
야탑1동	17,900	7,725
야탑2동	17,082	6,266
야탑3동	29,689	13,145
판교동	23,985	7,902
삼평동	24,945	8,859
백현동	28,108	10,197
금곡동	29,160	12,536
구미1동	17,967	7,263
구미동	31,893	13,238
운중동	21,637	7,767

수정구의 시세가 높은 것입니다. 창곡동을 빼고 보면, 수정구와 중원구는 거의 같은 수준의 시세를 형성하고 있고요.

성남시의 주요 상위권 단지들을 보면, 당연히 분당구 아니면 수정구의 위례신도시에 있는 아파트들이 시세가 높습니다. 분당구 중에서는 압도적으로 판교신도시의 아파트들이 비싸고요. 지금은 판교와 위례신도시의 전성시대라고 할 법하죠.

가장 비싼 아파트는 평당 5000만 원 전후의 시세를 형성하고 있는 백현마을 1단지인 푸르지오 그랑블입니다. 판교역 바로 앞에 현대백화점이 있는데, 그 길 건너편이 푸르지오 그랑블입니다.

그리고 구분당에서는 정자동의 상록 우성아파트가 평당 4000만 원에 육박하고 있습니다. 굉장히 인기가 많은 아파트죠. 탄천이 바로 붙어 있고, 정자역도 가깝고, 학교도 가까운 단지입니다. 정자동에서 비교적 새 아파트인 파크뷰도 평당 3700만 원이 넘습니다.

| 동별 평균 시세 |

분당구 행정구역도(법정동)

지역	평단가
백현동	4,046
삼평동	3,683
운중동	3,176
판교동	3,151
수내동	2,705
이매동	2,677
성남시 분당구	**2,652**
정자동	2,590
서현동	2,480
금곡동	2,471
구미동	2,272
야탑동	2,250
분당동	2,244

수정구 행정구역도(법정동)

지역	평단가
창곡동	3,390
성남시 수정구	**2,727**
단대동	1,947
신흥동	1,713
태평동	1,638
수진동	1,130
양지동	1,081

중원구 행정구역도(법정동)

지역	평단가
여수동	2,276
중앙동	2,023
은행동	1,913
성남시 중원구	**1,733**
도촌동	1,693
상대원동	1,614
하대원동	1,561
금광동	1,538
성남동	1,150

| 성남시의 시세 상위 아파트 |

순위	지역(동)	아파트명	세대수	평단가	입주년월
1	백현동	백현마을 1단지 푸르지오 그랑블	948	4,940	2011.07
2	삼평동	봇들마을 8단지	447	4,559	2009.11
3	삼평동	봇들마을 7단지	585	4,539	2009.07
4	백현동	백현마을 2단지	772	4,451	2009.12
5	창곡동	위례 자연앤 센트럴자이	1,413	4,392	2017.07
6	삼평동	봇들마을 4단지	748	4,375	2009.07
7	백현동	판교 알파리움 2단지	514	4,254	2015.11
8	백현동	백현마을 7단지	464	4,219	2009.11
9	백현동	백현마을 5단지	584	4,123	2009.1
10	운중동	산운마을 10단지	257	4,070	2009.01
11	백현동	백현마을 6단지	396	4,065	2009.01
12	백현동	판교 알파리움1 단지	417	4,033	2015.11
13	삼평동	봇들마을 9단지	850	3,965	2009.07
14	정자동	상록 우성아파트	1,762	3,904	1995.06
15	창곡동	위례역 푸르지오 4단지	208	3,779	2017.01
16	창곡동	위례 자연앤 래미안 e편한세상	1,540	3,772	2016.07
17	정자동	파크뷰	1,829	3,729	2004.06
18	수내동	양지마을 1단지 금호	918	3,708	1992.12
19	창곡동	래미안 위례	410	3,606	2015.11
20	운중동	산운마을 9단지	266	3,575	2009.01
21	운중동	산운 13단지 휴먼시아 데시앙	587	3,554	2010.06
22	백현동	백현마을 9단지	348	3,539	2009.01
23	판교동	판교원마을 3단지	486	3,536	2009.01
24	판교동	판교원마을 5단지	567	3,622	2009.01

2004년 입주한 주상복합 아파트인데요, 판교가 개발되기 전까지는 분당구의 랜드마크였던 곳이기도 합니다.

백현마을 1단지 푸르지오 그랑블

경쟁 입지가 없는 호재의 천국, 분당구

분당구는 1기 신도시로도 1등 지역이지만, 전국에 있는 어떤 택지개발 지역과 비교해도 1등이라고 할 수 있는 지역입니다. 대한민국에서 가장 살기 좋은 곳을 하나 꼽으라고 한다면, 저는 분당을 꼽을 것 같습니다. 왜냐하면, 거의 모든 조건을 다 갖추고 있는 곳이 분당이거든요. 고민할 필요 없이 살 수 있게 만든 도시가 분당구입니다. 그야말로 '부동산의 모든 것', 즉 일자리, 주거 지역, 상업 지역을 모두 다 잘 갖춘 입지이죠.

분당구에서 원래 제일 비쌌던 곳은 서현역 주변인 정자동과 수내동 일대입니다. 이곳에 제일 먼저 생긴 시범 단지들이 있거든요. 어떤 택지개발지구이든 시범 단지들은 대부분 다 좋습니다. 기반시설들도 잘 갖춰져 있고, 학군도 좋고요.

판교 테크노밸리가 확장되면서 정자동과 수내동 일대가 직주근접 지역으로 인기가 더 높아지기도 했습니다. 4개의 시범 단지 아파트들이 있는데, 한양아파트, 삼성 한신아파트, 우성아파트, 현대아파트입니다. 이중 한양아파트가 2419세대로 가장 큰 대단지인데, 분당중앙공원 바로 앞에 있고 서현고등학교가 가장 가까운 단지입니다. 시범 단지는 분당신도시 최초의 입주 아파트들이기 때문에 주민들 사이에서는 재건축 이야기가 나오고 있기도 합니다. 다만, 워낙 아파트 설계가 잘 되어 있기 때문에 현재의 안전진단 기준으로는 재건축 허가가 금방 나올 것 같지는 않아서 좀 기다려 봐야 할 것 같습니다.

아무튼, 구분당의 메인 지역인 수내동, 정자동 외에 구미동, 이매동, 야탑동 등이 있는데, 이곳들은 메인 지역을 보조하는 역할을 했죠. 그런데 판교신도시가 개발되면서 판교 바로 옆에 있는 이매동도 좋은 입지로 올라섰습니다. 아울러 야탑동까지도 영향을 많이 받았고요.

판교는 2000년대 후반부터 입주를 시작한 신도시죠. 경부고속도로를 중심으로 해서 동판교와 서판교로 나뉩니다. 처음에는 서판교가 인기가 많았습니다. 녹지공간을 끼고 있는 고급 입지로 평

제2테크노밸리 기업지원허브 조감도

가를 받았거든요. 그런데 동판교 쪽으로 일자리, 교통망, 쇼핑시설 등이 모두 집중되다 보니 동판교가 더 비쌉니다. 서판교는 계속 동판교를 따라오고 있고요.

현재 판교 테크노밸리에는 1300개 정도의 기업들이 들어와 있고, 8만 7000명 정도가 근무를 하고 있습니다. 우리가 익히 아는 기업들이 많이 있죠. 카카오, 네이버, 엔씨소프트, 네오위즈, 안랩 등 대부분 IT 기업과 연구소들로 굉장히 좋은 일자리죠. 앞으로 제2테크노밸리와 제3테크노밸리도 생기게 됩니다. 현재 제2테크노밸리를 조성하고 있고요, 제3테크노밸리도 착공에 들어갈 예정입니다. 이 두 곳을 합쳐 제1테크노밸리 정도의 규모라고 하니, 일자리 규모도 지금보다 배로 증가하게 되겠죠.

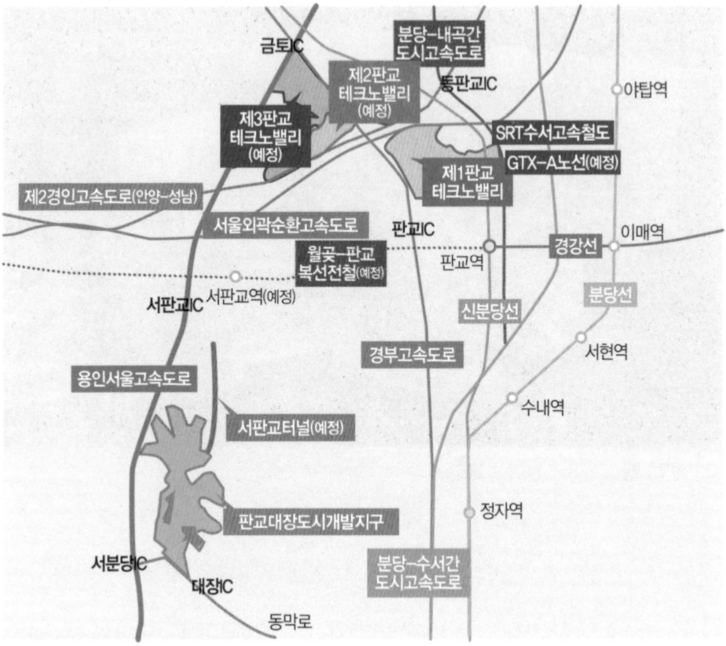

교통망도 좋습니다. 분당선과 신분당선이 있고, 판교에서 여주까지 가는 경강선도 있습니다. 그리고 앞으로 몇 가지 전철이 더 들어올 예정이죠. 성남 1호선과 2호선(판교 트램), 8호선 판교 연장이 계획돼 있고요, GTX A노선도 들어와서 성남역이 생길 예정입니다.

그래서 분당은 지금도 좋고, 향후도 계속 좋습니다. 인기가 늘 많은 지역이기 때문에 새 아파트에 대한 수요도 굉장히 많습니다. 91년부터 입주를 한 도시이기 때문에 아파트들이 대부분 많이 낡기는 했습니다. 때문에 분당은 새 아파트에 늘 목말라 있습니다.

최근에 새 아파트에 대한 수요를 채워준 곳이 대장지구입니다. 17, 18년도에 집중적으로 분양했고, 2021년부터 입주를 하게 됩니다. 대부분 5000세대 가까이 되는 대단지들이기 때문에 이곳이 분당의 새 아파트 수요를 어느 정도는 가져갈 수 있겠는데, 신규 택지개발지이기 때문에 기반시설을 다 갖추려면 다소 시간은 걸릴 것입니다. 어쨌든, 신규 아파트가 집중적으로 공급되는 곳들은 대장지구밖에 없기 때문에 향후에 대장지구가 어떤 역할을 할지를 지켜보면 좋겠습니다.

분당구에는 새 아파트 분양 물량이 당분간은 거의 없습니다. 구분당은 91년부터 입주한 아파트들이라서 아직 재건축 연한이 안 됐고, 된다고 해도 15년~20년은 걸릴 것이고요. 때문에 조금 더 빨리 진행될 수 있는 리모델링을 관심 있게 보는 것도 좋을 것 같습니다.

지금 리모델링 시범 단지로 6곳의 단지가 진행 중에 있습니다. 가장 먼저 정자동의 한솔마을 주공 5단지가 진행하고 있고요. 이게 추진되면 비싼 아파트로 거듭나겠죠. 아마 주변 아파트들도 영향을 받을 거고, 다른 아파트들도 리모델링하겠다고 나서게 되지 않을까 싶습니다. 그러면 또 새 아파트의 기회가 생기게 되는 것이죠.

| 성남시 리모델링 시범 단지 현황 |

	위치	단지	세대수
1차	분당구 정자동	한솔마을 주공 5단지	1,156
	분당구 정자동	느티마을 3단지	770
	분당구 정자동	느티마을 4단지	1,006
	분당구 구미동	무지개마을 4단지	563
	분당구 야탑동	매화마을 1단지	562
2차	분당구 야탑동	매화마을 2단지	1,185

성남시의 구도심, 중원구와 수정구

수정구에서 가장 주목해봐야 할 것은 단연 위례신도시입니다. 앞서 송파구에서도 이야기했듯이, 위례신도시는 성남시 수정구, 송파구, 하남시 세 지역에 걸쳐 있죠. 특히 성남시 수정구에 있는 아파트들이 꽤 좋습니다. 그러다 보니 가격이 많이 치고 올라왔죠.

위례신도시는 수요가 많기 때문에 가격이 빠지기가 어렵습니다. 지금 현재 입지가 아주 좋은 건 아니에요. 솔직히 교통이 아직 좀 불편하기 때문에 그렇습니다. 그럼에도 불구하고 강남권 접근성이 좋기 때문에 비쌀 수밖에 없을 것 같고요. 무엇보다, 지금은 교통이 불편해도 위례신사선이나 성남 1, 2호선들이 계획돼 있기 때문에 입지가 계속 좋아지고 있다고 봐야 할 것 같습니다.

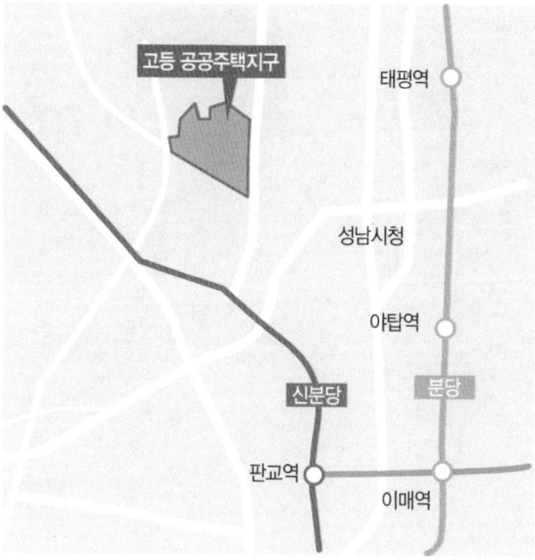

그리고 수정구에는 신규 택지개발 지구가 또 한 군데 더 있습니다. 고등동과 시흥동 일대에 개발된 공공택지지구인 고등지구입니다. 2021년까지 4000세대가 순차적으로 공급될 예정입니다.

수정구는 구도심이기 때문에 이 외에도 재개발, 재건축을 하는 곳들이 꽤 있습니다. 중원구도 수정구와 더불어서 정비사업이 진행되고 있고요.

하지만 아직까지 수정구, 중원구의 구도심은 분당보다 입지 가치가 많이 낮습니다. 가장 큰 이유로 일자리가 일단 적고요. 또 하나는 교통망이 아직까지는 부족합니다. 하지만 지속적으로 개발 계획들은 있습니다. 앞서 언급했던 위례신사선이나 성남 1, 2호선

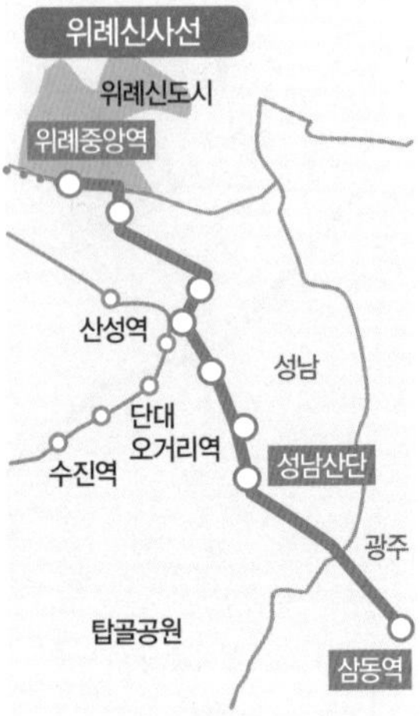

이 계획돼 있고, 월곶-판교선도 이 근처까지 오게 되고요. 지금의 수정구, 중원구의 정비사업이 마무리될 때쯤까지는 몇 가지 실적이 보일 것도 같습니다. 이렇게 교통망이 좀 갖춰지고 나면 그때부터는 볼만하겠죠.

한편, 판교 제2테크노밸리는 분당구의 호재이기도 하지만, 수정구의 호재이기도 합니다. 수정구와 분당구 사이에 조성되는 것이니까요. 여기 입주가 시작되면 주거 수요도 증가할 것입니다.

원래 수정구와 중원구는 성남시 전체의 위상을 낮추는 구멍 같은 곳이었습니다. 그런데 그 구멍들이 다 메워지면서 성남시를 더 상급 입지로 올려주는 지역으로 거듭나고 있죠. 그리고 실제로는 수원구와 중원구가 분당구보다 서울과 더 가까운데, 분당이 오히려 더 서울과 가깝게 느껴졌던 게 크거든요. 그런데 이제 수원구와 중원구가 분당과 서울을 연결하는 입지로서 더 부각이 되고 있다고도 말할 수 있을 것 같습니다.

향후 주목할 만한 물량들

현재 성남시에는 아파트가 19만 6000세대 정도 있습니다. 분당구에 12만 8000세대, 중원구에 3만 50000세대, 수정구에 3만 2000세대가 있고요. 그래서 중원구와 수정구에 새 아파트가 들어오게 되면 인기가 많을 것입니다. 이것도 되게 중요한 포인트죠. 중원구와 수정구에는 다세대 빌라에 사는 사람들이 많은데, 아파트로 이사를 가고자 하는 수요가 많을 거거든요. 그래서 이 지역에 생기는 아파트들은 굳이 다른 지역에서 수요를 끌고 오지 않더라도 이미 수요가 충분합니다. 기본적으로 실거주 수요가 많은 곳은 결국 잘될 수밖에 없어요. 만일 미계약분이 나오면 무조건 잡아야 하는 이유죠.

올해 성남시에 입주하는 단지는 4600세대 정도로, 전부 수정구 고등지구에 있는 단지들입니다. 올해 분양 물량도 많습니다. 성남시는 매년 꾸준히 분양을 해왔는데 지난해에는 1만 세대 넘게 분

| 2020년 성남시의 입주 물량 |

지역	아파트명	분양년월	입주년월	세대수
수정구 고등동	성남 고등지구 제일 풍경채	201712	202004	543
수정구 신흥동	산성역 포레스티아	201708	202007	4,089
합계				4,632

| 2019년 성남시의 분양 물량 |

지역	단지명	분양년월	입주년월	세대수	청약 경쟁률
수정구 창곡동	위례 포레스트 사랑으로 부영	201903	201904	566	2.39
분당구 수내동	분당 지웰 푸르지오	201904	202203	166	8.81
중원구 금광동	e편한세상 금빛 그랑메종	201905	202211	5,320	8.57
중원구 중앙동	성남 위례 A2-15	201905	202209	2,411	7.86
분당구 대장동	대장지구 제일 풍경채	201907	202111	1,033	3.71
합계				9,496	

| 2020년 성남시의 분양 물량 |

지역	아파트명	분양년월	입주년월	세대수
수정구 고등동	성남 고등 자이 주상복합	2020	202110	364
분당구 야탑동	공공분양	2020	-	236
수정구 고등동	성남 고등 S3	202001	202109	498
수정구 창곡동	성남 위례 A2-15	202001	202101	470
수정구 신흥동	산성역 센트럴파크 자이 푸르지오	202004	-	4,774
수정구 금토동	판교 창조경제밸리 A1	202004	-	81
합계				6,423

양을 했고, 올해도 7000세대 가까이 분양을 합니다. 이 역시 대부분 다 수정구에 몰려 있습니다. 고등지구와 위례신도시의 단지들이죠. 특히, 산성역 센트럴파크 자이 푸르지오는 4700세대가 넘는 대단지입니다. 청약 조건이 된다면 놓치지 말고 분양받으면 좋을 것 같습니다.

지난 1년여 동안 성남시에서 분양했던 단지들의 실적을 보면, 생각보다 경쟁률이 많이 높지는 않습니다. 입주 물량이 워낙 많았으니까요. 이런 단지들에서 미계약분이 나오면 무조건 잡아야 합니다. 그래서 성남의 분양 물량이 많은 게 오히려 기회일 수도 있어요. 경쟁률이 낮아질 수 있으니까요.

분양가가 비싸다는 말도 있지만, 지금까지 터무니없이 비싼 분양가는 없었습니다. 입지 가치로 볼 때 적정 분양가라고 봐야 합니다. 언뜻 비싸 보여도 시장에서 충분히 수용 가능한 가격이라는 걸 염두에 두고 접근하면, 성남시의 새 아파트는 생각보다 쉽게 구할 수 있지 않을까 싶습니다.

또 많은 사람들이 성남시의 구축 아파트를 매수해도 될지 궁금해하는데요, 명품 도시라고 했던 구도심의 수내동, 정자동의 구축들은 고민할 필요가 없어요. 그리고 비싸긴 할 테지만 리모델링하는 단지들을 매수하는 것도 추천합니다. 리모델링 단지들 주변에 있는 아파트도 관심을 가져볼 만하고요. 그리고 수정구와 중원구

| 성남시의 재건축, 재개발 진행 현황 |

지역(동)	사업장명	사업단계	세대수	건립 예정 세대수	시공사
재건축 단지					
수정구 단대동	미도아파트	기본계획수립	280	–	–
중원구 상대원동	궁전아파트	조합설립인가	268	–	–
중원구 상대원동	성지아파트	조합설립인가	441	–	–
중원구 은행동	은행 주공 1단지	조합설립인가	1,900	3,314	–
재개발 구역					
수정구 수진동	수진 1구역	기본계획수립	–	–	–
수정구 신흥동	신흥 1구역	기본계획수립	–	–	–
수정구 태평동	태평 1구역	기본계획수립	–	–	–
수정구 태평동	태평 3구역	기본계획수립	–	–	–
중원구 금광동	금광 2구역	기본계획수립	–	–	–
중원구 상대원동	상대원 3구역	기본계획수립	–	–	–
중원구 은행동	은행 1구역	기본계획수립	–	–	–
중원구 중앙동	중동 2구역	기본계획수립	–	–	–
중원구 중앙동	중동 4구역	기본계획수립	–	–	–
중원구 중앙동	중동 도시환경 2구역	구역지정	–	–	–
중원구 상대원동	상대원 2구역	조합설립인가	–	4,829	대림산업
중원구 중앙동	중동 도시환경 1구역	조합설립인가	–	–	–
수정구 산성동	산성 구역	사업시행인가	–	3,493	대우, GS, SK
수정구 신흥동	신흥 2구역	이주 철거	–	3,299	대우, GS

의 재건축, 재개발 지역들도 다 좋습니다. 더 볼 것도 없이 다 관심을 가지면 좋은 곳들입니다.

정리하겠습니다. 성남시는 무엇보다도 일자리들이 굉장히 많이 증가하고 있습니다. 제1테크노밸리에 이어 제2테크노밸리와 제3테크노밸리가 생길 거고요. 교통망은 GTX A노선, 위례신사선, 판교 트램, 월곶-판교선 등 여러 호재들도 있죠. 새 아파트들도 매년 공급이 되고 있습니다. 완벽한 일자리와 완벽한 교통망, 완벽한 새 주거시설이 모두 공급되고 있는 지역이죠. 그래서 경기도에서 한 지역을 꼽으라고 한다면, 단연 성남시입니다. 서울을 제외하고 전국에서 제일 좋은 도시라고 말할 수 있겠습니다.

향후 살고 싶은 단지 딱 1개만 꼽는다면!

▶ 분당 시범 단지 한양아파트 재건축

성남시의 핵심 호재

제2테크노밸리

- 43만㎡ 부지에 2022년까지 단계적 조성.
- 9개동에 1400여 개의 기업체가 입주할 예정.

GTX A 노선

- 파주에서 동탄까지 총 83.3km 구간을 연결하는 수도권 광역 급행철도 노선으로, 성남시에도 성남역이 생길 예정.

위례신사선과 위례 트램

- 위례신도시의 교통 여건을 개선해줄 경전철과 철도 노선.

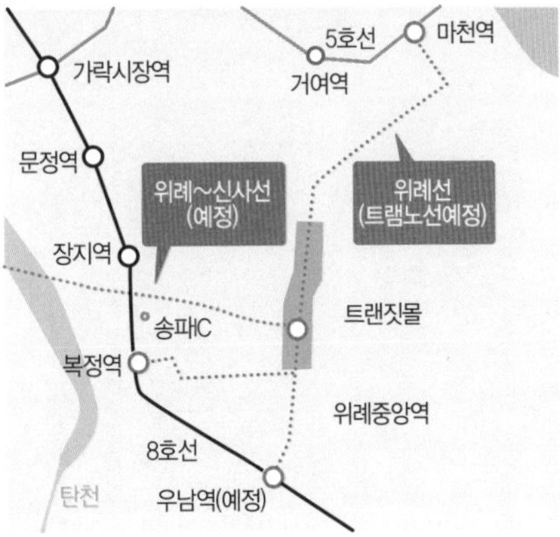

월곶-판교선

- 월곶역에서 판교역을 잇는 수도권 복선 전철.
- 총 40.13km 구간에 정거장 12곳 건설.
- 2021년 착공 및 25년 완공, 26년 개통 예정.

17

경기도 하남시

경기도 하남시

서울에 점점 더 가까워지고 있는 곳

빠숑의 POINT

서울 강남권이 확장된다면 여기까지!

하남시는 한강을 접하고 있는 경기도의 도시입니다. 지도로 하남시를 보면 한눈에 자연환경이 많다는 점이 눈에 들어옵니다. 위로는 한강이 흐르고 있고, 검단산을 비롯한 산들도 많이 보이고요. 그 산들 사이사이에 도심들이 배치돼 있는 모습이라서 굉장히 안정감이 느껴지는 지역입니다.

하남시보다 아래쪽에 있는 성남시가 먼저 개발되고 발전하기 시작했지만, 사실 하남시야말로 언제든 개발될 준비가 되어 있는 곳이었습니다. 왜냐하면, 서울시에 바로 붙어 있는 택지이기 때문에 그렇죠. 그런데 그전까지는 바로 옆에 있는 강동구의 재건축 물량이 워낙 많기도 했고, 또 진행이 잘 안 됐기 때문에 하남시도 개발 탄력을 받지 못했습니다.

그러다 강동구가 개발되기 시작하면서 이주 수요지가 필요해졌죠. 또 서울을 확장하는 과정에서 신도시를 개발할 때, 하남시가 서북권이나 서남권에 있는 지역들보다 강남권과 가깝기 때문에 강남 수요를 분산하는 차원에서 개발이 된 측면도 있습니다. 결과적으로 굉장히 잘 정착을 하고 있고요. 강동구나 송파구와는 바로 붙어 있고, 강남구와도 접근성이 좋기 때문에 강남의 수요를 충분히 받을 수 있는 좋은 입지를 갖고 있는 지역이 바로 하남시입니다. 아직은 전철이 연결돼 있지 않지만, 곧 생기게 될 예정이고요.

하남시라고 하면 신도시 분위기가 많이 느껴지는데, 신도시와 구도심이 잘 어우러져 있습니다. 그리고 성남시처럼 발전해가는 모습을 제대로 보여주고 있는 지역이기도 합니다.

앞서 살펴봤듯이, 성남시는 분당신도시를 시작으로 해서 이후에 판교신도시가 생기고, 수정구와 중원구가 개발되고, 남은 택지개발지구들까지 공사를 하면서 계속 전방위적으로 좋아졌잖아요. 앞에서 끌어주고 뒤에서 밀어주면서 발전해왔죠.

| 하남시의 인구수와 세대수 |

지역	인구수	세대수
경기도	13,311,254	5,529,263
하남시	**279,621**	**119,929**
천현동	7,722	4,153
신장1동	6,474	3,434
신장2동	45,726	19,024
덕풍1동	16,402	7,295
덕풍2동	19,469	9,135
덕풍3동	25,569	10,545
풍산동	29,134	10,707
감북동	2,844	1,542
감일동	7,560	2,751
위례동	19,241	7,167
춘궁동	4,054	2,212
초이동	3,699	2,087
미사1동	43,445	21,148
미사2동	48,282	18,729

하남시도 그런 양상을 보여주는 곳이라고 할 수 있습니다. 구도심이 있고, 신도시가 생기고, 구도심과 신도심 사이에 여러 호재들이 겹치고, 남은 택지들에 또 신도시가 채워지는 곳. 새 아파트가 들어오고, 교통망도 좋아지고, 일자리도 들어오는 곳. 그렇게 계속 발전하며 변모해가는 곳으로서 하남시를 이해하면 좋을 것 같습니다.

| 경기도 지역별 시세 |

지역	평단가
과천시	4,384
성남시	2,525
하남시	**2,102**
광명시	1,943
안양시	1,691
구리시	1,579
의왕시	1,483
수원시	1,340
군포시	1,271
부천시	1,260
경기도	**1,250**
용인시	1,235
화성시	1,186
고양시	1,120
안산시	1,018
김포시	1,002
남양주시	968
시흥시	934
광주시	896
의정부시	871
파주시	811
양평군	787
오산시	722
이천시	721
평택시	713
양주시	666
여주시	568
포천시	557
동두천시	555
가평군	545
안성시	528
연천군	463

하남시의 위상과 지역별 동향

하남시의 인구는 27만 9000명 정도이고, 세대수는 12만 세대 정도 됩니다. 서울의 한 개 구 정도 되는 규모이죠. 그런데 사실 미사강변도시가 개발되기 전만 해도 하남시의 인구는 15만 명 정도에 불과했습니다. 신도시 개발로 거의 두 배 가까이 인구가 늘어난 셈입니다.

하남시의 시세는 평당 2100만 원 정도로 과천시, 성남시에 이어 경기도에서 3위를 차지하고 있습니다. 하남시 다음이 광명시이죠. 하남시는 서울과 다름없는 과천시나 분당이 있는 성남시와 비교하는 지역이라기보다는 광명시와 경쟁하는 지역이라고 보는 게 맞을 것 같습니다.

하남시에서는 위례신도시가 포함되어 있는 학암동(행정동으로는 위례동에 해당. 하남시의 법정동 지도 참조)의 시세가

| 동별 평균 시세 |

지역	평단가
학암동	3,122
망월동	2,475
선동	2,415
풍산동	2,252
하남시	**2,128**
신장동	1,829
창우동	1,756
덕풍동	1,629

가장 높고요, 그리고 미사강변도시가 있는 망월동, 선동, 풍산동의 시세가 뒤를 잇고 있습니다. 위례신도시는 이미 평당 3100만 원이 넘었고, 미사강변도시도 평당 2500만 원 전후의 시세를 보여주고 있죠.

상대적으로 시세가 낮은 신장동, 창우동, 덕풍동은 하남시청이 있는 구도심입니다. 그리고 시세 표에는 없지만, 공공택지지구인 감일지구가 조성되고 있는 감일동과 감이동도 주목할 만한 지역입니다. 그 외의 나머지 동들은 현재 아파트나 주거시설이 없는 녹지 지역들이라고 보면 됩니다.

결국 하남시는 북쪽으로는 위례신도시, 남쪽으로는 미사강변도

| 하남시의 시세 상위 아파트 |

순위	지역(동)	아파트명	세대수	평단가	입주년월
1	학암동	위례신도시 신안 인스빌아스트로	694	3,634	2017.02
2	학암동	위례 롯데캐슬	1,673	3,112	2016.02
3	망월동	미사강변 푸르지오	1,188	2,945	2016.04
4	학암동	위례신도시 엠코타운 플로리체	970	2,926	2015.11
5	망월동	미사강변 골든센트로	1,541	2,906	2014.12
6	망월동	미사강변도시 5단지	1,164	2,732	2015.1
7	풍산동	미사강변 더샵 센트럴포레	487	2,695	2017.11
8	선동	미사강변도시 더샵 리버포레	875	2,695	2016.07
9	망월동	미사강변도시 19단지	821	2,588	2016.06
10	망월동	미사강변 파밀리에	976	2,583	2014.06
11	선동	미사강변 리버뷰자이	555	2,532	2017.08
12	망월동	미사강변도시 18단지	1,455	2,505	2016.08
13	선동	미사강변 2차푸르지오	1,066	2,491	2016.09
14	신장동	하남 유니온시티 에일린의뜰	754	2,445	2017.08
15	학암동	위례 그린파크푸르지오	972	2,425	2016.01
16	덕풍동	하남 풍산 아이파크 1단지	686	2,328	2008.08
17	학암동	위례신도시 엠코타운 센트로엘	673	2,324	2016.06
18	신장동	하남 U-CITY 대명 루첸리버파크	854	2,319	2018.08
19	선동	미사강변도시 9단지	712	2,318	2014.08

시, 그리고 중간에는 구도심과 감일지구 그리고 향후 전개될 3기 신도시인 교산시도시까지, 끌어주고 밀어주고 받쳐주는 주거 지역이 골고루 다 있다고 할 수 있습니다.

현재 하남시에서 가장 비싼 아파트는 위례신도시에 있는 신안 인스빌아스트로입니다. 위례 롯데캐슬, 위례신도시 엠코타운 플로리체도 상위를 차지하고 있고요. 미사강변도시에서는 미사강변 푸르지오, 미사강변 골든세트로, 미사강변도시 5단지, 미사강변 더샵 센트럴포레 등이 상대적으로 높은 시세를 형성하고 있습니다.

점점 더 좋은 입지로 발돋움하는 하남시

하남시를 한마디로 표현하면 '서울과 점점 가까워지는 곳'이라고 할 수 있을 것 같습니다. 과거의 하남시는 서울과는 무관한 지역이었는데 어느 순간부터 훅 서울에 가까워졌다는 느낌을 받거

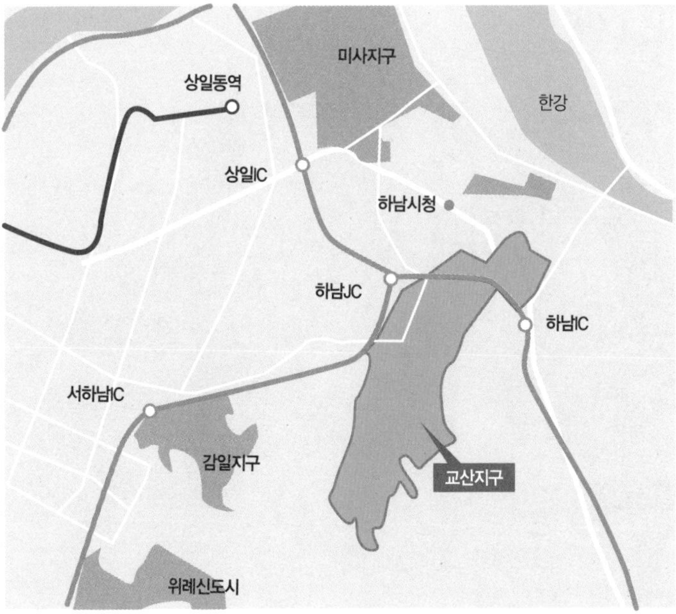

든요.

우선은 미사강변도시가 생기고 강동구의 고덕강일지구 개발되면서, 실제로 하남시가 떨어진 지역이 아니라 서울과 연결된 지역이 되었습니다. 실제로 미사강변도시와 바로 붙어 있는 강동구 강일동에 가보면, 그곳이 서울인지 하남인지 잘 모릅니다. 결국에는 이런 지역들이 좋은 입지입니다. 과천, 성남, 고양, 안양이 좋은 이유가 다 같습니다. 모두 서울에 붙어 있는 지역이라는 것이죠. 중간에 빈틈이 있었는데, 그곳이 채워지면서 좋은 입지로 더 발돋움하는 것입니다. 그런 측면에서 하남시는 지금도 잘 개발이 되고 있는 지역으로 입지가 좋은데, 향후 미래 가치가 더 올라갈 여지가 있는 곳이죠.

그리고 중요한 것이 하남시의 교통 호재입니다. 지금까지는 하남에 전철이 하나도 없었거든요. 그런데 지하철 3개 노선의 연장선이 추진 중에 있습니다. 일단, 가장 확정적으로 5호선 연장 노선이 공사 중에 있죠. 현재는 5호선이 강동구의 상일동역까지 있는데, 5개 역사가 추가되어 올해 개통될 예정입니다.

그리고 9호선의 경우도 현재는 중앙보훈병원역까지 있는데, 고덕동까지 들어오는 구간이 확정됐고요. 하남시의 미사역까지 구간을 추가하기 위해 계획이 추진 중에 있습니다. 또한 교산신도시를 개발하면서 오금역까지 있던 3호선도 감일지구(1개 역)와 교산시도시(2개 역)를 거쳐 5호선 연장 역사인 하남시청(덕풍, 신장)역까지 연장될 예정입니다.

물론 이 연장 노선이 다 들어서기까지는 시간이 꽤 걸리겠지만, 이 교통망이 모두 완성되고 나면 하남시의 위상이 몇 단계는 더 올라가지 않을까 합니다. 실질적으로 하남시가 서울에 더 가까워지도록 만들어줄 호재이죠. 특히, 9호선과 3호선은 강남을 관통하는 것이기 때문에 더욱 주목이 되는 부분입니다.

한편, 하남에는 최초로 스타필드라는 굉장히 큰 쇼핑몰이 생겼죠. 구도심이 있는 신장동에 있습니다. 이 스타필드가 생긴 다음부터 서울에 있는 사람들이 여기로 쇼핑을 많이 다니게 됐습니다. 그리고 스타필드는 몇천 명이 근무를 하고 있는 하남의 대표적인

하남 스타필드

일자리이기도 하죠. 스타필드 외에도 택지개발지구 내에 상업시설, 오피스시설, 주상복합, 지식산업센터 등이 계속 생기고 있습니다. 이런 곳들이 다 하남시에 일자리를 공급해주고 있고요.

결국, 하남시는 새 아파트, 교통망, 일자리가 다 들어오는 입지입니다. 하남에 주목해야 되는 이유가 바로 여기에 있는 것이겠죠.

향후 주목해야 할 물량 및 구역들

하남시는 지금도 신규 아파트가 많이 입주를 하고 있지만, 계속 신규 분양도 하고 있습니다. 지난해에는 7000세대 정도 분양을 했

| 2019년 하남시의 분양 물량 |

지역	단지명	분양년월	입주년월	세대수	청약 경쟁률
학암동	위례 포레자이	201901	202105	558	130.33
학암동	힐스테이트 북위례	201904	202105	1,078	77.28
감일동	감일 에코 앤 e편한세상	201905	202101	866	63.07
학암동	위례신도시 우미린 1차	201905	202201	875	43.04

| 2020년 하남시의 분양 물량 |

지역	아파트명	분양년월	입주년월	세대수
학암동	위례신도시 중흥 S클래스	202002	–	475
학암동	위례신도시 우미린 2차	202005	–	420
감일동	하남 감일 C1	202007	–	496
덕풍동	하남 C구역 재개발	202011	–	970
합계				2,361

고요, 올해는 3700여 세대 정도가 분양을 합니다.

일단 위례신도시 중흥 S클래스와 우미린 2차가 각각 2월과 5월에 분양을 했고요. 감일지구에서 500세대 규모의 단지도 분양을 할 예정에 있습니다. 그리고 구도심 지역인 덕풍동의 재개발 아파트도 분양을 준비 중에 있습니다. 이 외에 1400여 세대 정도는 행복주택, 임대주택들 분양입니다.

| 2020년 하남시의 입주 물량 |

지역	아파트명	분양년월	입주년월	세대수
감이동	감일 스윗시티 10단지 (임대)	–	202001	753
감이동	감일 스윗시티 14단지	201710	202003	589
감일동	감일 스위시티 1단지 (임대)	–	202003	669
풍산동	하남 힐즈파크 푸르지오 1단지	201801	202005	404
감일동	하남 감일 A3 (임대)	–	202009	1,088
감일동	하남 감일 A3 (임대)	–	202009	1,088
감이동	하남 포웰시티 B6BL	201805	202011	932
합계				5,523

올해 하남시의 입주 물량은 5523세대입니다. 굉장히 많죠. 입지가 좋고 시세가 올라가는 지역이긴 하지만, 바로 붙어 있는 강동구도 입주 물량이 많은 편이고, 위에 있는 구리의 다산신도시에도 입주 물량이 있는 편이기 때문에 올해 시세가 많이 올라가기는 어려운 조건이라는 점은 염두에 두어야 할 것 같습니다.

올해 입주하는 단지는 감일지구의 감일 스윗시티 14단지, 그리고 하남 포웰시티가 눈에 띕니다. 감일지구는 공공분양 아파트로 분양가상한제가 적용돼 분양가가 쌌습니다. 이 지역에 입주하는 아파트들은 눈여겨보면 좋을 것 같고요. 그리고 풍산동에도 하남 힐즈파크 푸르지오가 5월에 입주를 했습니다. 이외의 나머지들은

| 하남시의 재개발 진행 현황 |

지역(동)	사업장명	사업단계	세대수	건립 예정 세대수	시공사
덕풍동	덕풍 제9구역	기본계획수립	-	-	-
덕풍동	덕풍 제8구역	기본계획수립	-	-	-
신장동	덕풍 제D구역	기본계획수립	-	-	-
신장동	하남 E구역	구역 지정	-	1,294	-
덕풍동	덕풍 제E구역	추진위원회 승인	-	1,207	-
덕풍동	하남 C구역	관리처분인가	-	970	-

임대아파트들이고요.

하남시는 택지개발지의 신규 아파트들도 많지만, 덕풍동이나 신장동 등 구도심의 재개발 구역들도 있습니다. 부동산에 관심이 많다면, 택지개발지와 더불어 이런 재개발 지역들도 함께 살펴보는 것도 좋을 것 같습니다.

정리해보면, 하남시에는 일단 새 아파트가 지금 수년 째 계속 공급이 되고 있습니다. 분양도 하고 있고, 입주도 하고 있고요. 그리고 택지개발지구들에 아파트와 함께 상업시설, 오피스시설, 주상복합, 지식산업센터들도 계속 들어와서 일자리도 공급해주고 있죠. 무엇보다, 그동안 없던 전철도 들어오게 됩니다. 3호선, 5호선, 9호선이 다 연장되면 하남시에 생기는 새 아파트들은 역세권이 아닌 곳이 거의 없게 되죠.

과거에 하남은 미사리 카페로 유명한 곳이었습니다. 도심과 멀리 떨어진 곳, 차를 타고 나가는 교외라는 이미지가 강했는데 이제 스타필드를 떠올리는 곳으로 달라졌죠. 그렇게 하남은 서울과 점점 더 가까워지고 있는 지역이 됐고, 이미 서울화되고 있는 곳이라고 할 수 있습니다. 하남시의 미래가 더 밝을 수밖에 없겠죠.

향후 살고 싶은 단지 딱 1개만 꼽는다면!

▶ 미사역 파라곤 (2021년 입주)

하남시의 핵심 호재

5호선, 9호선, 3호선 연장

- 5호선 연장(하남선): 상일동역에서 하남시까지 6.63km 구간 연장. 강일역, 미사역, 하남풍산역, 하남시청역, 하남검단산역까지 5개 역사 신설. 2020년 완공 및 2021년 개통 예정.
- 9호선 연장: 중앙보훈역에서 고덕강일지구까지 4.12km 구간 연장. 길동생태공원역, 한영고역, 고덕역, 샘티공원역, 강일역까지 5개 역사 신설(미사까지 연장 추진 중). 22년 착공, 27년 개통 예정.

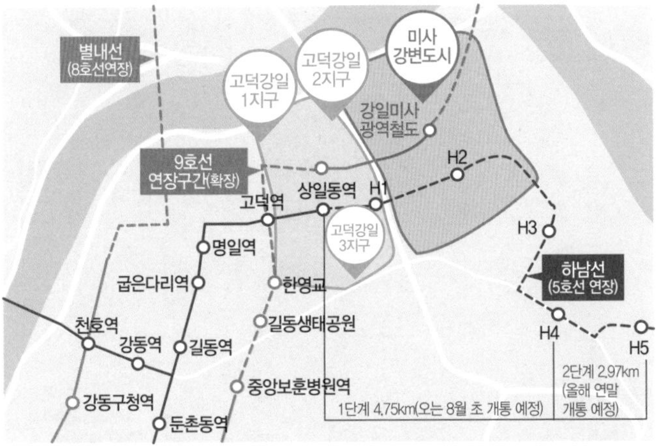

- 3호선 연장: 오금역에서 덕풍역까지 10km 구간 연장. 3개 역사 신설. 지하철 5호선 연장 구간 중 한 곳인 덕풍역까지 이을 계획.

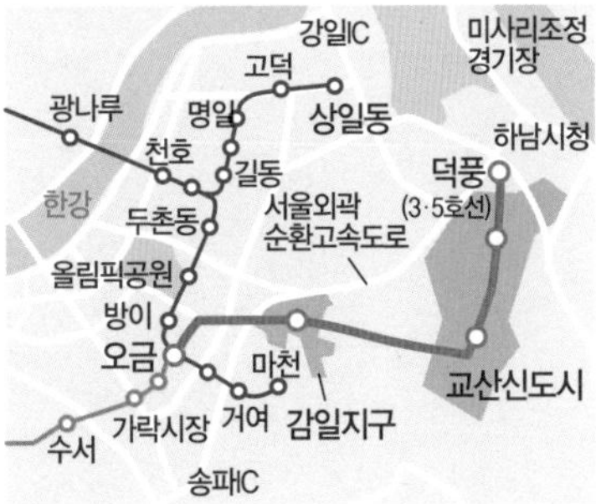

교산신도시 광역교통개선

- 도로, 도시철도, 간선급행버스(BRT), 광역버스(차고지), 환승시설 등을 망라하는 총 20개의 광역교통대책 확정.
- 송파-하남 도시철도: 강남을 가장 빠르게 접근할 수 있는 교통망. 2028년 개통 목표.
- BRT 계획: 기존 천호-하남 BRT를 교산지구 내로 연계하고 신설도로인 '동남로 연결도로'에 BRT 계획 포함
- 환승 거점 설치 : 교산지구 내, 중앙보훈병원역 환승시설, 하남드림휴게소 환승시설

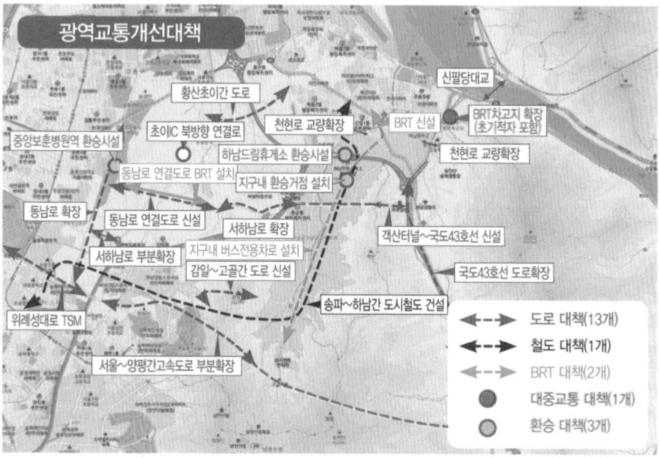

18

경기도 광명시

경기도 광명시

전 지역이 새 아파트로 업그레이드되는 서울 아닌 서울

빠숑의 POINT

양천구와 자웅을 겨루게 될 명품 위성 도시!

광명시는 이름처럼 밝은 빛 같은 도시입니다. 신기하게도 굉장히 좋은 일들이 많이 생기는 밝은 지역이죠. 오른쪽으로 안양천이 길게 흐르고 있고요, 북쪽으로는 양천구와 구로구가 있고, 양쪽 옆으로는 금천구와 부천, 남쪽으로는 안양과 시흥이 있습니다. 다 좋은 입지로 에워싸여 있는 중심지이기 때문에 좋은 입지라고 볼 수 있죠.

경기도인데 전화번호의 지역번호를 02로 쓰는 지역이 세 군데 있는데요, 광명시가 그중 하나입니다. 나머지 두 곳은 과천 그리고 고양시 덕양구 삼송신도시이죠. 그만큼 서울과 밀접한 곳이라는 것이고, 밀접하다는 것은 곧 매우 좋은 입지라는 의미입니다. 서울의 수요가 매일 차고 넘치는데, 그 수요를 받아줄 수 있는 입지이기 때문이죠. 그래서 앞서 살펴본 과천시와 하남시도 좋다고 이야기를 한 것이고요, 광명시도 똑같습니다.

과천시와 하남시, 광명시가 또 집값 상승 선도 지역으로 지정된 경기도 3곳이기도 하죠. 광명시에서는 광명, 소하, 철산, 하안까지 네 곳이 집값 상승 선도 지역에 해당됩니다. 이 지역들의 공통점이 뭘까요? 모두 새 아파트가 들어서는 지역입니다. 아무래도 최근에 부동산 시세를 리딩하는 지역들이 거의 다 새 아파트가 상대적으로 많이 들어오는 곳들인데요, 광명시 역시 거의 모든 지역의 주거시설이 다 새 아파트화가 되고 있죠. 그럼 구체적으로 광명시의 어느 곳에 어떻게 새 아파트들이 들어오는지, 또 어느 곳을 주목하면 좋은지 차근히 살펴보도록 하겠습니다.

광명시의 위상과 지역별 특징

| 광명시의 인구수와 세대수 |

지역	인구수	세대수
경기도	13,311,254	5,529,263
광명시	**315,745**	**126,216**
광명1동	6,591	2,940
광명2동	8,703	4,091
광명3동	9,817	4,724
광명4동	14,223	6,403
광명5동	14,748	6,100
광명6동	11,024	4,084
광명7동	17,143	6,599
철산1동	12,948	4,498
철산2동	13,298	6,397
철산3동	33,119	11,265
철산4동	13,699	5,592
하안1동	26,670	9,836
하안2동	14,393	6,589
하안3동	21,110	8,954
하안4동	12,895	5,034
소하1동	32,332	11,704
소하2동	50,755	20,263
학온동	2,277	1,143

광명시의 총 인구수는 31만 5000명 정도 되고요, 세대수는 12만 6000세대 정도 됩니다. 인접해 있는 구로구나 금천구의 규모와 비슷합니다.

광명시의 평균 시세는 평당 1943만 원으로, 경기도권에서는 현재 4위의 위상을 가지고 있습니다. 당연히 경기도 평균 시세보다 높은 상위권 지역입니다. 서울에 있는 구와 비교하면 길음뉴타운이 있는 성북구 정도의 위상을 가지고 있다고 보면 좋을 것 같습니다.

지역별로 살펴보면, 광명역세권 개발 지역인 일직동(행정동으로

| 경기도 지역별 평균 시세 |

지역	평단가
과천시	4,384
성남시	2,525
하남시	2,102
광명시	**1,943**
안양시	1,691
구리시	1,579
의왕시	1,483
수원시	1,340
군포시	1,271
부천시	1,260
경기도	**1,250**
용인시	1,235
화성시	1,186
고양시	1,120
안산시	1,018
김포시	1,002
남양주시	968
시흥시	934
광주시	896
의정부시	871
파주시	811
양평군	787
오산시	722
이천시	721
평택시	713
양주시	666
여주시	568
포천시	557
동두천시	555
가평군	545
안성시	528
연천군	463

는 소하2동에 해당. 다음 페이지의 법정동 행정구역도 참조)의 시세가 제일 높습니다. 그다음으로는 최근에 재건축이 활발히 진행되고 있는 철산동이 높은 시세를 형성하고 있고요. 일직동과 철산동이 평균보다 높은 지역이고, 그 아래로 하안동과 소하동, 광명동 등의 순입니다.

광명동은 구도심으로 다세대 빌라 밀집 지역인데, 아직까지는 시세가 낮지만 광명뉴타운으로 지정돼서 재개발이 진행되고 있는 지역이기 때문에 향후에는 시세가 올라갈 여지가 큽니다. 그리고 하안동과 소하동 위쪽 지역은 철산동 다음으로 개발됐던 택지지구인데, 철산동의 재건축이 끝나면 그다음 단계로 이어서 재건축이 진행될 지역이라고 보면 될 것 같습니다.

그래서 광명시는 광명동, 철산동, 하안동, 일직동까지 동별로 특징들은 다 다르지만 새 아파트가 들어오는 중심 주거지로 생각하고 이해하면 좋을 것 같습니다. 이 외에 학온동(노온사동, 가학동)도 있는데, 여기는 과거에 굉장히 큰 보금자리 주택지로 지정되었다가 해제가 된 지역으로 현재는 아파트가 없고 특별한 호재도 없는 지역이라고 보면 됩니다.

| 동별 평균 시세 |

지역	평단가
일직동	2,569
철산동	2,285
광명시	**1,966**
하안동	1,840
소하동	1,628
광명동	1,558

아파트 단지별로 시세를 살펴보면, 재건축이 진행되는 철산동의 주공아파트들이 지분 가격으로 계산돼서 높게 올라와 있습니다. 주공 8단지, 9단지, 10단지, 11단지 4개 단지가 거의 평당 4000만 원 전후의 시세를 보여주고 있고요. 또 철산 래미안 자이와 푸르지오 하늘채도 지금 평당 3000만 원대의 시세를 형성하고 있습니다. 이 단지들을 제외하고 나머지 철산동의 아파트들은 상대적으로 시세가 낮고요.

일직동에서는 광명역 파크자이, 광명역 센트럴자이가 평당 3000만 원에 육박하는 시세를 보여주고 있습니다. 일직동에는 현재까지 전부 4개 단지가 들어왔는데, 앞의 두 단지와 지금 평당

| 광명시의 시세 상위 아파트 |

순위	지역(동)	아파트명	세대수	평단가	입주년월
1	철산동	주공 8단지	1,484	4,448	1985.11
2	철산동	주공 9단지	580	4,433	1985.11
3	철산동	주공 10단지	580	3,575	1985.11
4	철산동	주공 11단지	500	3,462	1985.01
5	일직동	광명역 파크자이	875	3,199	2017.08
6	철산동	철산 래미안 자이	2,072	3,024	2009.11
7	철산동	푸르지오 하늘채	1,264	3,015	2010.02
8	하안동	광명 두산위브 트레지움	1,248	2,958	2009.11
9	일직동	광명역 센트럴자이	1,005	2,920	2018.12
10	철산동	주공 12단지	1,800	2,858	1986.08
11	일직동	광명역 써밋플레이스	1,430	2,635	2018.02
12	하안동	e편한세상 센트레빌	2,815	2,597	2010.01
13	철산동	주공 13단지	2,460	2,539	1986.08
14	소하동	휴먼시아 5단지	731	2,273	2009.12
15	철산동	광명 푸르지오	426	2,231	2007.12
16	광명동	광명 해모로이연	1,267	2,219	2011.09
17	철산동	광명 브라운스톤 1단지	255	2,125	2006.06
18	소하동	신촌 휴먼시아 1단지	859	2,118	2010.11

2600만 원 이상의 시세인 광명역 써밋플레이스 그리고 아직 이 리스트에는 없지만 가장 최근인 올해 1월에 입주한 광명역 유플래닛 데시앙입니다.

아마 유플래닛 데시앙이 가장 비싼 단지가 되겠죠. 결국 평균 시세로 보면 일직동이 철산동보다 훨씬 비싼 지역이 됩니다. 그리고 하안동에서는 광명 두산위브 트레지움이 평당 3000만 원 가까이 되는 시세로 가장 높습니다.

광명역 유플래닛 데시앙

거의 모든 지역에 호재가 있는 서울 생활권

광명시는 뉴타운과 재건축, 그리고 광명역세권 개발까지, 거의 모든 동에 다 호재가 있는 지역입니다. 아마 오르고 내리고를 반복하겠지만, 중요한 것은 우상향으로 갈 수 있는 입지이냐인데, 광명은 철저하게 그런 입지죠. 어떤 지역을 보든지 그렇습니다. 재개발로도 좋고, 재건축으로도 좋고, 택지개발로도 좋습니다. 장기투자로도 좋고, 갭투자로도 좋고, 실거주로도 좋은, 거의 완벽한 수요 지역이라고 봐도 무방하지 않을까 싶습니다.

새 아파트가 들어서고 있다는 점은 충분히 이야기했고요. 교통 호재의 관점에서도 살펴보겠습니다. 철산동이나 광명동에는 지

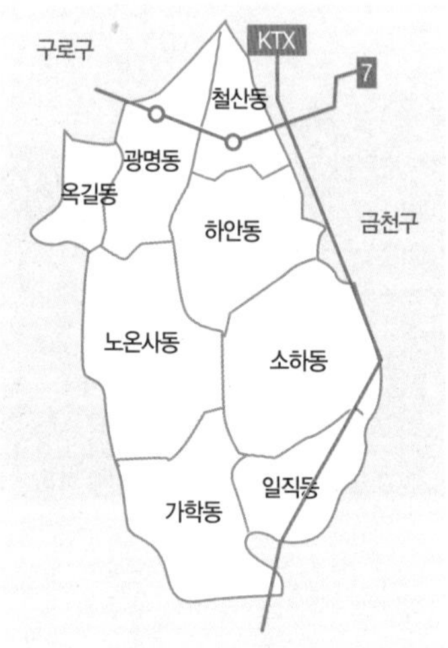

금 7호선이 지나고 있어서 강남까지 출퇴근이 가능하죠. 그런데 7호선이 지금은 서쪽 끝으로 부천구청역까지 가는데, 인천의 석남역까지 가는 확장 공사를 하고 있고, 내년에 개통이 됩니다. 그러면 광명시의 배후 수요지가 그 지역 주변으로까지 늘어나는 것이기 때문에 입지가 더 좋아진다고 할 수 있겠죠.

그리고 광명시의 교통망을 이야기할 때 빼놓을 수 없는 게 KTX 광명역입니다. 광명역세권이 개발되고 KTX가 개통되면서 너무 좋은 입지가 됐어요. 일자리도 증가하고, 교통망도 좋아지고, 새 아파트까지 들어오는, 부동산 입지를 평가할 때 이야기하는 3가지 호재가 다 들어온 것입니다.

또한 우리나라 최초의 이케아가 여기에 들어왔고, 그 옆으로 롯데프리미엄아울렛도 있고, 대형마트인 코스트코도 있죠. 다 걸어서 갈 수 있는 슬리퍼 생활권입니다. 앞으로 CGV도 들어올 예정이고, 병원도 들어올 예정이라고 하죠. 어쨌든 이렇게 일자리, 오피스텔, 지식산업센터 등 첨단산업시설들이 계속 들어오게 됩니

다. 그리고 무엇보다 신규 전철망도 들어옵니다. 지금은 KTX 역사만 있기 때문에 여기서 사는 사람들이 출퇴근하기에는 다소 불편할 수 있지만, 그 점 역시 해소가 되는 거죠.

어떤 전철망이냐면, 신안산선 그리고 월곶-판교선입니다. 앞서 다른 지역들을 살펴볼 때 언급했던 노선들이죠. 신안산선은 시흥·안산에서 여의도까지 가는 광역철도고요, 월곶-판교선은 시흥시 월곶에서 광명을 지나 판교까지 가는 노선입니다. 동서로도 움직일 수 있고, 남북으로도 갈 수 있기 때문에 광명역세권에서 서울

과 경기도권으로 출퇴근 가능한 지역이 굉장히 많아지는 것이라고 할 수 있죠.

요컨대, 서울 생활권 중에서 이렇게 호재가 많은 입지, 그리고 새 아파트가 이렇게 많이 들어가는 입지는, 과천시와 광명시밖에 없다고 할 수 있습니다. 그런데 광명시가 과천시보다 인구가 월등히 많고, 새로 생기는 세대수도 많기 때문에 투자나 실거주를 위해 우리가 취할 수 있는 것들이 훨씬 더 많습니다.

그러려면 광명시의 가격 기준을 어느 정도로 봐야 하는가가 중요한 포인트가 될 수 있겠죠. 광명시는 북쪽의 구로구나 동쪽의 금천구보다 싸야 될까요, 비싸야 될까요? 광명시를 경기도라고 평가절하하면 구로구나 금천구보다 싸야 되는 게 맞겠죠. 그런데 광명시는 새 아파트화가 되고 있고, 혐오시설이 거의 없고, 호재도 많잖아요. 과천시처럼 서울과 다름없는 하나의 구로 본다고 하면, 광명시는 구로구나 금천구보다 훨씬 좋은 입지입니다. 그렇기 때문에 구로구나 금천구보다 가격이 비싼 게 정상입니다.

그럼 광명시를 어떤 지역과 비교해보는 것이 좋을까요? 7호선 라인이 있는 영등포구나 양천구와 비교해보면 되지 않을까 합니다. 단, 양천구의 목동이 아니라 신정동 정도와 비교해야 할 거고요, 영등포구의 경우는 여의도, 당산, 신길동이 아니라 신대방동 정도와 비교하면 될 것 같습니다.

향후 주목해야 할 물량들과 포인트

광명시는 앞서 이야기한 대로 계속 재건축과 재개발이 몰려 있기 때문에 분양 물량이 꽤 많은 편입니다. 2014년부터 올해까지 한 번도 안 쉬고 꾸준히 분양을 했고요. 특히 올해는 굉장히 많은

| 2020년 광명시의 분양 물량 |

지역	아파트명	분양년월	입주년월	세대수
광명동	광명 푸르지오 센트베르(15구역)	202004	-	1,335
철산동	광명 14구역	202007	-	1,187
광명동	광명 2구역	202011	-	3,344
광명동	광명 10구역	2020	-	1,051
합계				6,917

분양 물량들이 있습니다. 전부 6917세대입니다.

주요 분양 단지를 보면, 다 뉴타운 재개발 지역입니다. 광명동에 있는 광명 15구역, 2구역, 10구역이 있고요. 광명동과 붙어 있는 철산동의 광명 14구역도 분양할 계획에 있습니다. 이 지역에 새 아파트를 기다렸다면, 관심을 가져보면 좋을 것 같습니다. 뉴타운 구역에 새 아파트들이 한두 단지가 쌓이고 다 입주할 때쯤 되면 가격이 많이 올라가겠죠. 그래서 광명뉴타운은 초기에 들어가는 것도 좋은 전략이 될 것 같습니다.

올해 광명시에 입주하는 물량은 약 3600세대입니다. 앞서 언급했던, 광명역세권 단지들 중 가장 청약률이 높았던 인기 단지인 광명역 유플래닛 데시앙이 올해 1월에 입주를 했습니다. 광명역세권 개발 초기에는 분양이 아주 잘되지는 않았습니다. 그때는 허허벌판이었으니까요. 그런데 지금은 첨단 도시가 되어 있잖아요. 광

| 2020년 광명시의 입주 물량 |

지역	아파트명	분양년월	입주년월	총세대수
일직동	광명역 유플래닛 데시앙	201605	202001	1,500
광명동	광명 에코 자이 위브	201712	202011	2,104
합계				3,604

명역 유플래닛 데시앙을 분양할 때부터 본격적으로 KTX 역세권 부지가 굉장히 떴죠. 그리고 또 광명동의 뉴타운 주변 지역에 분양했던 광명 에코 자이 위브 2104세대도 입주를 합니다. 두 곳 모두 대단지이고, 지역 내에서는 위상이 높은 단지이기 때문에 관심을 갖고 지켜보면 좋을 것 같습니다.

이 외에도 앞으로 남은 분양 물량이 많습니다. 광명시는 어느 지역에서 어떤 물량들이 나오는지 관심 있게 봐야 합니다. 일직동에는 이제 더 분양할 신규 아파트가 없지만, 다행히 재건축과 재개발 물량들이 많기 때문에 꼭 챙겨보기 바랍니다.

재건축으로는 앞서 언급했던 철산동의 주공 8단지, 9단지, 10단지, 11단지가 준비하고 있고, 다 좋습니다. 광명동에서 진행되는 재개발 구역들도 세대수가 많은 것들이라 어떤 것이든 가능하다면 다 관심을 가져볼 만합니다. 지금의 광명동은 싸요. 그러나 미래의 광명동은 비쌀 겁니다.

어쨌든 재건축, 재개발 모두 많아서 한동안 광명시는 계속 부동

| 광명시의 재건축, 재개발 진행 현황 |

지역(동)	사업장명	사업단계	세대수	건립예정 세대수	시공사
재건축 단지					
철산동	주공 10단지	사업시행인가	580	1,490	GS건설
철산동	주공 11단지	사업시행인가	500	1,490	GS건설
철산동	주공 8단지	사업시행인가	1,484	3,801	GS건설
철산동	주공 9단지	사업시행인가	580	3,801	GS건설
재개발 구역					
소하동	신촌마을	기본계획수립	–	–	–
광명동	광명 10R구역	관리처분인가	–	1,044	호반건설
광명동	광명 21C구역	구역지정	–	–	–
광명동	광명 14R구역	이주/철거	–	1,187	대우, 한화
광명동	광명 15R구역	이주/철거	–	1,335	대우건설
광명동	광명 11R구역	조합설립인가	–	4,340	현대, HDC
광명동	광명 9R구역	조합설립인가	–	1,505	롯데건설
철산동	광명 5R구역	사업시행인가	–	2,936	현대, GS, SK
광명동	광명 1R구역	사업시행인가	–	3,585	포스코, 한화, GS
광명동	광명 4R구역	이주/철거	–	1,957	HDC현대산업개발
광명동	광명 2R구역	조합설립인가	–	3,344	대우, 롯데, 현대엔지니어링
광명동	광명 12R구역	조합설립인가	–	1,912	GS건설

산 뉴스에 등장할 것으로 보입니다. 대부분 대기업들이 시공을 할 것이기 때문에 아파트 브랜드로서도 굉장히 인기가 있을 것 같습니다.

정리하면, 광명시는 거의 모든 지역에 새 아파트들이 들어오는 베드타운입니다. 광명역세권 개발로 일자리도 많이 생기고 있고, 신안산선과 월곶-판교선이 들어올 예정이라서 교통도 더 좋아지고 있죠. 그래서 미래 가치가 더 올라갈 수밖에 없는 입지입니다. 서울보다 오히려 호재가 더 많아 보이는 지역이 광명시이죠. 과천시와 더불어서 서울에 있는 대기 수요들을 받아줄 수 있는 가장 가까운 거리에 있는 신도시이기 때문에 광명시는 서울보다 더 서울의 역할을 많이 하는 지역이라고 할 수 있겠습니다.

향후 살고 싶은 단지 딱 1개만 꼽는다면!

▶ 철산 주공 8단지 재건축

광명시의 핵심 호재

광명시흥 테크노밸리

- 경기도 광명시 가학동과 시흥시 논곡·무지내동 일대 약 245만㎡ 부지에 조성되는 첨단복합산업단지.
- 일반산업단지, 도시첨단산업단지, 유통단지, 배후 주거단지(광명학온 공공주택지구) 등 4개 단지로 구성.
- 2200여 개 기업이 입주해 약 9만 6000명의 일자리 창출 기대.
- 신안산선 신설 역사를 중심으로 공원 및 녹지축을 보행 중심 특화 공간으로 조성할 예정.

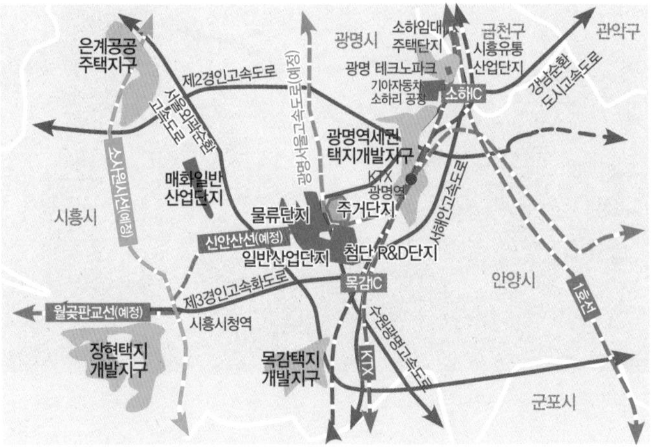

신안산선, 월곶-판교선

- 신안산선: 경기도 안산(한양대역)·시흥(시흥시청역)에서 서울 여의도까지 44.7km 구간을 연결하는 광역 철도. 2024년 개통 예정.
- 월곶–판교선: 월곶역에서 판교역을 잇는 수도권 복선 전철. 2026년 개통 예정.

19

경기도 고양시

경기도 고양시

향후 10년, 더 기대되는 곳과 우려되는 곳이 공존하는 신도시

빠숑의 POINT

이제 고양시의 주인공은 덕양구!

고양시는 1기 신도시 중 하나인 일산신도시(일산서구, 일산동구)와 덕양구로 구성되어 있는 지역입니다. 일산서구나 일산동구보다 덕양구가 서울에서는 제일 가깝죠. 그러면 당연히 덕양구가 고양시에서는 제일 비싼 곳이 되어야 하는데, 사실 오랫동안 덕양구는 일산신도시에 비해 너무 싼 지역이었습니다. 상품경쟁력과 입지경쟁력 때문에 그랬습니다. 덕양구는 서울과 가깝다는 것 외에는 좋은 게 하나도 없었고(물론 기본적인 것들은 있었지만), 일산동구나 서구는 뭔가 계속적으로 채워졌죠.

일산시도시는 1992년부터 입주를 시작했습니다. 그리고 최초의 개발 계획에 있던 공터 부지들을 2000년대 초반까지 주거시설, 상업시설, 업무시설들로 다 채웠습니다. 그래서 일산시도시는 거의 20년이 넘도록 고양시의 중심지 역할을 했습니다. 그야말로 일산시도시의 전성시대였던 셈입니다.

그런데 그 이후로 일산신도시는 크게 달라진 것 없이 정체되어 있었습니다. 반면, 덕양구가 달라지기 시작했죠. 2012년부터 삼송신도시를 개발하면서 조금씩 발전하기 시작하더니 지축지구, 원흥지구, 향동지구, 덕은지구까지 개발이 이어지고 있고, 그 외 여러 호재들이 계속 생겼습니다. 그리고 결국은 3기 신도시로 창릉신도시가 발표되면서 덕양구는 이제 발전 계획상으로 보면 빈틈이 없이 꽉 차는 도시가 됐습니다. 발표된 계획대로 차곡차곡 채워 넣기만 하면, 서울과 바로 연결되는 곳이 됩니다.

사실 고양시는 우리가 앞에서 다룬 다른 지역들에 비해 지금까지 크게 주목받지는 못했습니다. 뭔가 움직이려고 하면 주변 지역으로도 큰 것들이 생겼죠. 파주 운정신도시, 김포 한강신도시, 인천 검단신도시. 이 신도시들이 다 고양시와 경쟁을 하는 지역들입니다.

그래서 고양시에 수요가 모일 만하면 다 주변으로 분산되어 나가곤 했습니다. 때문에 그동안은 고양시가 좀 어려웠는데, 향후에는 다시 고양시의 시대가 올 수도 있지 않을까 기대를 해봅니다.

그럼 고양시가 보여준 변화와 앞으로의 전망까지, 한번 짚어보도록 하겠습니다.

| 고양시의 인구수와 세대수 |

지역	인구수	세대수
경기도	13,311,254	5,529,263
고양시	**1,074,853**	**438,900**
덕양구	**472,467**	**198,608**
주교동	15,485	7,294
원신동	23,874	9,436
흥도동	44,531	18,373
성사1동	21,927	9,683
성사2동	11,646	4,795
효자동	10,764	4,383
삼송동	22,121	9,725
창릉동	20,291	8,646
고양동	30,861	12,727
관산동	36,563	16,248
능곡동	15,913	6,829
화정1동	38,573	15,950
화정2동	33,846	12,918
행주동	19,661	10,069
행신1동	22,503	8,765
행신2동	32,944	13,158
행신3동	46,662	18,900
화전동	21,664	9,113
대덕동	2,638	1,596
일산동구	**299,276**	**124,136**
식사동	34,447	11,854
중산동	47,915	18,928
정발산동	24,088	10,271
풍산동	39,551	14,644
백석1동	31,215	13,024
백석2동	20,989	11,183
마두1동	24,705	8,959
마두2동	16,715	5,912

장항1동	10,620	4,271
장항2동	26,377	14,605
고봉동	22,654	10,485
일산서구	**303,110**	**116,156**
일산1동	28,189	10,521
일산2동	19,020	8,017
일산3동	36,402	12,287
탄현동	52,867	20,238
주엽1동	28,503	10,651
주엽2동	29,658	11,919
대화동	34,876	15,457
송포동	21,730	8,164
송산동	51,865	18,902

고양시의 위상과 지역별 시세

고양시는 인구가 100만이 넘는 대도시입니다. 현재 인구수는 107만 명이 넘고, 세대수는 20만 세대 가까이 됩니다. 고양시 인구 중에서는 덕양구 인구가 47만여 명으로 압도적으로 많고요. 일산동구와 서구가 각각 30만 명 정도씩 됩니다.

고양시의 시세는 경기도 평균인 1250만 원보다 낮은 1124만 원입니다. 지금은 상대적으로 저렴하긴 하지만, 향후 여러 호재들이 실현되면 좀 더 올라가지 않을까 싶습니다.

지역별 시세를 보면, 덕양구와 일산동구, 일산서구의 시세가 지금은 거의 비슷비슷합니다. 압도적으로 높거나 낮은 지역이 없기 때문에 지역별로 구분하는 건 크게 의미가 없고요. 제일 시세가 높은 아파트들이 어디에 있는지가 중요할 것 같습니다.

시세 상위 단지들을 살펴보면, 대화동에 있는 킨텍스 꿈에그린이 평당 2565만 원으로 가장 비싼 아파트입니다. 지난해 2월에 입주한 단지로 일산에서는 가장 새 아파트 중 하나입니다. 이 시세

| 동별 평균 시세 |

지역	평단가
고양시 일산동구	1,167
고양시 덕양구	1,153
고양시	**1,124**
고양시 일산서구	1,067

지역	평단가
백석동	1,606
장항동	1,370
마두동	1,287
고양시 일산동구	**1,167**
식사동	1,129
중산동	956
풍동	936
성석동	681
사리현동	667

지역	평단가
동산동	1,877
삼송동	1,790
도내동	1,710
원흥동	1,674
신원동	1,523
화정동	1,206
고양시 덕양구	**1,153**
토당동	1,146
행신동	1,058
성사동	1,026
고양동	728
주교동	716
관산동	607

지역	평단가
주엽동	1,271
대화동	1,270
고양시 일산서구	**1,067**
탄현동	998
덕이동	987
일산동	972
가좌동	837

| 고양시의 시세 상위 아파트 |

순위	지역(동)	아파트명	세대수	평단가	입주년월
1	대화동	킨텍스 꿈에그린	1,100	2,565	2019.02
2	백석동	일산 요진 와이시티	2,404	2,372	2016.06
3	삼송동	삼송 2차 아이파크	1,066	2,056	2015.09
4	식사동	위시티 일산 자이(주상복합)	176	1,999	2010.09
5	도내동	고양 원흥 동일스위트 7단지	1,257	1,985	2018.01
6	동산동	동산마을 22단지 호반 베르디움	1,426	1,950	2012.01
7	원흥동	삼송 15단지 계룡리슈빌	1,024	1,770	2012.12
8	주엽동	강선 14단지 두산아파트	792	1,737	1994.03
9	주엽동	문촌 16단지 뉴삼익아파트	956	1,730	1994.06
10	화정동	별빛마을 7단지	1,136	1,712	1995.11
11	주엽동	강선 19단지 우성아파트	412	1,667	1994.03
12	삼송동	동원 로얄듀크	598	1,666	2012.09
13	도내동	원흥 호반 베르디움 더퍼스트	967	1,660	2017.09
14	동산동	동산마을 21단지 호반 베르디움	405	1,648	2012.08
15	삼송동	고양 삼송 스타클래스	627	1,632	2015.01
16	주엽동	문촌 19단지 신우아파트	658	1,632	1994.01
17	중산동	일산 센트럴아이파크	1,802	1,630	2018.05
18	신원동	신원마을 1단지 우남퍼스트빌	611	1,596	2015.08
19	주엽동	문촌 18단지 대원아파트	378	1,596	1995.01
20	신원동	삼송 동일스위트 2차	834	1,595	2018.03
21	장항동	호수 5단지 청구아파트	668	1,581	1994.03
22	장항동	호수 4단지 LG롯데아파트	472	1,579	1994.07
23	일산동	후곡 9단지 LG롯데아파트	936	1,578	1994.11
24	탄현동	일산 두산위브 더제니스	2,700	1,577	2013.04
25	화정동	옥빛 신덕가든 12차	570	1,569	1995.11
26	주엽동	문촌 17단지 신안아파트	504	1,538	1994.01
27	행신동	SK뷰 3차	574	1,536	2009.02
28	마두동	강촌 5단지 라이프아파트	1,558	1,529	1993.11
29	장항동	호수 2단지 현대아파트	1,144	1,518	1994.01
30	마두동	강촌 8단지 우방아파트	766	1,503	1993.03
31	일산동	후곡 16단지 동아.코오롱아파트	948	1,499	1996.01
32	마두동	강촌 7단지 선경코오롱아파트	702	1,493	1993.06
33	일산동	후곡 15단지 건영아파트	766	1,492	1994.07
34	화정동	별빛 건영 10단지	1,080	1,486	1996.06
35	행신동	서정마을 5단지	423	1,479	2008.09

킨텍스 원시티

상위 리스트에는 없지만, 꿈에그린 이후로 킨텍스 주변에 새 아파트 단지가 힐스테이트 일산, 일산 더샵 그라비스타, 킨텍스 원시티까지 3개 더 입주를 했습니다. 아마도 나중에 입주한 아파트들이 현재는 시세가 더 높을 거고요.

이중에서 대장 단지는 킨텍스 원시티라고 할 수 있습니다. 49층 주상복합 아파트고요, 한 개 단지가 아니라 3개 단지, 3개 블록이라고 하죠. 3개 블록에 총 2000세대가 넘는 대단지입니다. 84제곱미터 기준, 6억 원대에 분양했는데 지금은 10억을 찍었습니다. 그전까지는 덕양구의 삼송지구 아파트들이 2000만 원대로 더 비쌌는데, 원시티가 입주하고 바로 역전을 해버렸죠. 그만큼 일산신도시의 입지가 좋다는 것입니다. 입지가 좋은 곳에 새 아파트가 많이 들어서면 시세가 올라갈 수밖에 없다는 것을 보여주는 하나의 사례이기도 합니다.

백석동에 있는 요진 와이시티도 높은 시세를 보이고 있습니다. 백석역을 끼고 있는 단지고요, 상업시설이 잘 갖춰져 있는 데다 일산동구에서는 가장 최근에 입주한 새 아파트라고 할 수 있습니다. 덕양구에서는 삼송지구의 삼송 2차 아이파크, 호반 베르디움 22단지, 원흥지구의 동일 스위트 7단지가 높은 시세를 형성하고 있습니다. 특히, 호반 베르디움 22단지는 복합쇼핑몰인 스타필드가 바로 옆에 있는 단지죠. 내 집 앞 마트처럼 스타필드를 이용할 수 있는 아파트고요, 창릉천과 공원으로 둘러싸여 있어서 쾌적한 주거환경이 장점인 단지입니다.

다시 부흥을 기대하는 일산신도시

기존 일산의 중심지는 주엽역, 정발산역, 마두역 등 3호선 라인이라고 할 수 있습니다. 주거지로서 일산신도시의 큰 장점은 좋은 교육 환경과 큰 호수공원을 꼽을 수 있죠. '오마학군'으로 불리는 일산동의 후곡마을과 '백마학군'으로 불리는 마두동은 유명합니다. 이 두 개의 학군 중심지가 있어서 일산은 분당과 자웅을 겨룰

만큼 2000년대 초반까지 굉장히 인기가 높은 명품 주거지로 통했습니다.

그리고 호수공원 주변으로 주상복합과 오피스시설들이 2000년대 초반에 꽉 들어찼죠. 라페스타, 웨스터돔이라는 명품 상업시설도 들어와서 굉장히 발전을 했고, 킨텍스와 현대백화점도 들어섰고요. 그래서 주엽동, 마두동 주변이 주거시설, 상업시설, 업무시설, 학군 등 전반적인 구성이 아주 좋은 중심지로 우뚝 섰습니다.

다만, 이제는 이 지역의 주거지들이 많이 낡았죠. 그래서 10여 년 전에 식사동 쪽으로 위시티라는 아파트 단지를 분양하기도 했습니다. 탄현동과 덕이동 쪽으로도 분양을 했고, 파주 밑으로 굉장히 많은 단지들을 개발했습니다. 그런데 이 지역들은 일산의 메인 지역이 아니잖아요. 전철역세권도 아니고, 중심과 떨어져 있는 지역이라서 교통이 불편한 면이 있죠. 그래서 미분양이 많이 났습니다. 그 후로 꽤 오래 침체돼 있었고 해소가 잘 안 됐습니다. 위시티는 평당 1700만 원에 분양했는데 800만 원 정도까지 떨어진 적도 있었습니다. 그런데 최근 들어 다시 꽤 올라서 현재는 평당 2000만 원 가까운 시세를 보여주고 있습니다. 일산은 기본적인 입지적인 조건이 좋기 때문에 상품적인 조건이 좋다면 단기적인 조정을 보여도 장기적으로는 올라가는 지역이라고 볼 수 있겠습니다.

일산시도시에서 최근의 이슈는 킨텍스 주변인 장항동으로 주거시설뿐만이 아니라 일자리와 상업시설이 계속 들어올 것이라는 겁니다. 한류월드를 만들고 있고요, 방송영상문화 콘텐츠밸리, 일산 테크노밸리도 조성이 될 겁니다. GTX A노선의 역사도 킨텍스에 생길 것이고, 장항 공공주택지구도 개발될 것입니다. 그래서 이 주변이 광역 중심지로서 뜨고 있죠. 대화역부터 주엽역 사이에 있는 아래쪽 블록은 꼭 눈여겨봐야 되는 지역입니다. 지금도 비싸지만 향후에도 계속 비쌀 테니까요.

일산신도시는 5대 1기 신도시(분당, 평촌, 중동, 산본, 일산) 중에서 시세가 현재는 가장 낮은 것이 사실입니다. 그러나 지금은 1기 신도시 중 꼴찌지만, 향후에는 분당 다음인 평촌만큼은 충분히 따라가지 않을까 예상됩니다. 중동이나 산본신도시보다는 훨씬 호재가 많기 때문에 앞으로 다시 부흥할 일산을 기대해봐도 되지 않을까 싶습니다.

지난 10년간 고양시의 주인공, 덕양구

덕양구는 입지 조건이 변화하는 것을 가장 잘 보여준 지역이라고 할 수 있습니다. 가장 홀대받던 지역이 용의 지역으로 바뀌면서 부동산 프리미엄이 올라가는 것을 드라마틱하게 보여줬죠. 그래서 덕양구는 지난 10년간 고양시의 주인공이었다고 할 수 있고요, 아마 향후 10년까지도 계속 그 지위를 유지할 수 있으리라 봅니다.

일산신도시에 밀려서 모르는 사람들이 많았던 덕양구가 본격적으로 부동산 시장에 등장한 건 삼송신도시가 개발되면서부터입니다. 그전까지 덕양구에서 중심 역할을 했던 지역은 화정동과 행신동이었습니다. 그중에서도 3호선 라인인 화정동이 인기가 있었고요. 그런데 행신역 KTX 역사가 생기고, 경의중앙선이 생기면서는 행신동으로 관심이 옮겨가기도 했습니다. 그리고 행신지구보다 10여 년 더 후에 서정마을이 생기면서 이 지역이 덕양구의 시세를 주도하기도 했고요. 그러나 이때까지만 해도 덕양구를 모르는 사람들이 더 많았습니다.

그러다가 원흥 보금자리주택부터 시작해서 삼송지구, 지축지구, 향동지구, 덕은지구 등으로 지속적인 개발이 이뤄지면서 덕양구가 완전히 핫한 지역으로 떴죠. 그전까지 화정지구와 행신지구를 빼면, 덕양구는 굉장히 휑한 지역이었습니다. 그런데 3호선 라인 지역을 다 채워나가면서 덕양구는 일산과 동급인 지역이 됐고, 아마 큰 이변이 없는 한 역전을 하게 될 것이라고 봅니다.

또한 올해에 많은 분양이 예정돼 있는 덕은지구는 서울과 덕양구를 잇는 중요한 역할을 할 것입니다. 그다음 타자는 대곡역세권이 될 것이고요. 대곡역세권 개발이 덕양구와 일산을 잇게 되겠죠. 대곡역은 지금도 트리플 역세권인데, 교통망이 더 들어와서 5개 노선을 가진 새로운 교통의 중심지로서 경기 북부 지역에서는 굉장히 중요한 역할을 하게 될 것입니다.

그리고 여기는 말 그대로 역세권이기 때문에 상업지구죠. 일자리가 같이 들어올 것이기 때문에 이 지역에서 분양하는 아파트들이 인기가 많을 수밖에 없겠죠. 실제로 지난해 11월에 분양한 대곡역 두산 위브는 경쟁률이 엄청 치열했습니다.

무엇보다 덕양구의 완성은 창릉신도시가 될 것입니다. 굉장히 큰 규모입니다. 덕양구에는 가운데가 뻥 뚫린 미개발지나 다름없었는데, 여기 창릉신도시가 생기고 나면 정말 빈틈없이 꽉 채워지는 겁니다. 대곡역세권부터 수색역이 있는 곳까지 다 채워지면서 하나의 완벽한 신도시가 되는 거죠. 확장된 서울이 되는 것이라고 봐도 무방할 것입니다.

결국, 덕양구는 일산에 비해 교통망도 취약했는데 점점 좋아지고 있고, 상업시설들도 일산에 훨씬 더 많았는데 덕양구에 스타필드와 이케아가 들어와서 지금은 일산에서도 부러워할 만큼의 기반시설들이 갖춰지고 있습니다. 그리고 창릉신도시가 개발되면서 일산신도시를 능가하는 기반시설들이 들어서게 될 것이고요. 더욱이 일산보다 더 새 것으로 채워지는 것이고, 일산보다 훨씬 서울과 가깝기 때문에 덕양구는 앞으로 더 좋아질 수밖에 없는 입지입니다.

결국, 지금은 일산 킨텍스 주변에 있는 단지들이 제일 비싸지만, 고양시를 이끌고 있는 건 사실상 덕양구라고 할 수 있겠습니다. 일산시도시와 더불어서 향후 고양시의 시대를 주도해나갈 덕양구를 기대해봐도 좋지 않을까 합니다.

향후 주목해야 할 물량과 포인트

고양시에는 현재 입주해 있는 아파트가 27만 세대에 이릅니다. 참고로, 아파트가 가장 많은 경기도의 '빅 4'는 수원, 용인, 고양, 화성입니다. 아파트가 많은 지역들이기 때문에 투자할 것도 많지만, 동시에 투자하지 말아야 할 것도 많다는 점은 염두에 둬야 합니다.

고양시 아파트들 27만 세대 가운데 덕양구에 있는 것들이 12만 세대, 일산서구는 8만 5000세대, 일산동구는 6만 2000세대 정도 됩니다. 앞으로 일산동구에 들어갈 새 아파트는 장항 공공택지구

| 2020년 고양시의 입주 물량 |

지역	아파트명	분양년월	입주년월	세대수
덕양구 지축동	지축역 한림 풀에버	201709	202001	1,102
덕양구 향동동	DMC 중흥S클래스 더 센트럴	201706	202001	951
덕양구 원흥동	삼송 2차 원흥역 동원 로얄듀크비스타	201706	202003	312
덕양구 향동동	안성 아양 A2-1 (행복주택)	201704	202004	699
덕양구 향동동	고양 향동 두산	201710	202010	1,059
덕양구 삼송동	삼송역 현대 헤리엇	201709	202010	364
일산동구 식사동	일산 자이 2차	201712	202011	802
덕양구 지축동	고양 지축지구 중흥 S클래스	201803	202012	732
합계				6,021

정도라서 10년 가까이 기다려야 할 것 같고요. 그전까지 대부분의 아파트 물량들은 덕양구에 압도적으로 몰려 있을 것입니다. 일산서구는 킨텍스 주변으로 조금 더 들어갈 예정이고요.

올해 고양시에는 6000여 세대가 입주를 할 예정입니다. 식사동의 일산 자이 2차를 제외하고는 모두 덕양구 물량이죠. 지축지구가 입주를 시작하고요, 향동에 있는 3개 단지도 입주를 합니다. 신규 아파트 입주 물량이 많게 되면 전세가나 매매가가 오르기보다는 안정이 됩니다. 덕양구가 일산신도시보다 가격이 더 올라갈 수 있는데도 올라가지 못하는 이유 중 하나가 물량이 많다는 거예요.

| 2020년 고양시의 분양 물량 |

지역	아파트명	분양년월	입주년월	세대수
일산동구 풍동	고양 풍동 2지구 휴먼빌	2020	–	662
덕양구 덕은동	DMC 리버파크 자이	202004	–	702
덕양구 덕은동	고양 덕은 민간 임대 (중흥)	202004	–	391
덕양구 덕은동	DMC 리버포레 자이	202004	–	318
덕양구 행신동	행신 신동아 파밀리에	202004	–	136
덕양구 토당동	능곡연합 재건축 (롯데)	202005	–	834
덕양구 덕은동	DMC 리버포레 자이	202006	–	620
덕양구 덕은동	고양 덕은 삼정그린 코아더베스트	202007	–	382
합계				6,917

결국 이 물량들이 입주가 다 끝날 때쯤 되면 주요 지구의 아파트들 가격이 더 올라가지 않을까 합니다.

고양시의 분양 현황을 봐도 역시 덕양구에 집중돼 있습니다. 일산동구 풍동에서 분양하는 것을 빼고는 다 덕양구 물량입니다. 덕양구는 한 해도 쉬지 않고 꾸준히 많은 세대들을 분양하고 있습니다. 덕은동에서 올해 4월에 분양한 DMC 리버포레 자이와 DMC 리버파크 자이는 분양가가 평당 2700만 원 정도 했습니다. 싸지 않은 편인데도 잘됐어요.

요컨대 고양시는 택지개발 사업이 워낙 많기 때문에 그것들이

| 고양시의 재건축, 재개발 진행 현황 |

지역(동)	사업장명	사업단계	세대수	건립예정 세대수	시공사
재건축 단지					
덕양구 관산동	주공 5단지	구역 지정	1,108	–	–
덕양구 토당동	허스	이주, 철거	255	834	롯데건설
재개발 구역					
덕양구 성사동	원당 7구역	구역 지정	–	1,574	–
덕양구 주교동	원당 5구역	구역 지정	–	2,438	–
덕양구 주교동	원당 8구역	기본계획수립	–	1,039	–
덕양구 고양동	고양동 3–1구역	추진위원회 승인	–	–	–
덕양구 고양동	고양동 1–1구역	조합설립인가	–	352	–
덕양구 주교동	원당 2구역	조합설립인가	–	1,397	대림산업
덕양구 토당동	능곡 2구역	조합설립인가	–	3,156	GS, SK
덕양구 토당동	능곡 6구역	조합설립인가	–	2,202	현대건설
덕양구 토당동	능곡 5구역	조합설립인가	–	2,633	대림산업
덕양구 고양동	고양동 1–2구역	사업시행인가	–	260	경남기업
덕양구 주교동	원당 1구역	사업시행인가	–	2,738	현대건설
덕양구 성사동	원당 4구역	이주, 철거	–	1,331	롯데건설
일산서구 일산동	일산 1–2구역	조합설립인가	–	–	–
일산서구 일산동	일산 2구역	조합설립인가	–	3,690	서희건설

우선 다 중요하고요. 재건축, 재개발 사업들도 꽤 있습니다. 진행 현황 표를 참고해서 보면 될 것 같습니다.

정리하겠습니다. 고양시는 일산신도시 킨텍스 주변으로 테크노밸리를 비롯한 여러 업무시설, 상업시설, 복합시설 등이 들어올 것이고, 덕양구도 창릉신도시 개발과 함께 여러 상업시설들이 들어설 것이기 때문에 일자리가 늘어날 수밖에 없는 입지 조건을 갖추고 있습니다.

그리고 교통 호재도 많습니다. 고양시민들이 가장 기대하는 호

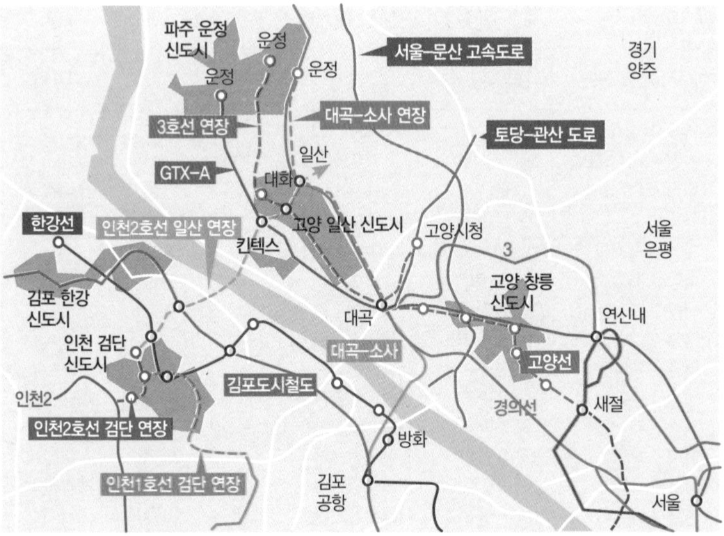

재인 GTX A 노선이 있고요. 3호선이 파주 운정까지 연장되는 것도 확정됐고, 서해선 대곡소사-원시선도 지금 공사 중에 있습니다. 그리고 또 확정된 것이 창릉신도시 개발과 함께 고양선이 생기게 됩니다. 고양시청부터 대곡역, 화정지구, 창릉신도시, 향동지구를 거쳐 은평구 신사동에 있는 새절역까지 연결되는 노선입니다. 이 역사들 주변 지역들은 다 새 아파트가 들어올 입지이기 때문에 눈여겨봐도 좋을 것 같습니다.

마지막으로, 고양시에는 새 주거시설도 굉장히 많습니다. 향후 10년 동안 매년 몇천 세대씩 들어올 예정입니다. 고양시는 지금이 상대적으로 저렴하기 때문에 오히려 기회가 많다고 할 수 있습니다. 서울 주변에 있는 새 아파트들 중에서 고양시 아파트들만큼 하는 게 없죠. 평당 3000만 원이 안 되니까요. 그래서 고양시는 관심을 갖고 찾아보면 투자할 만한 것들이 다양합니다.

하지만 다양하다고 해서 아무거나 다 투자해도 된다는 건 아닙니다. 새 입주 물량이 많으면 입지가 안 좋은 구축들의 경우는 문제가 생길 수도 있거든요. 그래서 아파트가 많은 곳은 사야 할 아파트도 많지만, 사지 말아야 할 것들도 많다는 것입니다. 가장 기본은 언제나 입지입니다. 구축이든 신축이든 입지가 좋아지지 않을 곳들은 사면 안 됩니다. 그런 점에서 고양시는 부동산 공부하기에도 좋은 지역이라고 할 수 있겠습니다.

향후 살고 싶은 단지 딱 1개만 꼽는다면!
▶ 삼송지구 동산마을 호반 베르디움 22단지

고양시의 핵심 호재

고양 일산테크노밸리

- 고양시 일산서구 대화동 일대 85만㎡(26만 평) 부지에 조성되는 도시개발 사업. 2023년 준공 예정.
- 단지 안에 테크노, 사이언스, 비즈니스, 커뮤니티 등 4개 구역으로 특화시켜 조성할 계획. 증강현실 및 가상현실 산업 등 첨단 융복합 산업을 유치해 일자리 1만 8000여 개를 창출할 것으로 기대.

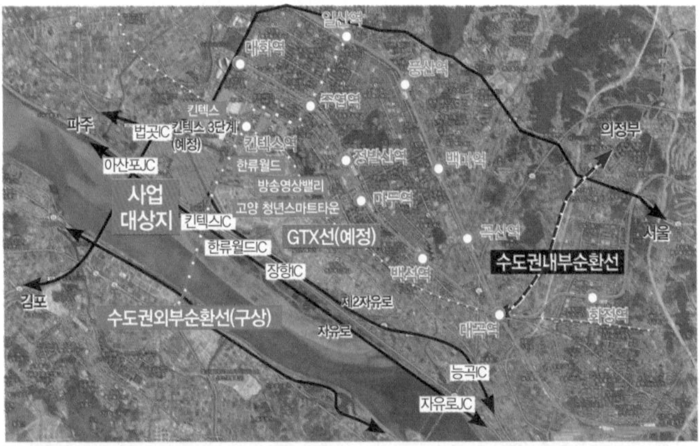

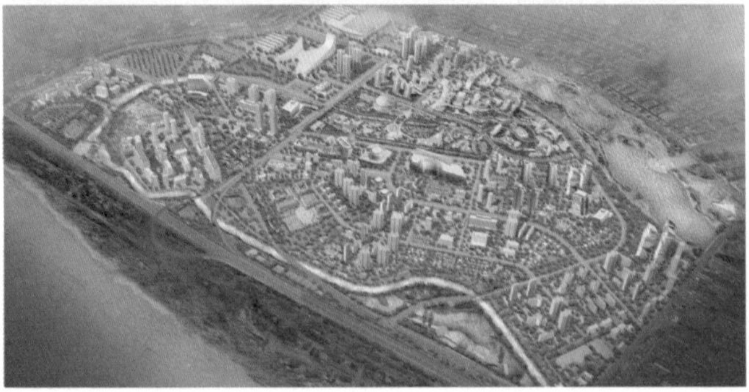

대곡역세권

- 3호선, 경의중앙선, 서해선(대곡-소사), GTX A, 교외선 등 5개 노선이 지나는 '퀀터플 역세권'으로 거듭날 예정.
- 수도권 동서남북을 잇는 교통의 요충지로 기대.

20

세종특별시

세종특별시

인구증가율 1위, 대한민국 최고의 강소 도시

빠숑의 POINT

2배 이상 추가 성장이 확정된 대한민국 행정의 중심지!

세종시는 충청권에 있는 특별자치시로, 주변으로는 대전광역시, 청주시, 공주시, 천안시로 둘러싸여 있습니다. 우리가 살펴볼 세종시는 '행정중심복합도시'라고 불리는 메인 지역 중심이라고 보면 됩니다.

세종시는 녹지공간, 수공간이 잘 어우러지도록 굉장히 잘 설계된 신도시입니다. 아래로는 금강이 흐르고 있고요. 주거와 일자리, 상업시설까지 모두 다 갖추도록 계획된 살기 좋은 도시로 만들고 있기 때문에 주변에서 수요가 모여들고 있는 곳이죠.

또한 세종시는 비서울 지역 중 유일하게 투기지역으로 지정된 곳이기도 합니다. 입지가 워낙 좋은 데다 인구가 빠른 속도로 증가하고 있는 곳이기 때문에 그렇습니다. 그런데 투기지역으로 지정되고도 시세가 많이 올라가고 있죠. 투자수요가 아니라 실수요가 증가하고 있다는 것을 의미한다고 볼 수 있겠습니다.

수요를 끌어당기는 명품 주거지이자 명품 일자리의 도시

일반적으로 비수도권의 경우는 수도권과는 달리 인구가 감소한다는 것을 기본 전제로 하고 부동산 시장을 봐야 합니다. 인구가 감소함에도 불구하고 살아남을 곳을 봐야 하는 거죠. 그런데 세종시는 다릅니다. 통상적으로 인구가 감소하는 다른 지방과는 다르게 인구가 증가하고 있는 도시이기 때문입니다. 그냥 증가하는 게 아니라 폭발적으로 증가하고 있죠.

| 세종시의 인구수와 세대수 |

지역	인구수	세대수
경기도	13,311,254	5,529,263
세종시	**345,216**	**137,500**
조치원읍	43,126	19,573
연기면	2,596	1,480
연동면	3,195	1,705
부강면	6,168	3,206
금남면	8,723	4,542
장군면	6,279	3,525
연서면	7,499	3,822
전의면	5,794	3,042
전동면	3,682	2,094
소정면	2,503	1,225
한솔동	19,528	6,428
새롬동	54,563	20,858
도담동	32,329	13,383
아름동	23,814	7,690
종촌동	30,019	10,839
고운동	34,257	11,763
소담동	30,899	11,436
보람동	19,597	6,962
대평동	10,645	3,927

세종시의 현재 인구수는 34만 5000명 정도이고, 세대수는 13만 7000세대 정도로 서울의 한 개 구 정도의 규모입니다. 5만 명 인구로 시작한 세종시가, 그보다 7배나 많은 34만 명이 되기까지 10년도 걸리지 않았습니다. 이렇게 빠른 속도로 인구가 증가하고 있다는 것 하나만으로도 세종시는 에너지가 차고 넘치고, 수요가 폭발적으로 증가하는 곳이라는 것을 잘 말해주죠.

세종시에 관한 오해가 하나 있는데, 많은 사람들이 세종시를 정부청사만을 위한 도시로 알고 있다는 사실입니다. 정부청사와 관련된 사람들이 세종시 인구의 대부분이라고 생각하는 거죠. 그런데 과천 정부청사에서 내려간 사람은 5000여 명 정도입니다.

그러니까 그 외에도 세종시로 유입한 사람들, 일자리들이 훨씬 더 많다는 것입니다. 세종시에는 오피스시설, 공장시설도 많고요. 워낙 사람들이 많이 증가하고 있기 때문에 이들을 위한 상업시설, 기반시설들도 있습니다. 결국 다양한 일자리가 무럭무럭 성장하고 있다는 것이죠. 무엇보다, 여기는 기존 도시들과 달리 비선호시설이 하나도 없습니다. 모든 시설들이 새로 만들어진 것이기 때문에 깔끔하죠.

세종시는 도시계획 자체를 풍수지리에 입각해서 굉장히 좋은 입지를 만들었습니다. 그러다 보니 주변 지역에서 봤을 때 세종시가 너무 매력적인 겁니다. 그래서 대전, 청주, 천안, 공주 등에서 세종시로 굉장히 많이 이주해오고 있습니다.

아직은 다른 지역에 일자리가 있는 사람들이 주거지로 세종시를 선택해서 들어오는 경우들이 많지만, 세종시로 이전 및 확장해오는 일자리도 많아질 것으로 예상됩니다. 정부청사와 협업을 해야 되는 관공서들, 보조 기관들, 그리고 그 기관들과 일을 하는 민간 기업들이 이 지역으로 이전하거나 확장할 가능성이 높은 입지로 발전하고 있으니까요.

이런 측면을 고려한다면, 세종시는 단순하게 정부청사의 도시가 아니라 살고 싶고, 일하고 싶은 명품 도시로 자리매김할 수 있지 않을까 싶습니다.

세종시의 인구 목표에 따르면 올해인 2020년까지가 30만 명이었는데, 이미 넘어섰죠. 세종시의 1차 완성 시기가 2030년이 될 텐데요, 그때까지의 목표는 50만 명입니다. 아마도 지금 추세라면 50만 명은 충분히 넘을 것이고, 70~80만 명까지도 가능할 것이라고 봅니다. 그리고 그때쯤이 되면 세종시는 모든 기반시설을 다 갖춘 입지가 될 것이기 때문에 명품 도시로서의 기능을 제대로 보여줄 것으로 기대가 됩니다.

| 전국 시도별 평균 시세 |

지역	평단가
서울특별시	2,984
전국	**1,353**
경기도	1,250
세종특별시	**1,196**
제주도	1,095
부산광역시	1,031
대구광역시	1,014
인천광역시	982
대전광역시	940
울산광역시	831
광주광역시	752
경상남도	702
충청남도	635
충청북도	595
경상북도	548
강원도	543
전라남도	538
전라북도	529

세종시 1생활권에서 6생활권까지

세종시는 수요가 계속 증가하고 있기 때문에 시세가 굉장히 높

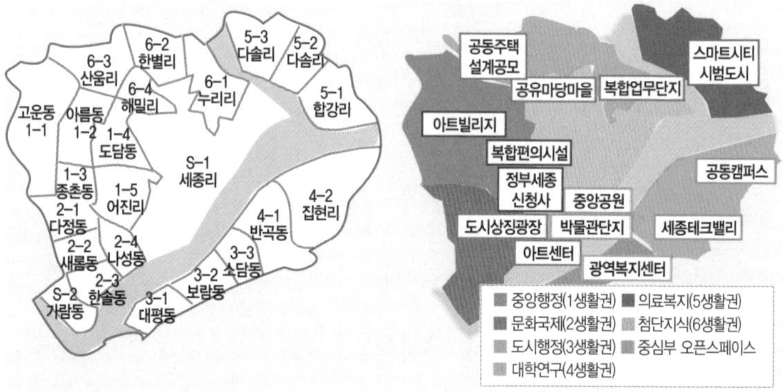

습니다. 전국 시도별 시세로 볼 때, 서울과 경기도 다음으로 높은 곳이 세종시입니다. 현재 평당 1200만 원 전후의 시세를 형성하고 있습니다.

세종시의 주변 지역들은 다 평당 1000만 원이 안 됩니다. 보통 세종시는 대전광역시와 많이 비교를 하는데, 세종시가 대전광역시보다도 평당 200만 원 이상이 더 높습니다. 세종시와 대전광역시를 묶어서 하나의 대전세종광역시 혹은 대전세종특별시라고 한다면, 대전 전체는 구도심인 셈이고 세종시는 강남과 같은 신도시라고 할 수 있습니다. 그렇게 보면 세종시가 대전보다 비싼 이유를 이해할 수 있죠.

세종시는 1생활권부터 6생활권까지, 6개의 생활권으로 계획되어 있습니다. 현재 1, 2, 3생활권까지는 입주가 거의 다 진행이 되었고요. 4생활권은 공사가 한창 진행 중에 있습니다. 6생활권은 아직 초기 단계로 분양을 하고 있는 중이고, 5생활권은 이제 개발을 시작할 예정입니다.

1~3생활권이 주거지로는 중심이 될 것 같고, 4~6생활권은 주거도 있지만 업무시설이 더 중심이 될 것 같습니다. 중앙행정기관들은 1생활권에 몰려 있고요, 대규모 상업지구인 주상복합벨트는 2생활권(2-4, 나성동)에 들어설 예정입니다. 전체적으로 업무시설과 주거시설이 같이 발전한다고 보면 될 것 같습니다.

| 동별 평균 시세 |

지역	평단가
대평동	1,938
새롬동	1,681
도담동	1,478
다정동	1,477
보람동	1,463
소담동	1,461
종촌동	1,268
세종특별시	**1,223**
한솔동	1,148
아름동	1,051
고운동	1,038
금남면	598
조치원읍	513
연서면	469
부강면	358
전의면	296

현재 시세가 제일 높은 지역은 3생활권의 대평동이고, 그다음이 2생활권의 새롬동, 1생활권의 도담동, 3생활권의 보람동, 소담동의 순입니다. 3생활권이 시세가 높은 이유는, 그곳에 들어온 아파트가 가장 새 아파트이기 때문에 그렇습니다.

지금까지 세종시에서 최고가를 경신하는 것을 보면, 전부 다 새 아파트들입니다. 세종시가 아직은 완성된 도시가 아닌 초기 단계이기 때문에 이런 현상이 더욱 두드러지는 면이 있습니다. 일반적으로 새 아파트가 제일 비싸긴 하지만, 세종시의 아파트들은 연차

| 세종시의 시세 상위 아파트 |

순위	지역(동)	아파트명	세대수	평단가	입주년월
1	대평동	해들마을 6단지 e편한세상 세종 리버파크	849	2,506	2018.06
2	소담동	새샘마을 9단지 중흥 S클래스리버뷰	946	2,104	2016.09
3	대평동	해들마을 1단지 세종 신동아 파밀리에 3차	363	2,082	2018.01
4	새롬동	새뜸마을 11단지 더샵 힐스테이트	445	2,048	2017.04
5	새롬동	새뜸마을 5단지 메이저시티	1,005	2,041	2017.04
6	대평동	해들마을 3단지 우남퍼스트빌	366	2,007	2017.12
7	도담동	도램마을 14단지 세종 한림풀에버	979	1,962	2015.04
8	새롬동	새뜸마을 10단지 더샵 힐스테이트	1,027	1,924	2017.04
9	도담동	도램마을 10단지 세종 호반 베르디움어반시티	678	1,911	2014.11
10	새롬동	새뜸마을 6단지 메이저시티	393	1,850	2017.04
11	다정동	세종 지웰 푸르지오	190	1,776	2019.03
12	도담동	도램마을 9단지 세종시 제일 풍경채 센트럴	700	1,763	2015.06
13	새롬동	새뜸마을 3단지 캐슬 파밀리에	677	1,692	2017.04
14	다정동	가온마을 3단지 세종 한신휴플러스·제일풍경채	1,655	1,664	2018.03
15	새롬동	새뜸마을 2단지 메이저시티	696	1,664	2017.04
16	대평동	해들마을 2단지 세종 베아체	331	1,653	2018.02
17	소담동	새샘마을 3단지 모아미래도 리버시티	1,211	1,649	2016.08
18	다정동	가온마을 6단지 중흥 S클래스 센텀시티	1,076	1,621	2018.05

가 거의 차이가 나지 않아서 사실상 거의 다 새 아파트인데도, 조금이라도 더 새 아파트인 것들이 가장 비싸다는 것은 아직 입지 가치는 반영이 안 되어 있고 상품 가치만 반영돼 있다는 거죠.

때문에 나중에 입지 가치의 위계가 잡히면, 구축이어도 입지가

국립세종수목원 조감도

더 좋은 아파트가 신축보다 더 비싸게 나타날 수도 있을 것입니다. 부동산은 상품 가치보다 입지 가치가 더 크기 때문에 그렇습니다. 그래서 중심 입지가 어디가 될지 따져보는 것이 중요합니다. 어떤 지역이 확실히 비싸질지 공부해두고 미리 들어가면 좋을 테니까요.

우선, 현재 중심 입지는 세종호수공원과 국립세종수목원(2020년 10월 개원 예정) 주변인 2생활권과 3생활권입니다. 금강을 끼고 있고, 녹지공간도 가까운 데다가 2-4생활권에 상업지구가 들어설 것이기 때문에 그렇습니다. 그리고 새로운 교통망으로 KTX 혹은 ITX 역사가 3생활권 아래쪽으로 생길 가능성이 높습니다.

중흥 S클래스 리버뷰

개별 아파트 단지별로 살펴보면, 현재 가장 비싼 단지는 대평동의 e편한세상 세종 리버파크와 소담동의 중흥 S클래스 리버뷰입니다. 중흥 S클래스 리버뷰는 국립세종수목원과 금강이 내려다보이는 주상복합 아파트로 분양 이후 1년 사이 프리미엄이 3억이나 붙은 아파트로 유명했죠.

아파트 시세는 계속 바뀌고 있어서 참고적으로 보면 될 것 같고요, 중요한 것은 세종시 대부분의 아파트가 평당 1000만 원 후반대에서 2000만 원 이상까지 올랐다는 점입니다. 아마 좋은 곳들은 평당 3000만 원을 넘어설 수도 있을 것이라고 봅니다. 이미 대전은 넘은 곳이 있기 때문에 세종시도 충분히 그러고도 남겠죠.

향후 주목해야 할 단지와 포인트

세종시는 2010년부터 굉장히 분양을 많이 했습니다. 2016년에 1만 5000세대 이상으로 피크였다가 2017년부터 지난해까지는 5000~6000세대 정도 매해 분양을 했는데, 올해부터는 많이

| 2020년 세종시의 분양 물량 |

지역	아파트명	분양년월	입주년월	세대수
연기면	행정중심복합도시 6-3 M2	202011	-	995

| 2019년 세종시의 분양 물량 |

지역	단지명	분양년월	입주년월	세대수	경쟁률
금남면	새나루마을 1단지 세종 e편한세상	201905	202101	1,200	42.44
금남면	새나루 11단지 세종 어울림 파밀리아센트럴	201905	202111	612	32.71
금남면	새나루마을 4단지 세종 더휴예미지	201905	202111	338	23.63
금남면	새나루마을 3단지 세종 더휴예미지	201905	202111	508	33.03
금남면	새나루마을 9단지 세종 어울림 파밀리아센트럴	201905	202111	598	24.80
어진동	한뜰마을 5단지 세종 린스트라우스	201905	202111	465	78.74
금남면	새나루마을 8단지 세종 하늘채 센트레빌	201907	202112	499	82.24
금남면	새나루마을 2단지 세종 하늘채 센트레빌	201907	202204	318	18.70

줄어들었습니다. 올해 분양 일정이 나온 곳은 아직 한 곳밖에 없습니다.

최근 1년 동안 분양했던 실적을 보면, 경쟁률이 다 높은 두 자릿수입니다. 사람들이 본능적으로 아는 거죠. 특히 세종시 주변에 살고 있는 사람들은 이 입지를 대체할 곳이 없다는 것을 잘 아는 겁니다. 사람들이 살고 싶어 하는 곳에 새 아파트가 생기는 것이기 때문에 분양 성적이 좋을 수밖에 없죠.

올해 세종시의 입주 물량은 5600세대 정도 됩니다. 2021년에 7600세대로 가장 많았고, 2022년은 1900세대 정도로 급감합니다. 아마 2022년 이후부터는 정상적인 시장이 될 것이라고 보면 될 것 같습니다.

올해 입주하는 물량들을 보면, 1생활권인 고운동의 우남 퍼스트빌이 작은 세대로 입주를 하고요. 6생활권인 연기면의 세종마스터힐스 해밀마을 1단지, 2단지도 올해 9월 입주를 합니다. 합쳐서 3000세대가 넘죠. 그리고 3생활권인 소담동의 힐스테이트 세종리버파크 두 개 구역이 또 입주를 합니다.

세종시는 아직 정비사업을 할 필요가 없는 도시죠. 첫 마을이 2011년에 입주했기 때문에 모든 아파트가 새 아파트입니다. 아직까지 상품경쟁력이 떨어지는 건 없다고 할 수 있습니다.

세종시는 늘 지금이 최저가입니다. 제가 5년 전부터 이렇게 이

| 2020년 세종시의 입주 물량 |

지역	아파트명	분양년월	입주년월	세대수
고운동	세종 우남 퍼스트빌 2차	201708	202002	290
연기면	해밀마을 1단지 세종 마스터힐스	201804	202009	1,990
연기면	해밀마을 2단지 세종 마스터힐스	201804	202009	1,110
다정동	행복도시 2-1 M6블록 국민임대	-	202011	1,538
소담동	힐스테이트 세종 리버파크	201704	202011	330
소담동	힐스테이트 세종 리버파크	201704	202011	342
합계				5,600

야기를 했는데, 향후 5년 동안도 그렇습니다. 지금이 최저이고, 점점 더 좋아질 일만 남았다고 보면 됩니다. 물론 많이 오르면 단기적으로 조정이 있겠지만, 대세 상승장에는 문제가 없을 거라고 보고요. 다른 지역들은 다 조정이 돼서 빠진다고 해도, 세종시는 빠지기 어려운 구조입니다.

한 가지만 더 짚어보자면, 세종시와 관련해서 이런 질문을 많이 합니다. "몇평 대 아파트가 가장 인기가 많냐?"는 건데요. 신도시는 출퇴근 편리성도 중요하지만, 가족 단위로 사는 세대가 많기 때문에 30평대가 가장 인기가 많습니다.

때문에 학군의 중요성이 계속 부각될 것이라고 봅니다. 학군 다음으로는 교통과 상권 이용 편리성 지역들로 분화될 것이고요. 그렇게 되면 지금 학원가가 있고 학교가 있는 지역들의 인기가 앞으로도 좋겠죠. 여기에 상업시설만 다 들어차면 세종시도 완전한 도심 역할을 하게 될 것입니다.

결국 지금은 새 아파트가 들어오면, 그 새 아파트의 시세가 가장 높지만, 앞으로는 새 아파트보다도 입지 가치가 더 좋아지는 곳의 위상이 더 높아질 텐데, 2030년에 세종시가 완성될 즈음에는 입지별 순위가 어떻게 바뀌어 있을지 기대가 됩니다.

향후 살고 싶은 단지 딱 1개만 꼽는다면!

▶ 첫마을 7단지 래미안

세종시의 핵심 호재

각종 산업단지 조성

- 첨단산업단지: 소정면 고등리 일대 24만㎡ 규모.
- 스마트그린산업단지: 소정면 고등리 일대 90만 8000㎡ 규모.
- 벤처밸리산업단지: 전동면 심중리 일대 58만 9000㎡ 규모.
- 테크밸리: 신도시 내 산업단지.
- 세종 스마트 국가산업단지: 연서면 일대 약 332만㎡(100만 평)

서울-세종을 잇는 고속도로

- 서울~용인~안성~천안~세종까지, 128.8km의 고속도로 건설 계획.
- 스마트 기술을 활용해 시속 150km, 한국의 아우토반으로 추진.
- 경부 및 중부고속도로 교통량 최대 16% 감소 효과 기대.

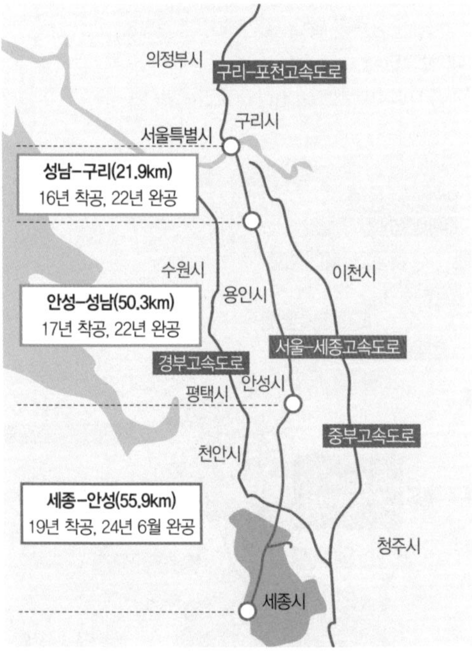

KTX 및 ITX

- 대전 반석역에서 정부세종청사역까지 연결하는 국철 건설 추진.
- 경부선 철도를 세종시 내판역에서 분기해 정부세종청사까지 8km 정도 연장 추진.

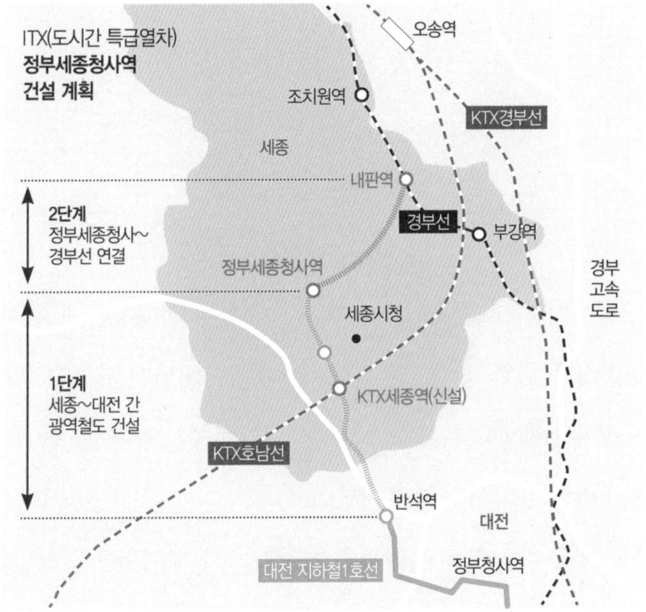

에필로그

"미래 가치가 보장된 입지와 아파트만 선택하라!"

『이제부터는 오를 곳만 오른다』는 대한민국 부동산에 관심 있는 사람들을 위한 특강과도 같은 책입니다. 대한민국 최고의 경제 방송 플랫폼인 〈삼프로TV_경제의 신과 함께〉, 페이지2 출판사와 함께 준비하고 마련한 프로젝트이죠.

부동산 공부를 처음 시작하는 사람들, 특히 부동산 입지 강의를 단 한 번도 들어본 적이 없는 사람들에게는 꼭 추천하고 싶은 입문서입니다. 그동안 부동산 관련 뉴스 내용을 이야기할 때나 부동산 관련 의사결정을 할 때 소외되어왔던 분들이라도 『이제부터는 오를 곳만 오른다』를 통해 새롭게 거듭나도록 해주고 싶었습니다. 여기서 다루고 있는 20개 지역의 부동산 이야기만 살펴봐도 부동산 초보 딱지는 완전히 떼어낼 수 있을 것입니다. 오프라인 부동산 특강이나 유튜브를 보기 어려운 분들도 접할 수 있도록 특별히 만든 책이기 때문에 언제 어디서나 편하게 보기만 하면 됩니다.

책을 읽기 전에, 혹은 다 읽은 후에라도 다음의 다섯 가지 사항에 대해서는 다시 한 번 상기해주었으면 합니다.

첫째, 대한민국에서 부동산 투자를 한다는 것은 나만의 보금자리를 만들기 위한 노력이고, 나만의 경제 시스템을 만드는 것입니다.

둘째, 부동산은 현재 가치만 파악해도 절반의 성공입니다. 부동산의 현재 가치를 확실하게 분석하는 노하우를 습득하면 됩니다.

셋째, 부동산은 미래 가치를 사는 것입니다. 현재 가치보다 높아질 미래 가치를 파악하는 노하우를 만들어가면 됩니다.

넷째, 부동산 수요 파악이 가장 중요합니다. 그래야 지역별·상품별 수요 추정, 적정 가격을 파악할 수 있기 때문입니다.

다섯째, 결국은 '그래서 어디를, 어떻게, 얼마에 살까요?'에 대한 의사를 결정하는 것이 투자입니다. 여러분들만의 미래 가치가 확보된 핵심 입지 포트폴리오 지역 10개 이상은 꼭 알고 있어야 합니다.

이 책에는 입지 분석과 함께 부동산 프리미엄을 평가하는 기본적인 방법들이 담겨 있습니다. 이 정도는 알고 있어야 현재 가치보다 미래 가치가 더 높아질 부동산을 선택할 수 있을 것입니다. 그리고 여기까지 이해가 다 되었다면, 한 단계 더 들어가보는 것이 좋습니다. 아래의 네 가지 측면에서 변화를 보이는 구체적인 입지들을 스스로 찾고 답해보기 바랍니다.

첫째, 신축은 물론이고 구축도 시세가 상승하는 지역들이 어디일까요?

둘째, 핵심 입지 인근에만 있어도 가치가 상승하는 지역들은 어디일까요?

셋째, 몇 가지 요소만 좋아져도 가치가 상승하는 지역들은 어디일까요?

넷째, 혐오시설만 없어져도 가치가 상승하는 지역들은 어디일까요?

우리가 주목해야 하는 것은 현재 가치가 아니라 미래 가치입니다. 모든 아파트가 상승하는 것이 아니기 때문입니다. 가격이 하락하는 아파트가 더 많아질 것이기 때문입니다. 적어도 이 책이 가격이 하락하는 아파트를 선택하지 않기 위한 최소한의 경제적 해결책이 되었으면 합니다.

여러분들의 행복한 주거 라이프를 응원합니다! 공부하고 실천하십시오, 그래야 여러분의 소유가 됩니다! 대한민국 국민들이 모두 자가로 거주하는 그날을 위하여 스마트튜브 부동산조사연구소 김학렬 소장은 계속 함께하겠습니다!

이제부터는 오를 곳만 오른다

초판 1쇄 발행 2020년 7월 13일
초판 2쇄 발행 2020년 7월 20일

지은이 김학렬
펴낸이 김선준 이승호

책임편집 한보라
디자인 강수진

펴낸곳 페이지2북스 **출판등록** 2019년 4월 25일 제 2019-000129호
주소 서울시 강서구 양천로 551-17 한화비즈메트로 1차 1306호
전화 070) 7730-5880 **팩스** 02) 332-5856
이메일 page2books@naver.com
종이 (주)월드페이퍼 **출력 · 인쇄 · 후가공 · 제본** (주)현문

ISBN 979-11-968310-7-3 (03320)

• 이 도서의 국립중앙도서관 출판예정도서목록(CIP)은 서지정보유통지원시스템 홈페이지(http://seoji.nl.go.kr)와 국가자료종합목록 구축시스템(http://kolis-net.nl.go.kr)에서 이용하실 수 있습니다.
(CIP제어번호 : CIP2020026366)